Gerichtsärztliche Untersuchungen

Gerichtsärztliche Untersuchungen

Ein Leitfaden für Mediziner und Juristen

von

Dr. Otto Leers

Königlichem Gerichtsarzt in Essen a. d. Ruhr

Berlin

Verlag von Julius Springer

1913

ISBN-13:978-3-642-90027-3 e-ISBN-13:978-3-642-91884-1
DOI: 10.1007/978-3-642-91884-1

Vorwort.

Die vorliegenden „Gerichtsärztlichen Untersuchungen“ sind in einer Reihe von theoretischen und praktischen Jahren von mir ausgearbeitet und erprobt. Mögen sie nun auch anderen von Nutzen sein: dem praktischen Gerichtsarzt bei seinen Untersuchungen, dem Studierenden neben dem Unterricht als Repetitorium und auch dem Untersuchungsrichter und Kriminalbeamten bei ihren Ermittelungen insbesondere nach der Richtung hin, auf welche Fragen sie Antwort vom Gerichtsarzt fordern und erwarten können. Aber auch der praktische Arzt wird nicht selten in die Lage kommen, sich vor Gericht über die hier behandelten Fragen gutachtlich zu äußern.

Nicht aufgenommen habe ich das große Gebiet der psychiatrischen Untersuchungen. Für diese hat Cimbal (Taschenbuch zur Untersuchung nervöser und psychischer Krankheiten, 2. Auflage, 1913) eine vortreffliche Anleitung gegeben. Auf Abbildungen wurde für diese Auflage aus äußeren Gründen verzichtet; ich hoffe dies in der nächsten Auflage nachholen zu können.

Essen, im Februar 1913.

Otto Leers.

Inhaltsverzeichnis.

Erster Abschnitt.

Zweiter Abschnitt.

Dritter Abschnitt.

Vierter Abschnitt.

Fünftes Abschnitt.

Sechster Abschnitt.

Siebenter Abschnitt.

Achter Abschnitt.

Neunter Abschnitt.

Zehnter Abschnitt.

Elfter Abschnitt.

Zwölfter Abschnitt.

Dreizehnter Abschnitt.

Erster Abschnitt.

Geschlechtliche Verhältnisse.

I. Ermittelung der Begattungs- und Zeugungs- bzw. Empfängnisfähigkeit

bei Anfechtung der Ehe (wegen angeborener oder vor der Ehe erworbener Zeugungs- bzw. Empfängnisunfähigkeit). Scheidungsklage (wegen in der Ehe erworbener Zeugungs- bzw. Empfängnisunfähigkeit). Nichtanerkennung in der Ehe geborener Kinder. Nichtanerkennung von Unterhaltungspflichten. Annahme an Kindesstatt. Körperverletzungen mit Verlust der Zeugungs- und Empfängnisfähigkeit. Sittlichkeitsverbrechen (angebliche Begattungsunfähigkeit).

§ 1333. 1334. 1568. 1741—1745 B.G.B, 224 Str.G.B.

1. Ermittelung der Begattungsfähigkeit (Beischlafsfähigkeit).

a) Beim Manne.

Die Begattungsfähigkeit des Mannes ist abhängig von der Erektionsfähigkeit, die ein reflektorischer Vorgang ist. Es ist also festzustellen:

1. Ob die Erregbarkeit des Erektionszentrums normal, erhöht, mangelhaft ist oder fehlt.

2. Ob die Leitung in den Reflexbahnen unbehindert oder gestört ist.

Prüfung von 1. und 2. durch periphere Reize: Beklopfen, Kneifen, Streichen.

3. Ob die Erregbarkeit durch psychische Störungen behindert ist: Schreck und andere Affekte, psychische Reflexhemmung, psychische Impotenz?

Oder 4. ob sie durch mechanische Störungen behindert ist: Narben, Neubildungen, Mißbildungen, Verwachsungen, Phimosis, Epispadie, Hypospadie, Elefantiasis, Hernien, Kleinheit oder vollständiges Fehlen des Gliedes?

5. Ob die Störung angeboren oder erworben, dauernd oder heilbar ist: angeborene krankhafte Richtung der Geschlechtsempfindung bei Vollsinn, Schwachsinn, Blödsinn? Erworbene Störungen durch geschlechtliche Ausschweifungen (Selbstbefriedigung), Krankheiten (Diabetes, Rückenmarks- und Gehirnleiden, Tabes, traumatische Neurosen, Neurasthenie) vorgerücktes Alter.

b) Beim Weibe.

Die Begattungsfähigkeit des Weibes ist abhängig von der Zugänglichkeit der Scheide. Es ist also festzustellem:

1. Ob die Scheide vorhanden ist, fehlt oder verlegt ist?

2. Ob die Störung angeboren oder erworben, dauernd oder heilbar ist? Angeborenes Fehlen, angeborener Verschluß der Scheide. Erworbener teilweiser oder völliger Verschluß durch Verwachsungen, Verklebungen, Verengerungen, Elefantiasis der Schamlippen, Verlegung des Scheideneinganges durch in die großen Schamlippen getretene Leistenbrüche, durch widerstandsfähiges derbes Jungfernhäutchen, durch Scheiden- und Gebärmuttervorfall. Abweichungen der Scheide wie Öffnung in die Harnblase, den Mastdarm bilden kein Hindernis der Begattungsfähigkeit.

3. Ob seelische Störungen die Begattungsfähigkeit behindern: Ekel und andere Affekte, erhöhte Reizbarkeit des Scheideneinganges infolge von Nervosität, Angst vor dem Beischlaf, Enge des Scheideneinganges, Empfindlichkeit und Widerstandsfähigkeit des Jungfernhäutchens, krampfhafte Zusammenziehungen der die Scheide verengernden Muskel (Constrictor cunni, bulbocavernosus).

2. Ermittelung der Zeugungsfähigkeit.

a) Beim Manne (Befruchtungsfähigkeit).

Die Befruchtungsfähigkeit des Mannes hängt ab 1. von der Leistungsfähigkeit der Hoden, 2. von der normalen Beschaffenheit der Samengänge. Nicht das Alter, sondern der Entwickelungszustand ist maßgebend für die Befruchtungsfähigkeit. Es ist also festzustellen:

Im allgemeinen: Die Geschlechtsreife aus der Körperbeschaffenheit, dem Ernährungszustand, der Entwickelung der Scham- und Barthaare, der äußeren Geschlechtsteile, dem Stimmwechsel. — Deuten allgemeine Zeichen auf geschlechtliche Ausschweifungen, auf Lues, auf Alkoholismus hin? Infantilismus, Eunuchencharakter? Sexuelle Anästhesie?

Örtlich: 1. Ob die Hoden und Nebenhoden vorhanden sind. Kryptorchismus bedingt nicht durchaus Befruchtungsunfähigkeit. Wie sind die Hoden entwickelt, beschaffen: Narben, Krankheiten, Entzündungserscheinungen, Schwellung, Neubildungen, Rückbildung?

2. Ob samenartige Flüssigkeit entleert wird; ob dieselbe lebende Samenfäden enthält; ob unwillkürliche nächtliche Samenergüsse stattfinden? Nach Samenflecken in der Unterkleidung forschen und diese untersuchen (s. S. 152).

3. Ob die Samenwege normal beschaffen oder ob Abweichungen vorhanden sind: Durchschneidung, Krankheiten, Geschwülste? Phimosis, Epispadie und Hypospadie behindern nicht durchaus die Befruchtungsfähigkeit.

4. Ob das Hindernis angeboren, erworben, dauernd oder heilbar ist?

Technik der Untersuchung (vgl. auch S. 152 ff.).

Den Samen beizubringen und das wie ist Sache des zu Untersuchenden, der ja den Beweis zu führen hat. Eine Anweisung ist jedoch zuweilen am Platze, daß der Samen nicht in Arzneibehältern gebracht wird, die noch Reste von die Samenfäden abtötenden Arzneistoffen enthalten können! Am besten läßt man ihn früh morgens entleeren und bringen. Schon bewegungslos gewordene Samenfäden lassen sich zuweilen mit physiologischer Kochsalzlösung oder verdünnter Natronlauge wieder aufmuntern. Nach wiederholten Samenergießungen nehmen die Samenfäden an Zahl rasch ab. Auch im normalen Samen findet man Entartungsformen: große und kleine Köpfchen, Zwillinge und Drillinge. Vorläufig ist die Beweglichkeit der Samenfäden der einzige Beweis für ihre Befruchtungsfähigkeit. Mangel an Bewegung spricht aber nicht gegen Befruchtungsfähigkeit. Die Bewegung erlischt meist nach einigen Stunden. Peitschenförmige Krümmung des Schwanzes deutet mit Wahrscheinlichkeit auf früheres Leben hin.

Nekrospermie ist die Folge eitriger Prostatitis oder Spermazystitis oder fehlenden Prostatasekretes oder zu starker saurer oder alkalischer Reaktion. Neutrale oder schwach alkalische Reaktion ist der Beweglichkeit der Samenfäden am zuträglichsten.

Azoospermie: angeboren oder erworben durch Epididymitis, Obliteration der Samenwege, Röntgenbestrahlung, erschöpfende Krankheiten (Tuberkulose, Diabetes), Alkoholismus.

b) Beim Weibe (Empfängnisfähigkeit).

Es ist festzustellen.

Im allgemeinen: 1. Die Geschlechtsreife aus der körperlichen Entwickelung und dem Ernährungszustand, aus der Entwickelung der Schamhaare, der äußeren Geschlechtsteile, der Brüste, dem Benehmen.

2. Ob die Monatsregel schon eingetreten, noch vorhanden, regelmäßig, gestört und inwiefern sie gestört ist?

Örtlich: 1. Ob die Eierstöcke vorhanden, gesund, verkümmert sind oder fehlen? Ob die Störung angeboren oder erworben ist: Krankheiten, Geschwülste?

2. Ob die Eileiter vorhanden und wegsam sind?

3. Ob die Gebärmutter vorhanden und wegsam ist? Angeborenes, erworbenes Fehlen; angeborener, erworbener Verschluß. Krankheiten, Geschwülste, Verlagerungen?

4. Ob die Scheide vorhanden und wegsam ist? Angeborener, erworbener, vollständiger, teilweiser Verschluß?

5. Ob das Hindernis dauernd oder heilbar ist?

II. Ermittelung des erfolgten Beischlafes.

§ 173. 176. 177. 178. 179. 182 Str.G.B. § 825. 1300 B.G.B.

a) Beim Manne.

Nur mit einer gewissen Wahrscheinlichkeit aus Krankheiten der Geschlechtsorgane zu schließen, die erfahrungsgemäß beim Beischlaf übertragen werden.

b) Beim Weibe.

1. Hat ein regelrechter Beischlaf stattgefunden? Gehbeschwerden, schmerzhafte äußere Geschlechtsteile. Blutbefleckung der äußeren Geschlechtsteile, der Kleidung aus Einrissen des Jungfernhäutchens bei Jungfrauen. Ein unversehrtes Jungfernhäutchen beweist nichts gegen den Beischlaf. Die verschiedenen Formen des Jungfernhäutchens berücksichtigen. Nachweis von Samenbestandteilen am Körper des Weibes (Schamhaare!), der Kleidung. Nachweis übertragener Geschlechtskrankheiten (vgl. Notzucht, S. 39).

2. Unter welchen Umständen? Freiwillig, mit Gewalt, Hinterlist, Drohung. In Schlaftrunkenheit, Rausch, Narkose, Hypnose? (Vgl. S. 43.)

III. Ermittelung des Geschlechtes.

Es ist festzustellen:

Im allgemeinen: Wie die Geschlechtsdrüsen funktionieren, ob Samen entleert wird? Der Nachweis von Samenfäden entscheidet über die rechtliche Stellung des Zwitters. Oder ob Monatsblutungen oder Ersatzblutungen derselben sich einstellen? Zu welchem Geschlecht fühlt sich der Zwitter gehörig? Geschlechtsbewußtsein? Wie träumt er sexuell? Welches sind seine Neigungen und Gewohnheiten?

Örtlich: Wie verhält sich der Kitzler bzw. das männliche Glied? Durchbohrung des Kitzlers ist ein Zeichen männlichen Geschlechts. Wie verhalten sich die kleinen und großen Schamlippen, der Hodensack, die Harnröhrenmündung, die sekundären Geschlechtsmerkmale? Welche Form hat das Becken, männlichen oder weiblichen Typus? (Vgl. S. 114.)

IV. Ermittelungen an Schwangeren.

§ 844. 1313. 1591. 1592. 1593. 1600. 1717. 1777. 1912. 1923. 2043 B.G.B. § 169 Str.G.B. § 485 Str.Pr.O.

1. Ist die Person schwanger.

Unsichere Zeichen der Schwangerschaft: Flausein, Übelkeit, (morgendliches) Erbrechen, Kreuzschmerzen. Wahrscheinliche Zeichen: Ausbleiben der Regel. Vortreibung des Leibes. Pigmentierung der Linea alba (Linea fusca) und der Warzenhöfe. Vergrößerung und Prallwerden der Brüste. Vortreten der Montgomeryschen Drüsen. Kolostrum (s. S. 14). Verstreichen des Nabels. Schwangerschaftsnarben der Bauchhaut. Bläuliche Färbung des Scheideneinganges. Zunehmende Vergrößerung und kugelförmige Gestalt der Gebärmutter. Lagerung der Gebärmutter nach vorn. Weichheit, Zusammenziehungen der Gebärmutter. Auflockerung und Zusammendrückbarkeit des unteren Gebärmutterabschnittes. Sichere Zeichen: (erst vom 4.—5. Monat an.) Von außen sichtbare und fühlbare Kindsbewegungen. Fühlbare Kindsteile. Deutlich hörbare Herztöne der Frucht (im 6. Monat). — Vermeintliche Schwangerschaft und Verkennen der Schwangerschaft ist beides möglich.

2. Ist die Person erstmalig oder wiederholt schwanger?

Die Untersuchung erstreckt sich auf den Nachweis des Fehlens oder Vorhandenseins solcher Merkmale, welche die Geburt, besonders an dem Scheidenteil der Gebärmutter und den äußeren

Geschlechtsteilen zurückläßt. Ein einzelnes Zeichen ist nicht beweisend.

Erstmalig		Wiederholt
zapfenförmig	Scheidenteil der Gebärmutter	weicher, lappiger Wulst
rund, glatt, für den Finger nicht durchgängig	Muttermund und Gebärmutterhals	quer, Einrisse (Narben), klaffend, der Halsteil durchgängig
Einrisse	Jungfernhäutchen	Reste: Carunculae myrtiformes
eng, gerunzelt	Scheide	glatt, Eingang klafft
straff, frische braunrote Narben	Bauchdecken	schlaff, weiße Narben
	Damm	Risse (Narben)

3. In welchem Monat befindet sich die Schwangerschaft.

Aus Größe und Länge der Gebärmutter, deren Boden in den einzelnen Schwangerschaftsmonaten einen nahezu bestimmten Stand hat, zu ermitteln. In den ersten zwei Monaten ist eine wiederholte Untersuchung angezeigt, um die zunehmende Vergrößerung zu erkennen. Ferner aus den ersten Kindesbewegungen (unsicher) und natürlich, wenn diese Angabe richtig gemacht wird, aus dem ersten Tag der letzten Monatsregel.

Verhalten der Gebärmutter in den einzelnen Schwangerschaftsmonaten.

1. Monat: Keine merkliche Vergrößerung der Gebärmutter.

2. Monat: Gebärmutter gänseeigroß. Ihr Boden liegt breit auf dem vorderen Scheidengewölbe.

3. Monat: Gebärmutter kindskopfgroß. Körper und Boden füllen den Beckeneingang fast völlig aus.

4. Monat: Der Gebärmutterboden 9 cm oberhalb der Schamfuge. Fruchtteile durch gleichzeitige innere und äußere Untersuchung wahrnehmbar. Bewegungen durch Auskultation.

5. Monat: Der Boden zwei Querfinger breit unter dem Nabel. Herztöne und Bewegungen der Frucht wahrnehmbar. Zusammenziehungen der Gebärmutter.

6. Monat: Der Boden in Höhe des Nabels. Kindsteile äußerlich deutlich fühlbar.

7. Monat: Der Boden drei Finger breit über dem Nabel. Nabelgrube verstrichen. Der vorliegende Teil innerlich fühlbar. Er tanzt auf dem untersuchenden Finger.

8. Monat: Der Boden steht in der Mitte zwischen Nabel- und Schwertfortsatz. Der vorliegende Teil beweglich über dem Beckeneingang.

9. Monat: Der Boden wenige Querfinger unter dem Schwertfortsatz, erreicht seitlich die Rippenbögen. Der Halsteil bei Mehrgebärenden für den Finger durchgängig; bei Erstschwangeren nur der äußere Muttermund für die Fingerkuppe zugänglich.

10. Monat: Der Boden steht wie im 8. Monat infolge Senkung der Gebärmutter nach vorn. Umfang des Leibes 100 cm. Kopf fast auf dem Becken. Scheidenteil bei Erstgebärenden verkürzt, der Zapfen kaum noch wahrnehmbar.

4. Wann ist die Entbindung zu erwarten?

Die Dauer der Schwangerschaft wird auf durchschnittlich 280 Tage = 40 Wochen = 10 Schwangerschaftsmonate oder Menstruationsperioden = 9 Kalendermonate geschätzt. Bekanntlich ist diese Schätzung zu niedrig; die durchschnittliche Schwangerschaftsdauer beträgt vielmehr 310—320 Tage. Die längste bisher beobachtete reifer Früchte 348 Tage, die kürzeste 240 Tage.

Man sucht den Tag des befruchtenden Beischlafs zu ermitteln und zählt 280 (310) Tage zu; oder man rechnet vom ersten Tag der letzten Monatsblutung drei Monate zurück und 7 Tage zu. Wurde ein außer der Zeit gelöstes Ei oder das Ei der zuerst ausgebliebenen Regel befruchtet, so fällt der wahrscheinliche Tag der Entbindung vier Wochen später.

Die Berechnung nach den ersten wahrgenommenen Kindsbewegungen oder nach der Entwickelung des Kindes, dem Stand der Gebärmutter ist ganz unsicher.

a) Stand der Gebärmutter und Bauchumfang in den einzelnen Schwangerschaftsmonaten.

Entfernung des Bodens vom oberen Rand der Schamfuge	Größter Bauchumfang
22.—26. Woche 24 cm	91 cm
28. „ 27 „	— „
30. „ 28 „	— „
32. „ 30 „	92 „
34. „ 31 „	— „
35. „ 32 „	97 „
36 „ 32 „	— „
37. „ 33 „	— „
38. „ 33 „	95 „
39.—40. „ 34 „	95—100 „

b) Länge der Gebärmutterhöhle in der Schwangerschaft:

Nach ca. 8 Tagen	3,4 cm
Nach ca. 14 ,,	4,3 ,,
Ende des 1. Monats	5,2 ,,
,, ,, 2. ,,	6,5 ,,
,, ,, 3. ,,	7,9 ,,
,, ,, 4. ,,	11,8 ,,
,, ,, 5. ,,	15,9 ,,

c) Längsdurchmesser des Mutterkuchens bzw. der Mutterkuchenanlage in der Schwangerschaft.

Nach ca. 8 Tagen	1,6 cm
Nach ca. 14 ,,	2,4 ,,
Ende des 1. Monats	3,2 ,,
,, ,, 2. ,,	4,6 ,,
,, ,, 3. ,,	6,2 ,,
,, ,, 4. ,,	11,1 ,,
,, ,, 5. ,,	13,2 ,,

d) Maße der Gebärmutter.

Länge	Bodenbreite (Abstand der Eileiter)	Halsbreite
	im jungfräulichen Zustande:	
5,3 – 7,0 cm	3,7 – 4,0 cm	2,0 cm
	nach Entbindungen (bleibend):	
9 cm	4,5—5,0 cm	2,5—2,7 cm

in der Schwangerschaft	Länge	Bodenbreite	Dicke
Ende des 3. Monats	11,3—12,6 cm	10,1 cm	
,, ,, 4. ,,	13,8—15,1 ,,	12,6 ,,	
,, ,, 5. ,,	15,1—17,6 ,,	13,9 ,,	
,, ,, 6. ,,	20,1—22,6 ,,	16,4 ,,	
,, ,, 7. ,,	25.2 ,,	18,9 ,,	
,, ,, 8. ,,	27,7 ,,	20,2 ,,	
,, ,, 9. ,,	30,2 ,,	22,7 ,,	
,, ,, 10. ,,	32,0 ,,	25—27 ,,	14 cm (Wanddicke d. Körpers 2,7 cm)

e) Die Entwickelung der Frucht und ihrer Anhänge während der Schwangerschaft.

Schwangerschaftsmonat	Länge der Frucht	Gewicht der Frucht	Gewicht des Mutterkuchens	Länge des Nabelstrangs
1.	2 cm	2,5 g	9 g	0,5 cm
2.	4 „	5 „	18 „	1 „
3.	9 „	11 „	36 „	7 „
4.	16 „	57 „	80 „	19 „
5.	25 „	284 „	178 „	31 „
6.	30 „	634 „	273 „	37 „
7.	35 „	1218 „	374 „	42 „
8.	40 „	1369 „	451 „	46 „
9.	45 „	1971 „	461 „	47 „
10.	50 „	2334 „	481 „	51 „
Reife des Neugeborenen	50—52 cm	3250 g	540 g	55 „

f) Um die Länge der Frucht aus dem Schwangerschaftsmonat zu bestimmen, ist der Schwangerschaftsmonat in der ersten Hälfte der Schwangerschaft ins Quadrat zu erheben, in der zweiten Hälfte mit 5 zu multiplizieren: $M^2 = \text{cm}$. $M \times 5 = \text{cm}$.

$1 \times 1 = 1$ cm	$6 \times 5 = 30$ cm
$2 \times 2 = 4$ „	$7 \times 5 = 35$ „
$3 \times 3 = 9$ „	$8 \times 5 = 40$ „
$4 \times 4 = 16$ „	$9 \times 5 = 45$ „
$5 \times 5 = 25$ „	$10 \times 5 = 50$ „

g) Umgekehrt: Um den Schwangerschaftsmonat aus der Fruchtlänge zu berechnen, ist aus der Fruchtlänge unter 30 cm die Quadratwurzel zu ziehen, und die Fruchtlänge über 30 cm durch 5 zu dividieren: $\sqrt{\text{cm}} = \text{M}$. $\frac{\text{cm}}{5} = \text{M}$.

$\sqrt{1} = 1.$ Mon.	$\frac{30}{5} = 6.$ Mon.
$\sqrt{4} = 2.$ „	$\frac{35}{5} = 7.$ „
$\sqrt{9} = 3.$ „	$\frac{40}{5} = 8.$ „
$\sqrt{16} = 4.$ „	$\frac{45}{5} = 9.$ „
$\sqrt{25} = 5.$ „	$\frac{50}{5} = 10.$ „

h) Schwangerschaftskalender.

Letzte Monatsblutung	Wahrscheinlicher Tag der Entbindung	Letzte Monatsblutung	Wahrscheinlicher Tag der Entbindung
März 27.	Januar 1.	Juli 1.	April 7.
29.	3.	3.	9.
31.	5.	5.	11.
April 1.	6.	7.	13.
3.	8.	9.	15.
5.	10.	11.	17.
7.	12.	13.	19.
9.	14.	15.	21.
11.	16.	17.	23.
13.	18.	19.	25.
15.	20.	21.	27.
17.	22.	23.	29.
19.	24.	25.	Mai 1.
21.	26.	27.	3.
23.	28.	29.	5.
25.	30.	31.	7.
27.	Februar 1.	August 3.	10.
29.	3.	5.	12.
Mai 1.	5.	7.	14.
3.	7.	9.	16.
5.	9.	11.	18.
7.	11.	13.	20.
9.	13.	15.	22.
11.	15.	17.	24.
13.	17.	19.	26.
15.	19.	21.	28.
17.	21.	23.	30.
19.	23.	25.	Juni 1.
21.	25.	27.	3.
23.	27.	29.	5.
25.	März 1.	31.	7.
27.	3.	September 1.	8.
29.	5.	3.	10.
31.	7.	5.	12.
Juni 3.	9.	7.	14.
5.	12.	9.	16.
7.	14.	11.	18.
9.	16.	13.	20.
11.	18.	15.	22.
13.	20.	17.	24.
15.	22.	19.	26.
17.	24.	21.	28.
19.	26.	23.	30.
21.	28.	25.	Juli 2.
23.	30.	27.	4.
25.	April 1.	29.	6.
27.	3.	Oktober 1.	8.
29.	5.	3.	10.

Letzte Monatsblutung		Wahrscheinlicher Tag der Entbindung		Letzte Monatsblutung		Wahrscheinlicher Tag der Entbindung	
Oktober	5.	Juli	12.	Dezember	31.	Oktober	7.
	7.		14.	Januar	1.		8.
	9.		16.		3.		10.
	11.		18.		5.		12.
	13.		20.		7.		14.
	15.		22.		9.		16.
	17.		24.		11.		18.
	19.		26.		13.		20.
	21.		28.		15.		22.
	23.		30.		17.		24.
	25.	August	1.		19.		26.
	27.		3.		21.		28.
	29.		5.		23.		30.
	31.		7.		25.	November.	1.
November	1.		8.		27.		3.
	3.		10.		29.		5.
	5.		12.		31.		7.
	7.		14.	Februar	1.		8.
	9.		16.		3.		10.
	11.		18.		5.		12.
	13.		20.		7.		14.
	15.		22.		9.		16.
	17.		24.		11.		18.
	19.		26.		13.		20.
	21.		28.		15.		22.
	23.		30.		17.		24.
	25.	September	1.		19.		26.
	27.		3.		21.		28.
	29.		5.		23.		30.
Dezember	1.		7.		25.	Dezember	2.
	3.		9.		27.		4.
	5.		11.	März	1.		6.
	7.		13.		3.		8.
	9.		15.		5.		10.
	11.		17.		7.		12.
	13.		19.		9.		14.
	15.		21.		11.		16.
	17.		23.		13.		18.
	19.		25.		15.		20.
	21.		27.		17.		22.
	23.		29.		19.		24.
	25.	Oktober	1.		21.		26.
	27.		3.		23.		28.
	29.		5.		25.		30.

V. Ermittelung der erfolgten Entbindung.

a) An der Lebenden.

1. Frische Zeichen: Allgemeine: erhöhte Temperatur, niedrige Pulszahl, Blässe, gesteigerte Hauttätigkeit, Gewichtsabnahme.

Örtliche: stark gerunzelte, schlaffe Bauchdecken, frische rötliche Schwangerschaftsnarben, Pigmentierung der Linea alba (Linea fusca) und der Warzenhöfe, Schwellung der Montgomeryschen Drüsen, der Brüste. Kolostrum. Verunreinigung der Geschlechtsteile, der Wäsche mit Blut, mit Fruchtwasser (s. u.), Schwellung der Schamlippen, Weite der Scheide, Schlaffheit ihrer Wandung. Schlaffer Gebärmutterhalsteil (nach 5—6 Wochen wieder normal), offener Muttermund (bis 10.—12. Tag) mit frischen Einrissen. Blutiger Ausfluß aus der Gebärmutter (2—3 Tage) mit Resten von Eihäuten und Nachgeburt (s. S. 18), der Stand der Gebärmutter zwischen Schamfuge und Nabel. Fruchtwasserflecken.

Das Fruchtwasser, aus einer eiweiß- und salzreichen, serumartigen Flüssigkeit bestehend, ist im Beginn der Schwangerschaft klar durchsichtig, in den späteren Monaten infolge Beimengung von Kindspech, käsiger Schmiere, Epithelzellen und Wollhaaren trübe und schwach gelbgrünlich gefärbt. Fruchtwasserflecke in der Wäsche sind graugelb bis gelbgrünlich und steif. Sie sind mit physiologischer Kochsalzlösung zu erweichen und der Auszug ist mikroskopisch auf die genannten Bestandteile zu prüfen.

2. Ältere Zeichen: braune Schwangerschaftsnarben, volle Brüste, Milch, fleischwasserähnlicher (3.—5. Tag), eitrig-wässriger (5.—8. Tag), rahmig-schleimige r(vom 9. Tag ab) Wochenfluß, der etwa vom 14. Tag ab aufhört.

Mikroskopische Untersuchung des Wochenflusses s. S. 15.

3. Die verwertbarsten bleibenden Zeichen sind: sehnig glänzende weiße Schwangerschaftsnarben, Narben von Einrissen des Schambändchen, der Scheide, des Dammes, Reste des Jungfernhäutchen (Caruncula myrtiformes). Die runde statt ovale Form und seitliche Narben von Einrissen des Muttermundes. Vergrößerung und Erweiterung der schlaffen Gebärmutter (s. S. 118).

b) Der frischen Entbindung an der Leiche.

Vergrößerung der schlaffen, weiten, mit Blutgerinnseln gefüllten Gebärmutter, deren Wandungen verdickt (2 cm statt 1 cm) sind und weit klaffende Gefäße auf dem Schnitt zeigen. Der Scheidenteil ein kurzer schlaffer Wulst. Der Muttermund weit, mit frischen Einrissen. Die Innenwand der Gebärmutter blutig getränkt, zottig, mit Fibringerinnseln und Deziduaresten

(s. S. 18) bedeckt. Die Ansatzstelle der Nachgeburt als zerwühlte Stelle mit Resten von Chorionzotten sichtbar (s. S. 17). Im Eierstock ein Corpus luteum verum (nicht vom menstruellen Corpus luteum zu unterscheiden).

VI. Ermittelung besonderer Umstände bei der Entbindung.

(Bei fraglichem Kindsmord von Wichtigkeit s. S. 35.)

Ob die Geburt leicht oder schwer, schnell, überraschend, heimlich, erwartet, vorbereitet war? Unter welchen Bedingungen bezüglich der Örtlichkeit, Stellung, Lage der Gebärenden? Selbsthilfe? Beckenmaße nehmen, Größe des Kindes (Kopf und Schultern) im Verhältnis zur Beckenweite? Art und Größe der Kopfgeschwulst. Verletzungen der Mutter und des Kindes? Verhalten des Nabelschnurendes (Sturzgeburt?) (s. S. 35). Menge des Blutes. Der Blutverlust der Gebärenden beträgt 30—3000 g, im Mittel 750 g. Verletzungen der Gebärmutter, von selbst entstandene — künstliche?

Geisteszustand der Gebärenden (Ehrennotstand?) vgl. Kapitel Kindsmord.

VII. Ermittelung des Wochenbettzustandes.

a) Veränderungen am Unterleib: Schwangerschaftsnarben, Auseinanderweichen der graden Bauchmuskeln, schlaffe, runzelige Bauchdecken.

b) Veränderungen an den Brüsten: Größe, Prallheit derselben, weniger vorspringende Warzen. Kolostrum. Milch (s. S. 14).

c) Veränderungen an den Geschlechtsteilen: Weite, glatte, schlaffe Scheide mit Schleimhauteinrissen. Kommissurrisse. Kitzlerverletzungen. Karunkeln. Dammrisse. Muttermund für den Finger durchgängig, Lippen geschwollen mit Einrissen. Gebärmutter vergrößert, stark nach vorn gebeugt. Am Stand des Gebärmutterbodens die Rückbildung der Gebärmutter feststellen. Kurz nach der Geburt steht der Boden wie im 5. Monat in Nabelhöhe, die Gebärmutter ist 20 cm lang, wiegt 1200—1500 g. Die Rückbildung ist nach der 6. Woche beendet, wo gewöhnlich auch die Monatsregel wiederkehrt. — Der Halsteil gleich nach der Geburt weit, durchgängig, schlaff, gestreckt, 5—6 cm lang, seine Schleimhautfalten gestreckt, abgeplattet; nach einer Woche ist er 4—5 cm lang, der innere Muttermund beginnt sich wieder zurückzubilden; nach zwei Wochen ist er 4 cm lang, nach drei Wochen der innere

Muttermund geschlossen, nach sechs Wochen wieder normale Verhältnisse.

d) Untersuchung von Kolostrum und Milch. **Kolostrum,** eine wasserklare mit gelben Tropfen vermischte Flüssigkeit, klebrig, Wäsche versteifend, enthält als die charakteristischen Bestandteile große (8—25 μ), runde, granulierte Kugeln (Leukozyten) mit oder ohne wandständigem Kern, beladen mit Fetttröpfchen (ähnlich den Körnchenkugeln der Erweichungsherde), die im Milchserum suspendiert sind. Ihre Gestalt ist vielfach maulbeerförmig; daneben finden sich Milchkügelchen und Pflasterepithelien der Milchgänge.

Kolostrum wird vor und in den ersten Tagen nach der Geburt abgesondert. Je weiter die Schwangerschaft fortschreitet, um so mehr treten die Fetttröpfchen haltenden Körper zurück und machen den gekörnten Platz. Am 5.—6. Tage verschwinden sie aus der Milch. Bei Stillenden wie bei Nichtstillenden, bei ausgetragenem wie bei nicht ausgetragenem Kind, auch bei Fehlgeburt, findet sich Kolostrum. Kolostralmilch spricht also für Entbindung vor wenigen Tagen.

Milch, eine undurchsichtige weißliche Emulsion von kleinen Fetttröpfchen (Milchkügelchen) im Milchserum, versteift ebenfalls die Wäsche. Ein kleines Tröpfchen zeigt bei 300facher Vergrößerung neben zahlreichen dichtgedrängten runden Fettkügelchen von 3—5 μ Durchmesser in den ersten Tagen nach der Geburt noch Kolostrumkugeln, außerdem häufig Reste der Drüsenzellen, Pflasterepithel der Milchgänge, weiße Blutkörperchen, Kerne, Bakterien und bei Entzündungen der Brustdrüse Blut und Eiterzellen.

Die grau bis schwach gelblich gefärbten, steifen Milch- oder Kolostrumflecke in Wäsche sind mit physiologischer Kochsalzlösung zu erweichen behufs mikroskopischer Prüfung des Auszugs.

e) Maße der sich zurückbildenden Gebärmutter.

Tag der Entbindung	Entfernung des Bodens von der Schamfuge	Länge der Gebärmutterhöhle	Wanddicke der Gebärmutter
1. Tag	13,50	—	—
2. „	12,25	—	2,5
3. „	11,00	—	2,2
4. „	9,75	14,0	2,0
5. „	8,50	13,75	1,8
6. „	7,75	—	1,6
7. „	7,75	—	1,4
8. „	7,50	12,5	1,2
9 „	6,75	11,5	1,0
10. „	6,00	—	0,8
11. „	5,50	10,0	0,6

f) Untersuchung auf Wochenfluß. Der **Wochenfluß** ist die ersten zwei Tage gewöhnlich rein blutig (Lochia rubia), von alkalischer Reaktion und zunächst geruchlos. Er beträgt etwa 400—500 g täglich. Vom 3.—5. Tag fleischwasserähnliche Lochia serosa; vom 5.—8. Tag eitrigwässrige und vom 9. Tag ab gelbweiße, rahmige, schleimig eitrige Lochia alba. Am 12.—15. Tag wird der Wochenfluß zuweilen wieder blutig. Vom 14.—15. Tag ab hört er gewöhnlich auf.

Mikroskopische Untersuchung: Mit ausgeglühter Platinöse von dem Scheiden- oder Gebärmutterausfluß entnehmen und auf einem Deckgläschen ausgebreitet antrocknen lassen, durch die Flamme ziehen oder in Alkohol-Äther āā fixieren und mit Methylgrün oder Karbolmethylenblau färben. Lochia rubia: hauptsächlich rote Blutkörperchen, spärlich weiße; vereinzelte große Plattenepithel- und Deziduazellen. Lochia alba: zahlreiche Fett enthaltende weiße Blutkörperchen, freie Fettkügelchen, Cholestearin, Epithelzellen und Deziduazellen. Letztere sind große, unregelmäßig vieleckige oder spindelförmige Zellen mit rundem, feingranuliertem, stark vortretendem Kern und Kernkörperehen, deren Leib (Protoplasma) schwer färbbar ist und die sich schwer von den ähnlichen Epithelzellen der Scheide abgrenzen lassen. Es empfiehlt sich daher, den Ausfluß aus dem Scheidenteil der Gebärmutter direkt mit einer kleinen Kapillare anzusaugen und zu untersuchen (s. auch S. 38).

VIII. Ermittelung des Status menstrualis.

a) Bei der Lebenden.

Aus dem Monatsfluß. Menge 100—600 g, im Mittel 200 g, je nach Alter, Ernährung, Klima wechselnd. — Monatsblut ist hellrot, dünnflüssig, von besonderem Geruch, wenig gerinnbar, stärkt Leinen. Mikroskopisch: Blutkörperchen, Schleim, Epithel der Gebärmutterschleimhaut (Zylinderflimmerepithel) und der Scheidenschleimhaut (geschichtetes Plattenepithel).

Dauer der Monatsblutung 3—6 Tage. Der Zwischenraum beträgt 25—30 Tage in der Regel, oft weniger oder mehr, auch ohne daß Krankheit vorliegt. Sie hört während der Schwangerschaft gewöhnlich auf. Eiabgang und Befruchtung sind von ihr unabhängig. Auch ohne Monatsblutung und während des Stillens Befruchtung möglich.

b) An der Leiche (bei Selbstmord wichtig).

1. Veränderungen am Eierstock: Einer der Graafschen Follikel des Eierstocks schwillt drei Wochen nach der letzten

Monatsblutung an, seine Wandung bildet Gefäße, er erlangt Kirschgröße. Nach 6—8 Tagen wird die Eizelle ausgestoßen. Während dieser Zeit sind auch die Eierstöcke größer, breiter und dicker, besonders derjenige, der den wachsenden Graafschen Follikel trägt. Gewöhnliche Größe eines Graafschen Follikels 1—1,5 mm im Durchmesser. Gewöhnliche Größe der Eierstöcke in der Zeit zwischen zwei Perioden: Länge 3,5 cm, Breite 1,6 cm, Dicke 1,0 cm. — Ist das Ei ausgestoßen, so bildet sich an der Stelle, wo es gesessen hat, der sog. gelbe Körper (Corpus luteum spurium) von Kirschkerngröße. Dieser hat einen 1—2 mm breiten zackigen gelben Rand von fettig degenerierten Granulationen mit massenhaften Körnchenzellen (Luteinzellen, Zupfpräparat) und freien Fettkörnchen sowie eine braune Mitte von Blutextravasat mit hämatogenem Pigment in rhombischen Kristallen. Der gelbe Körper wächst noch einige Wochen, dann bildet er sich zurück; in fünf Wochen ist die Rückbildung durch Resorption beendet, es bleibt nur eine kleine strahlige durch Blutpigment schwärzlich gefärbte Narbe. — Findet Befruchtung statt, so ist das Corpus luteum (verum, haemorrhagicum) beträchtlich größer und bleibt länger bestehen; im dritten Monat etwa haselnußgroß, eine weiche braunrote Masse. Indessen finden sich auch ohne Befruchtung haselnuß- bis kirschgroße gelbe Körper.

2. Veränderungen an der Gebärmutter: Diese ist etwa um $1/3$ vergrößert; die Schleimhaut verdickt (normale Dicke 1 mm), blutreich, mit Blutgerinnseln in ihren Buchten; die Drüsen sondern stark ab, so daß die Schleimhaut wie ein Sieb aussieht. Das Epithel löst sich ab; die Kapillaren sind geplatzt und ihr Blut ergießt sich aus ihren zahlreichen kleinen Öffnungen.

Zweiter Abschnitt.

Ermittelungen bei Fehlgeburt bzw. Fruchtabtreibung.

§ 844 B.G.B. § 218—220 Str.G.B.

Art der Fehlgeburt: Ist sie eine unabsichtliche, eine beabsichtigte (ärztliche — gesetzwidrige)?

Ursachen der unbeabsichtigten Fehlgeburt: Krankheiten der Mutter: Lues, Albuminurie, Herzfehler, chronische Vergiftungen (Blei, Schwefelkohlenstoff, Nikotin), Infektionskrankheiten, Krankheiten der Gebärmutter (Mißbildungen, Endometritis, Geschwülste) und ihrer Anhänge (Peri-, Parametritis), der Eierstöcke (Zysten), fehlerhafter Sitz der Nachgeburt, Traumen (auch der Beischlaf!), Gemütsbewegungen. Gewohnheitsmäßige Fehlgeburt. —

Krankheiten des Eies und seiner Hüllen (Lues, Hydramnios).

Klinische Merkmale der Fehlgeburt: Kreuzschmerzen, Wehen, blutig-schleimiger Ausfluß und Abgang von „Stücken", Häuten, Zotten, Resten der Nachgeburt.

Ermittelungen bei gesetzwidriger Fehlgeburt (Fruchtabtreibung).

Die Untersuchung hat folgende Fragen zu beantworten:

1. Hat eine Fehlgeburt stattgefunden?

a) Nachweis an der Lebenden.

Beweisend ist allein der Nachweis von abgegangenen Schwangerschaftsbestandteilen: Ei, Eihüllen, Deciduareste, Chorionzotten. — In den ersten Wochen ist das Ei schwer innerhalb der Blutgerinnsel zu erkennen und aufzufinden. Es ist im zweiten Monat erst tauben- bis hühnereigross. Man kann die Blutgerinnsel im Wasser flottieren lassen und mit Nadeln zerteilen, um das Ei zu suchen. Auch wenn man das Ei nicht findet, ist durch den Nachweis von Chorionzotten die Schwangerschaft sichergestellt.

Nachweis von **Chorionzotten:** Die zunächst gefäßlosen Zotten führen von der 3. Woche ab Blutgefäße, Arterien und Venen, die Endäste der Nabelschnurgefäße, und vermitteln der Frucht den Sauerstoff- und Nahrungszufluß aus dem mütterlichen Blute. In den ersten (3) Schwangerschaftsmonaten besteht die Zotte aus einem Stock von fibrillärem Bindegewebe und einem zweischichtigen Eipthel: kubischem Grundepithel und dem Synzytium. In den späteren Monaten ist die Zotte nur mehr vom Synzytium überzogen.

Sie besteht dann aus einer äußeren Epithelschicht (Exochorion) von großen Zellen mit Kern und feinkörnigem Protoplasma und einer inneren bindegewebigen und gefäßhaltigen Schicht (Endochorion). Vom 2. Monat ab atrophieren die Zotten der Peripherie des Eies, während die Zotten an der Ansiedelungsstelle des Eies, also nach der Decidua serotina zu, mächtig wuchern (Chorion laeve, Chorion frondosum). Die letzteren dringen tief in die Gefäßräume der Decidua ein und tragen so zur Bildung des Mutterkuchens bei, die im 4. Monat vollendet ist.

Die Zotte im Wasser ausbreiten, mit dem Objektträger auffangen und mikroskopieren. Färben mit Methylenblau.

Ebenso wertvoll ist der Nachweis von **Deciduazellen**, der epitheloid veränderten Bindegewebszellen der Gebärmutterschleimhaut: rundlich-ovale, mit Fortsätzen versehene, sehr große (0,03—0,1 mm) Zellen mit einem oder mehreren Kernen. Man findet Riesenzellen mit bis zu 30 Kernen. Die Zellen sind etwas bräunlich gefärbt. Die Decidua vera ist zweischichtig. Das Zylinderepithel der Drüsen der tieferen Schicht schiebt sich mit Sprossen zwischen die oberflächliche Lage Deciduazellen. Siehe auch S. 12.

Endlich ist auch auf die körperlichen Zeichen der Schwangerschaft, der erfolgten Entbindung bzw. des Wochenbettes zu achten (s. diese).

b) Nachweis an der Leiche.

Auch an der Leiche ist der Nachweis der Fehlgeburt in den ersten Wochen nur durch den Nachweis der Schwangerschaftsbestandteile zu führen. Man suche die Ansatzstelle der Nachgeburt auf, die sich durch ihre Zerklüftung kundgibt. Bis zum 3. Monat hinterläßt der Abgang des zottigen Eies kaum Spuren. Die Veränderungen, die die Gebärmutter bis zu dieser Zeit zeigt, lassen sich nicht von den menstruellen unterscheiden. Auch das Corpus luteum verum des Eierstocks ist nicht vom menstruellen Corpus luteum zu unterscheiden.

2. In welchem Alter stand die Frucht?

Man unterscheidet 4 Entwickelungsstufen: Embryonalzustand, Fötalzustand, Lebensfähigkeit, Reife.

Embryo: Vom Augenblick der Empfängnis bis zum Ende des 3. Monats; in dieser Zeit ist das Alter schwer zu bestimmen.

Fötus: Vom 3. Monat ab; die Nachgeburt ist ausgebildet, die menschliche Form des Fötus vorhanden.

Lebensfähigkeit: Wird durch eine Entwickelungsstufe und Form bedingt, die nicht durchaus unvereinbar mit der Fortsetzung des Lebens außerhalb der Mutter ist. Diese Stufe ist gewöhnlich Mitte des 7. Monats (= 180 Tag) erreicht.

Reife: S. S. 119.

Entwickelungsgang der Frucht.

Nach 14 Tagen ist der Embryo etwa 4 mm lang.

Nach 1 Monat: Mutterkuchen 9 g. Nabelschnur 0,5—1 cm. Ei taubeneigroß, 2 cm lang. Zottiges Chorion gleichmäßig an seiner ganzen Oberfläche. Embryo 1—2 cm lang, 2 g schwer, stark gekrümmt. Der Kopf etwa die Hälfte des Körpers. Mund

und Nase eine Höhle. Am Halse jederseits 4 Kiemenspalten. Bauchspalte. Gestielte Nabelblase. Gliederstummel.

Nach 2 Monaten: Ei hühnereigroß. Mutterkuchen 18 g, Nabelschnur 2 cm. Embryo 3—4 cm lang, 4 g schwer, gestreckt. Mund und Nase getrennt. Kiemenspalten geschlossen. Nabelblase rückgebildet. Bauchspalte geschlossen. Ohrstummel. Glieder gegliedert. Verknöcherungen im Unterkiefer, Schlüsselbein, Rippen und Wirbelkörpern.

Nach 3 Monaten: Ei gänseeigroß. Mutterkuchen 36 g, Nabelschnur 7 cm. Embryo 7—9 cm, 20 g. Nabel geschlossen, Kopf ein Drittel des Körpers. Pupillarmembran beginnt sich zu bilden. Finger und Zehen getrennt. Geschlecht beginnt sich zu scheiden. Verknöcherungen im Schädel und den Diaphysen.

Nach 4 Monaten: Mutterkuchen 80 g, Nabelschnur 19 cm. Fötus 10—17 cm, 120 g. Geschlecht, Nase, Ohren deutlich. Wollhaare. Nägel.

Nach 5 Monaten: Mutterkuchen 178 g, Nabelschnur 31 cm, ihre Ansatzstelle rückt von der Schamfuge aufwärts. Fötus 18—27 cm, 225—230 g. Kopf- und Wollhaare. Gallig gefärbtes Kindspech. Innere Brustdrüse. Verknöcherungen in den Mittelfußknochen. Sichtbarer Herzschlag.

Nach 6 Monaten: Mutterkuchen 273 g, Nabelschnur 37 cm. Fötus 28—34 cm, 634 g. Kopf ein Viertel des Körpers. Fettpolster. Wollhaarflaum. Käsige Schmiere. Hoden in der Bauchhöhle. Kleine Schamlippen und Kitzler ragen vor. Gehirnwindungen. Verschluß der Sehlöcher durch die Pupillarmembran. Lebhafte Lebenszeichen, aber keine Lebensfähigkeit außerhalb des Mutterleibes.

Nach 7 Monaten: Mutterkuchen 374 g, Nabelschnur 42 cm. Fötus 35—38 cm, 1218 g. Kopfhaar 5—6 mm lang. Wollhaar dicht. Senkung der Hoden. Vermehrte Hirnwindungen. Schwund der Pupillarmembran von der Mitte aus (nach der 28. Woche). Knochenkern im Fersenbein 2—5 mm. Galle in der Gallenblase. Beginn der Lebensfähigkeit.

Nach 8 Monaten: Mutterkuchen 451 g, Nabelschnur 46 cm. Fötus 38—43 cm, 1500 g. Volle Körperformen. Viel Wollhaar. Reste der Pupillarmembran. — Lebensfähigkeit: von der 30. Woche ab, Fötus 40 cm, 1500—2000 g. Hoden im Hodensack, große Schamlippen fettreich, vorgewölbt. Nägel härter, erreichen die Fingerspitzen. Zahlreiche Hirnwindungen. Kindspech reichlich. Knochenkern im Fersenbein 5 mm, im Sprungbein 2,5 mm.

Nach 9 Monaten: Mutterkuchen 500 g, Nabelschnur 50 cm. Fötus 46—48 cm, 2500 g. Vermehrtes Fettpolster, blassere Haut.

Pupillarmembran geschwunden. Augenlider getrennt. Hoden im Hodensack.

Nach 10 Monaten: Mutterkuchen 500—600 g, Nabelschnur 50—60 cm. Fötus 48—52 cm, 3000—3600 g. Nasen- und Ohrknorpel. Wollhaarausfall. Knochenkern der Epiphysen. Die weiteren Zeichen der Reife s. S. 119.

3. Inwiefern war die Fehlgeburt eine beabsichtigte, gesetzwidrige?

a) Nachweis an der Lebenden.

Untersuchung der Beschuldigten 1. auf Verletzungen (Aufschürfungen der Schleimhaut, Durchbohrungen, Zerreißungen durch eingeführte Instrumente) an der Scheide, der Gebärmutter, der Harnblase, dem Darm. Sie liegen meist in der Achse des Geschlechtskanals: zwischen Hals und Körper an der physiologischen Abknickung oder in der Mitte des Gebärmutterbodens. Spontane Verletzungen durch den Geburtsvorgang ausschließen! Mehrfache gleichzeitige, gleichartige Verletzungen an Scheide, Gebärmutter, Harnblase, Darm sprechen für gewaltsamen Eingriff.

2. Auf Verbrühungen, Verätzungen der Geschlechtsteile durch Einspritzungen. Auch Ablösung der Eihäute und Anfüllung des Zwischenraumes mit seifenartiger, bräunlicher (methämoglobinhaltiger) Flüssigkeit spricht für Einspritzung, wenn der Eisack noch geschlossen.

b) Nachweis an der Leiche.

Außer den obigen Ermittelungen ist auf Luftembolie zu untersuchen. Man beginnt bei Verdacht des Todes durch **Luftembolie** (nach Richter) die Leichenöffnung zweckmäßig mit dem großen Hautschnitt am Rumpfe unterhalb der Incisura jugularis, löst nach Eröffnung der Bauchhöhle und Ablösung der Brustkorbweichteile das Brustbein vom Zwerchfell aus nur bis zur 2. Rippe ab und durchsägt es unterhalb des Ansatzes der 2. Rippe quer, um eine Verletzung der großen Halsgefäße zu vermeiden. Man eröffnet sogleich den Herzbeutel und besichtigt das rechte Herz. Ist Luft im Herzen vorhanden, so ist die rechte Kammer und der rechte Vorhof ausgedehnt, die schlaffe vordere Wand der rechten Kammer vorgewölbt und bei der Perkussion erhält man tympanitischen Schall. Dann wird der Herzbeutel bei hochgehaltenen Schnitträndern mit Wasser gefüllt, so daß die Vorderfläche der rechten Kammer mit Wasser bedeckt ist und ein kurzer Einstich in die Vorderwand der rechten Kammer gemacht. Von selbst oder auf Druck auf die rechte Herzhälfte steigen Luftblasen auf. (Verwechselung mit Fäulnisgasbläschen bei faulen Leichen vermeiden!)

Auch die untere Hohlvene, die Beckenvenen und besonders die Gebärmuttervenen sind auf Luftblasen im Blut zu untersuchen.

Technik der Leichenöffnung bei Fruchtabtreibung.

Besondere Vorsicht ist bei der Herausnahme der Geschlechtsorgane behufs späterer genauer Untersuchung derselben zu üben, damit keine künstlichen Verletzungen entstehen. Die Geschlechtsorgane, auch die äußeren, Blase und Mastdarm sind insgesamt stets mit dem Messer auszulösen. Bei stumpfer Abtrennung entstehen zu leicht Zerreißungen in dem vielfach morschen Gewebe. Also — ich folge Richter — Ablösung der Blase von der Schamfuge. Umschneidung der äußeren Geschlechtsteile und des Afters. Abtrennung der Weichteile von den Schambeinästen (Bauchfell rechts und links durchtrennen). Ablösung des Mastdarms vom Kreuzbein. Hervorziehen der äußeren Geschlechtsteile unter der Schamfuge in die Bauchhöhle. Herausnahme der gesamten gelösten Organe. Ausbreiten auf Teller.

Die Untersuchung beginnt damit, daß der Mastdarm von rückwärts aufgeschnitten und abgespült nach Verletzungen abgesucht wird. Dann folgt die Eröffnung der Harnblase vom Scheitel aus, Besichtigung des Scheideneinganges, Eröffnung der Scheide von vorne in der Mittellinie (Verletzungen vermeiden!), Besichtigung der Scheidenschleimhaut und des äußeren Muttermundes. Eröffnung der Gebärmutter von vorne mit kurzen Schnitten (das stumpfe Blatt der Schere in der Höhle), seitliche Schnitte gegen die Abgänge der Eileiter, Besichtigung der Gebärmutterschleimhaut nach Abspülung. Endlich Untersuchung der Eileiter, der Eierstöcke, der breiten Mutterbänder und ihrer Gefäße.

Sollen die Organe aufbewahrt oder versandt werden, so sind sie in 4—10%iger (nicht stärker!) Formalinlösung zu legen, nicht in Spiritus.

c) Untersuchung der Frucht und ihrer Anhänge auf Verletzungen, die bei dem Abtreibungsversuch entstanden sein können.

d) Untersuchung der Örtlichkeit und der Kleidungsstücke auf Abtreibungsmittel (Medikamente, Instrumente).

4. War das Mittel geeignet, „tauglich“, die Fehlgeburt herbeizuführen?

Äußere Mittel wie Aderlaß, Blutegel, heiße Sitz- oder Fußbäder, heiße Dampfbäder, sowie die große Zahl der innerlich angewendeten Drogen, die in dem Rufe stehen, Abtreibungsmittel zu sein, sind fast immer als untaugliche zu bezeichnen. Es ist aber die Möglichkeit zu berücksichtigen, daß sie krankmachend wirken können und als Folge der Krankheit ein Abort eintreten kann.

Die mechanisch wirkenden indirekten (Druck, Stoß, Sturz, Fall, Heben, ungestümer Beischlaf) sind nicht in jedem Falle durchaus untaugliche.

Die mechanisch wirkenden direkten (Einspritzung von Flüssigkeiten in die Gebärmutter, Ätzungen der Gebärmutter, Ausstopfung der Scheide, Mittel zur Erweiterung des Muttermundes und Gebärmutterhalses, heiße Scheiden- und Gebärmutterspülungen, der Eihautstich, Ablösung des Eies oder der Nachgeburt mittelst Sonden usw. sind durchaus geeignete Mittel. Die Möglichkeit ihrer Anwendung mit Bezug auf die vorgefundenen Verletzungen prüfen.

5. Ist der gesetzwidrige Eingriff von eigener oder fremder Hand erfolgt?

Aus der Art etwaiger Verletzungen, dem Mittel und den Umständen zu entscheiden.

6. Ist der gesetzwidrige Eingriff die Ursache von Krankheit oder Tod?

Blutverlust, septische Erkrankungen, besonders solche der Organe des kleinen Beckens, Vergiftungen, tödliche oder mißgestaltende, Siechtum nach sich ziehende Verletzungen und Erkrankungen, Verlust der Empfängnisfähigkeit.

7. Hat die Frucht bei dem gesetzwidrigen Eingriff noch gelebt?

Der Nachweis des „keimenden Lebens“ ist deshalb von Wichtigkeit, weil bei bereits abgestorbener oder entarteter Frucht nur Tötungsversuch vorliegt.

Sind die Chorionzotten blutleer und eng oder zum Teil ganz geschwunden, so ist anzunehmen, daß die Frucht bereits abgestorben war.

Ist die Frucht zur Stelle, so ist

a) ihr Alter,
b) ihre Lebensfähigkeit,
c) ihre Todesursache festzustellen.

(S. Kindsmord S. 23.)

Dritter Abschnitt.

Ermittelungen bei Kindesmord.

§ 217 Str.G.B. § 90 Str.P.O.

Leichenöffnung eines Neugeborenen.

A. Äußere Besichtigung.

Im allgemeinen: Bekleidung des Kindes, Beschmutzung mit Erde, Laub, Abortinhalt u. dgl. Nabelschnur (Lage), Nachgeburt (Gewicht, Vollständigkeit), Eihäute (Vollständigkeit, Lage).

Im besonderen: Geschlecht, Länge, Gewicht (nimmt beim Liegen an der Luft ab), Körperbau (Mißbildungen), Ernährungszustand, Leichengeruch, Leichenfarbe, Totenflecke (einschneiden), Fäulniserscheinungen, Totenstarre. Spannung der Haut, Muskulatur, Fettpolster (Einschnitte). Besudelung mit Blut, kåsiger Schmiere, Kindspech. Wollhaare (beim reifen Kind nur am Hals, Rücken und Schultern). Verletzungen, Hautabschürfungen, punktförmige Blutungen, Blutunterlaufungen (einschneiden), Ausschlag (Lues).

Schädel: Form, Umfang, Durchmesser (s. S. 120), Zeigefinger an die Tasterknöpfe, innen ablesen). Kopfhaare (Länge, Dichte), Kopfknochen (Verschiebbarkeit), Fontanellen (s. S. 30), Kopfgeschwulst (Lage, Größe). Gesicht, Augenlider, Bindehäute, Hornhäute, Pupillarmembran (s. unten), Nase und Ohren: Inhalt, Knorpel (einschneiden), Lippen.

Hals: Länge, Furchen (Hautfalten, Druckfalten vom Hemd!), Kratzer (Zahl, Form, Länge), Abschürfungen, Blutunterlaufungen.

Brust: Wölbung, Breite, Schulterbreite (s. S. 120), Brustdrüsen (Hexenmilch bei mehrtägigen Kindern).

Bauch: Wölbung, Nabelschnur (Ansatzstelle, Demarkation, Länge, Dicke, Drehung, Gehalt an Sulze, Gefäße (Blutgehalt), Beschaffenheit des freien Endes (gerissen, geschnitten, einfach, mehrfach, quer, schräg, treppenförmig, zackig, fetzig). Hüftbreite (s. S. 120), äußere Geschlechtsteile: Lage der Hoden, Hodensack (wässerige Schwellung ist Leichenerscheinung), Kitzler, große und kleine Schamlippen, Scheide (Ausfluß). After (Schleimpfropf, Kindspech, Klaffen ist Leichenerscheinung).

Glieder: Form, Länge, Nägel, Ausschlag (Lues), Knochenkern (s. S. 24).

Nachweis der **Pupillarmembran.**

Pupillarmembran: Diese mit feinen Blutgefäßen versehene Ernährungshaut der Linse entsteht im dritten Schwangerschaftsmonat und verschwindet gewöhnlich von der 28. Woche ab, indem sie sich von der Mitte aus zurückbildet. Es finden sich also von dieser Zeit ab nur Reste des feinen Gewebes. Beim reifen Kind fehlt sie in der Regel.

Augapfel auslösen, mit der Schere in eine vordere und hintere Hälfte teilen, aus der vorderen in einer Schale mit Wasser und unter Wasser das Corpus ciliare samt der Iris mittelst Nadeln herausstreifen, die Iris auf einem Objektträger aus dem Wasser ausgebreitet auffangen. Man sieht schon mit bloßem Auge (gegen Licht halten), besser mikroskopisch die arkadenförmigen Gefäße der Membran, die vom Rande der Regenbogenhaut nach der Mitte des Sehloches hinlaufen, hier umbiegen und zum Rande der Regenbogenhaut zurückkehren.

Nachweis des **Knochenkerns.**

a) Im unteren Ende (Epiphyse) der Oberschenkel: Querschnitt unterhalb der Kniescheibe in das Kniegelenk. Verlängerung des Schnittes seitlich nach aufwärts 3 cm. Ablösung der Kniescheibe, die nach oben geschlagen wird. Durchtrennen der seitlichen Kniegelenkbänder; schichtweise Abtrennung des Knorpels vom Oberschenkelende senkrecht auf die Längsachse des Oberschenkels, bis der Knochenkern im größten Umfang getroffen ist (2—9 mm Durchmesser bei reifen Früchten, bei Früchten in der 37.—38. Woche 1—1,5 mm, bei jüngeren fehlt er).

b) Im Fersenbein und Sprungbein: Längsschnitt durch die Haut und die Fußwurzelknochen entsprechend der sagittalen Mittellinie des Fersenbeins (schon im 7.—8. Schwangerschaftsmonat vorhanden).

B. Innere Besichtigung.

I. Hals, Brust- und Bauchhöhle.

Längsschnitt vom Kieferrand bis zur Magengrube, von hier in zwei Schenkeln abwärts, die 3—4 cm an der Schamfuge voneinander entfernt sind. Der Lappen trägt die Nabelgefäße innen. Unterbindung der Nabelvene leberwärts. Untersuchung der Nabelgefäße (aufschneiden): Inhalt, Kontraktionszustand, Weite, Mündung in den Nabelstrang. —

Fettpolster an Brust- und Bauchdecke. Muskulatur. Stand des Zwerchfells an der Knorpelknochengrenze der Rippen. Inhalt der Bauchhöhle, Lage, Farbe, Glanz der Organe, des Bauchfells. Leber, Wurmfortsatz. —

a) Brusthöhle und Hals: Unterbindung der Luftröhre oberhalb des Brustbeins. Eröffnung der Brusthöhle. Inhalt der

Brustfellräume. Brustbein. Lungen: Ausdehnung im Brustkorb. Lage. Beziehung zum Herzbeutel. Farbe. Genaue Besichtigung der Oberfläche: glatt = fötal, uneben = Atmung, punktförmige Blutungen, Fäulnisbläschen, subpleurales Emphysem, Perlbläschenzeichnung (Lupe!). Lungenränder (scharf, abgerundet, gedunsen). Konsistenz (derb, leberartig = luftleer, weich, elastisch, polsterartig = Atmung), Knistern, Glanz, Feuchtigkeit, weißgraue Inseln (Einatmung käsiger Schmiere). — Lungen- und Rippenfell. Mittelfell. — Eröffnung des Herzbeutels: Aussehen, Inhalt, Herz: Größe, punktförmige Blutungen, Farbe, Konsistenz beider Hälften, Anlegung der Vorhofkammerschnitte. Inhalt der Herzhöhlen. Durchgängigkeit der Vorhofkammerklappen. Eröffnung der Lungenschlagader von vorne von der rechten Kammer ausgehend. Oberhalb der seitlich rechts und links abgehenden Lungenvenen liegt die Öffnung des Botallischen Ganges, der die gerade Fortsetzung des Hauptstammes der Lungenschlagader bildet und mit einer biegsamen Sonde bis in die große Körperschlagader hinein verfolgt werden kann. Das Ende der Sonde erscheint in der absteigenden Körperschlagader, der Botallische Gang ist 2—3 mm weit, glatt.

Eröffnung des Kehlkopfes und der Luftröhre oberhalb der Unterbindung von vorn. Inhalt (mikroskopieren). —

Durchschneidung der Luftröhre oberhalb der Unterbindung. Abbinden der Speiseröhre über dem Zwerchfell. Herausnahme der gesamten Brustorgane (Luftröhre, innere Brustdrüse, Lungen, Herz mit Herzbeutel und großer Körperschlagader; in der Leiche verbleiben vorläufig Rachen, Zunge, Schilddrüse, Mandeln, Kehlkopf, Zungenbein, Speiseröhre). —

Abtrennung des Herzens von den Brustorganen und Beendigung der Untersuchung desselben. Gewicht (21 g). Farbe. Dicke der Kammerwandungen (4—5 mm). Klappen. Herzfleisch. Innenhaut. Eirundes Loch (erscheint nach breiter Eröffnung der Vorhöfe in der Vorhofscheidenwand). Kranzgefäße. Große Körperschlagader. —

Abtrennung der inneren Brustdrüse und Untersuchung derselben: Lappung, Farbe, Konsistenz, Größe (6 cm lang, 3 cm breit). Gewicht (15 g), Abstrich von der Schnittfläche (milchige Flüssigkeit), punktförmige Blutungen. —

Anstellung der **Lungenschwimmprobe,** in reinem kaltem Wasser: Grad der Schwimmfähigkeit der ganzen Lunge (sofort, langsam zu Boden, starker, mäßiger Auftrieb). Eröffnung des unterhalb der Unterbindung gelegenen Teiles der Luftröhre und ihrer Verzweigungen: Inhalt (mikroskopieren), Farbe, Menge, Aussehen, Konsistenz. Wandungen. —

Trennung der beiden Lungenhälften und Prüfung jeder auf Schwimmfähigkeit. Abtrocknung ihrer Oberfläche und Einschneiden jeden Lappens mit reinem trockenen Messer; Knistern, Blutgehalt. Entnahme von Lungensaft aus den peripheren Abschnitten aller Lungenlappen zur mikroskopischen Untersuchung. Schaumgehalt der Abstrichflüssigkeit. Beschaffenheit des Gewebes (Luftgehalt, Blutgehalt, Feuchtigkeitsgehalt, Farbe, Konsistenz (derb = fötal, flaumig = lufthaltig). Lungenbläschen. Luftröhrenäste und Gefäße (aufschneiden). Fäulniszustand der Lunge! Weiße derbe Infiltrate (Lues). —

Einschneiden der Lungenlappen unter Wasser (steigen Luftblasen auf?).

Trennung der einzelnen Lungenlappen voneinander und Zerschneiden der Lappen in bohnengroße Stücke. Prüfung auf Schwimmfähigkeit derselben vor und nach Zerquetschen zwischen den Fingern, um Fäulnisgas auszupressen.

Bleiben Stückchen nach dem Zerpressen schwimmend, so ist Atmung anzunehmen. Zahl der schwimmfähigen Stückchen? Sinken sie zu Boden, so spricht dies nicht gegen Atmung, denn bei vorgeschrittener Fäulnis, die das Gewebe lockert, die Lungenbläschen erweitert, lassen sich auch Teile, die geatmet haben, luftleer drücken. In diesem Falle sind geeignete und unversehrte Stückchen der Lunge zu entnehmen und nach Fixierung in 4%iger Formollösung, Härtung, Einbettung und Färbung mit Weigerts Elastin mikroskopisch zu untersuchen. Überwiegt die Färbbarkeit der Alveolarelastika die Färbbarkeit der Gefäßelastika, so ist Atmung anzunehmen. Fehlt erstere, so ist Atmung nicht erwiesen[1]).

Durchtrennung der Unterkiefer mit der Knochenzange. Kiefer und Zunge nach vorne ziehen und Rachen und Kehlkopfeingang besichtigen: Verletzungen, Fremdkörper, Schleim, käsige Schmiere, Kindspech. Mikroskopieren. —

Ablösen des weichen Gaumens und Herausnahme der in der Leiche verbliebenen Halsorgane. Die Speiseröhre wird oberhalb der Unterbindung abgeschnitten. Untersuchung der Zunge, des Schlundes, der Mandeln, Speicheldrüsen, Lymphdrüsen, Schilddrüse. Zungenbein, Kehlkopf (Verletzungen). Speiseröhre (Inhalt, Schleimhaut). —

Halsgefäße, Halsnerven, Halsmuskeln. Hals- und Brustwirbelsäule. Rippen.

---

[1]) Vergl. Leers: Über die Fäulnis der Lungen Neugeborener. Verhandl. des XVI. internat. mediz. Kongr. zu Budapest 1909. Sect. f. ger. Med.

b) Bauchhöhle: Bauchfell (Farbe, Glanz, Oberfläche). Netz (Gefäßfüllung, Fettreichtum, Glanz). Milz (Größe, Konsistenz, Kapsel, Schnittfläche). Nebennieren (Größe, Rinde, Mark). Nieren (Kapseln, Größe, Oberfläche, Farbe, Konsistenz, Blutgehalt, Rinde, Markkegel, Nierenbecken). Harnleiter (Lage, Inhalt, Farbe, Dicke). Harnblase (Inhalt, Sch eimhaut, Muskulatur). Vorsteherdrüse (Größe, Gewebe). Samenbläschen (Größe, Inhalt, Schleimhaut), Hoden und Nebenhoden (Größe, Gewebe). Eierstöcke (Größe, Gewebe), Eileiter (Form). Scheide (Länge, Weite, Farbe, Schleimhaut, Inhalt, Verletzungen). Gebärmutter (Größe, Muskel, Schleimhaut, Muttermund). Mastdarm (Inhalt, Schleimhaut). —

Ablösung des Dickdarms, des Dünndarms vom Gekröse bis zum unteren queren Schenkel des Zwölffingerdarms. Doppelte Unterbindung des Zwölffingerdarms und Durchtrennung zwischen beiden Unterbindungen. —

Magenschwimmprobe: Der Magen mit dem zugebundenen Stück Speiseröhre und Zwölffingerdarm wird in das Gefäß mit Wasser gelegt und die Schwimmfähigkeit geprüft (Stärke des Auftriebs), leise unter Wasser angestochen (steigen Luftbläschen auf, wie viele, von welcher Größe?). Nicht drücken, damit kein Inhalt ausfließt! Aufschneiden des Magens auf Glasschale oder reinem Teller. Inhalt (Schleim, Fruchtwasserbestandteile, Milch bzw. käsige Bröckel), mikroskopieren. Schleimhaut (punktförmige Blutungen). —

Darmschwimmprobe: Der oben und unten abgebundene gesamte Darm wird ebenfalls auf seine Schwimmfähigkeit geprüft (wie viel cm schwimmen?). Bei Fäulnis unregelmäßige Partien des ganzen Darmes, bei Atmung (Luftschlucken) meist nur der Zwölffinger- und oberste Teil des Dünndarms. Unter Wasser anstechen. Steigen Luftbläschen auf? Inhalt (gelbes, dünnbreiiges, in den tieferen Abschnitten des Dickdarms zähes, grünliches Kindspech). Schleimhaut; Drüsen; Wurmfortsatz.

Überzug des Magendarmkanals (Glanz, Verletzungen). —

Leber (Größe, Konsistenz, Farbe, Kapsel, Gewebe, Blutgehalt). Gallenblase. Gallengang. Bauchspeicheldrüse (Größe, Konsistenz, Farbe, Gewebe). Gekröse (Fett-, Blutgehalt, Drüsen). Bauchschlagader, untere Hohlader. Lymphdrüsen des Beckens. Bauch- und Beckenmuskulatur. —

Lendenwirbelsäule, Beckenknochen.

Bei Verdacht auf Lues congenita: Querschnitte durch die Knorpel-Knochengrenze von Oberschenkel, Oberarm, Rippen: Unregelmäßige zackige Begrenzung, gelbe Farbe, mörtelartige Beschaffenheit und Verbreiterung der Verkalkungszone.

II. Kopfhöhle.

Kopfschwarte, (Durchfeuchtung, Blutungen, einschneiden, Kopfgeschwulst).

Beinhaut (abziehen, Blutaustritte unter die Beinhaut). Schädeldach: Form, Umfang, Klaffen der Nähte. Überlagerung der Schädelknochen. Mangelhafte Verknöcherungen (spalt- oder lochförmig), Knochensprünge (vitale Reaktion, Form, Länge, Lage). Eröffnung der Schädelhöhle durch Scherenschnitt von der Stirnnaht aus horizontal im größten Kopfumfang und Horizontalschnitt durch das Gehirn. Untersuchung beider (oberer und unterer) Gehirnhälften: harte Hirnhaut (Blutleiter, Blutungen auf und unter der Hirnhaut (flüssige sind meist künstliche), weiche Hirnhäute (Durchfeuchtung, Blutgehalt). Blutgefäße. Gehirnmasse (Durchfeuchtung, Blutgehalt, Konsistenz, Blutungen, Mißbildungen, Ablösung der harten Hirnhaut von der Schädelgrundfläche (Blutleiter, Farbe, Glanz, Dicke). Knochen der Schädelgrundfläche (Verletzungen).

Gutachten bei Kindsmord.

Im Gutachten sind folgende Fragen zu beantworten:

1. War das Kind neugeboren?

Merkmale des Neugeborenseins: **Kopfgeschwulst.** Am Kind noch vorhandene frische Nabelschnur mit oder ohne Mutterkuchen. (Die Ablösung der Nabelschnur beginnt mit einer am 2.—3. Tag p. p. eintretenden sichtbaren demarkierenden Entzündungsröte und Schwellung und endet mit dem Abfall am 4.—7. Tag je nach den Verhältnissen, unter welchen die Frucht sich befunden hat.) Rote runzelige, faltige Hautdecke. Wollhaare. Kopfgeschwulst. Beschmutzung mit Blut, käsiger Schmiere (s. u.), vorzugsweise in den Achselhöhlen, Schenkelbeugen und Halsfalten; mit Kindspech (s. u.), vorzugsweise am After, den Hinterbacken, Schenkeln, am Rücken. Bestandteile der käsigen Schmiere im Magen, des Kindspechs im Darm (im oberen Dünndarm graugelbes, milchähnliches Meconium amnioticum, im unteren Dünndarm und im Dickdarm dunkelgrünes Meconium hepaticum).

Käsige Schmiere, Hauttalg, Vernix caseosa, bildet eine weiche fettige Masse von rahmiger Konsistenz und besteht aus dem Fett der Hauttalgdrüsen, Fettklumpen und Fettsäurenadeln, abgeschilferten Oberhautzellen, ausgefallenen Wollhaaren, Cholestearintafeln (mattglänzende, zartkonturierte viereckige Tafeln mit rechtwinkelig ausgebrochenen Ecken). Die Oberhautzellen sind kernlose, feingranulierte Pflasterepithelien, selten einzeln, meist in Lamellen von 5—6seitigen Platten; vielfach sind die

Lamellen mehrschichtig, die tieferen Lagen sind dann noch kernhaltig, die oberen kernlos. Zuweilen zwischen den Lamellen die Ausführungsgänge der Schweißdrüsen oder der Haarfollikel zu erkennen. — Zur mikroskopischen Untersuchung breitet man ein wenig von der käsigen Schmiere (von der Haut, aus dem Magen oder aus dem Luftröhrenast, bei Aspiration s. S. 34) auf dem Objektträger in Wasser aus, wobei man einen Tropfen Farblösung zufließen lassen kann (1%iges Gentianaviolett, Lithionkarmin, Fuchsin). Das Stratum corneum bzw. die Epidermisschüppchen erscheinen tiefer, das Stratum lucidum schwächer oder ungefärbt.

Kindspech, Mekonium ist eine klebrige, zähe, geruchlose, dunkel- bis gelblichgrüne Masse, die sich an der Luft eindickt. Es enthält: Bestandteile der käsigen Schmiere, also Pflasterzellen der Haut, Wollhaare, Talgklumpen, Cholestearintafeln. Ferner Bestandteile des Magendarmkanals: Schleim, Bilirubinkristalle (rhombische Kristalle mit Büscheln und Strahlen von feinen Nadeln), zylindrisch-prismatische, feingranulierte, meist kernlose, grünlichgelb gefärbte Magendarmepithelien, einzeln oder in Gruppen und in Lamellen geschichtet. Endlich gelbgrünliche, ovale bis eirunde, 5—30 μ große Mekonkörperchen: die durch Gallenfarbstoff grünlich gefärbten Kerne der Epidermiszellen und Darmepithelien. Sie geben Gallenfarbstoffreaktion, d. h. sie werden nach Zusatz von Salpetersäure rötlich-braunviolett. — Mikroskopische Untersuchung des Mekoniums in verdünntem Glyzerin. Aufhellung mit 2%iger Essigsäure.

Flecke von Kindspech sind gelbgrünlich. Ein Schüppchen entnehmen, in physiologischer Kochsalzlösung erweichen, mit Zusatz 2%iger Essigsäure mikroskopieren.

2. War das Kind lebensfähig und reif?

Die Grenze der Lebensfähigkeit wird zuweilen schon in der 26. Woche (= 180. Tag) erreicht: Körperlänge etwa 32 cm. Die innere Besichtigung solcher Früchte ist ratsam. (§ 1592 und 1717 B.G.B. Verf. v. 26. X. 93).

Im allgemeinen gilt jedoch als Grenze der Fähigkeit, das Leben außerhalb des Mutterleibes fortzusetzen, die 30. Woche (= 210. Tag = 7. Monat): Körperlänge etwa 37,5 cm, Gewicht 1500—2000 g, starkes Wollhaarkleid und Fettpolster, abgerundete Körperformen, Kopfdurchmesser 7—9—11 cm. Reste der Pupillarmembran, Senkung der Hoden, fettreiche große Schamlippen, harte Nägel, welche die Fingerspitzen erreichen. Beginn der Knorpelbildung in Nase und Ohren. Kindspech im Dickdarm. Knochenkern im Fersenbein 5 mm, im Sprungbein 2,5 mm. Mutterkuchen 450 g, Nabelschnur 46 cm.

Lebensunfähigkeit auch bei genügender Reife infolge von Mißbildungen (Zwerchfellbrüche oder -defekte, Herzfehler, Verschluß natürlicher Körperöffnungen). Gaumenspalten, blasenförmige Entartung der Nieren, Verlagerung der Eingeweide. Angeborene Defekte, ungewöhnliche Kleinheit des Gehirns, Wasserkopf, angeborene Lues.

Zeichen der Reife: Mutterkuchen 500—700 g, 15,5 bis 18,5 cm im Durchmesser. Nabelschnur 47—56 cm lang. Kind: Länge 48—58 (50) cm, 2500—5500 (3000) g .Haut prall, Fettpolster reichlich, Gesicht und Glieder vollgerundet, Wollhaar nur mehr an Schultern, Hals und Rücken. Kopfhaar dicht, 2—3 cm lang. Große Fontanelle 2—2,5 im parietalen, 3—4 cm im sagittalen Durchmesser, die kleine fast geschlossen. Größter horizontaler Kopfumfang 34,5 cm. Kopfdurchmesser: der vordere quere (bitemporale, Abstand der Kranznähte) = 8 cm, der hintere quere (biparietale, Abstand der Scheitelbeinhöcker) = 10 cm, der gerade (Stirn-Hinterkopf) = 12 cm, der große schräge (Kinn-Hinterkopf) = 14 cm, der kleine schräge (Nacken — große Fontanelle) = 9,5 cm, Schulternbreite = 12 cm, Hüftenbreite (Abstand der Rollhügel) = 10 cm. Nasen- und Ohrknorpel fest und elastisch. Pupillarmembran fehlt (Nachweis S. 23). Die Nägel überragen die Fingerspitzen, erreichen die Zehenspitzen. Hoden im Hodensack. Schamspalte geschlossen. Die fettreichen großen Schamlippen bedecken die kleinen. Knochenkern im unteren Ende des Oberschenkels 2—9 mm im größten Durchmesser (Nachweis S. 24).

Länge	des	Oberarmknochens	8,12	cm
,,	der	Elle	7,47	,,
,,	,,	Speiche	7,22	,,
,,	des	Oberschenkelknochens . .	9,48	,,
,,	,,	Schienbeins	8,57	,,
,,	,,	Wadenbeins	8,35	,,

3. Hat das Kind außerhalb des Mutterleibes gelebt?

Jedes gut bezeugte Lebenszeichen (Schreien, Bewegungen, Atemzüge, Seufzen, Herzschlag) ist Beweis für Gelebthaben; ferner der positive Ausfall der Atemprobe (s. S. 26), der Magendarmschwimmprobe (s. S. 27) (Fäulnis ausschließen!); endlich, auch wenn Lungen und Darm luftleer gefunden wurden, die Anwesenheit von eingeatmeten Fremdstoffen (Sand, Erde, Pflanzenteile, Abortflüssigkeit u. ä.) in den tieferen und peripheren Teilen der Lungen; von verschluckten Fremdstoffen (auch Kolostrum oder Milch!) im Magendarmkanal. Je tiefer diese Stoffe (durch die Peristaltik) im Darm vorgerückt sind, desto sicherer ist der Beweis des Lebens, desto länger hat das Kind gelebt.

Einwände gegen die Atemprobe:

1. Auftreibung und Schwimmfähigkeit der Lunge durch Fäulnisgase, bakterielle Zersetzungsgase. — Ist makro- und mikro skopisch von Luftatmung außerhalb des Mutterleibes zu unter scheiden. Die Fäulnisblähung liegt in unregelmäßig gestellten Bläschen im Gewebe, meist im Zwischengewebe und unter dem Überzug der Lunge, selten in den Lungenbläschen. Die Atmungsluft erweitert hingegen gleichmäßig die kleinen Lungenbläschen, die wie Perlen nebeneinander gereiht erscheinen (Perlbläschenzeichnung). Mikroskopische Untersuchung nach Färbung der elastischen Fasern nach Weigert.

2. Auftreibung der Lunge durch atmosphärische Luft, die bei Untersuchung vor der Geburt in die Gebärmutter und Eihöhle gelangt sein konnte, oder bei Körperstellungen der Mutter (Knieellenbogenlage, Gesichtslage) eingesaugt worden ist oder nach der Geburt durch (passive) Bewegungen des Kindes (Drücken auf den Brustkorb, Hochziehen der Arme, Schultzesche Schwingungen) oder Einblasen von Luft eingedrungen ist. — Ist in gerichtlichen Fällen kaum zu erwarten.

3. Schwimmfähigkeit der Lunge durch eingedrungene Stoffe, die leichter sind als Wasser (Hauttalg). — Nachweis dieser Stoffe mikroskopisch. Aus der unter Wasser aufgeschnittenen Lunge steigen keine Luftbläschen auf.

Leben ohne Atmung:

Umgekehrt kann dagegen das Kind außerhalb des Mutterleibes gelebt haben, auch wenn die Atemprobe negativ ausfiel, die Lungen nicht schwimmfähig gefunden wurden:

1. bei Krankheiten (syphilitische Hepatisation der Lunge);
2. bei Mißbildungen (angeborenem Verschluß der Luftwege);
3. bei frühgeborenen Kindern mit schlecht entwickelter Atmungsmuskulatur;
4. bei Verstopfung der Luftwege durch Fremdkörper (Schleim, Fruchtwasser, Blut, Kot, Flüssigkeiten) mit dem ersten Atemzug (mikroskopischer Nachweis dieser Stoffe);
5. bei reifen Kindern nach mehreren Atemzügen (aus unbekannten Ursachen!);
6. infolge Aufsaugung der geringen eingeatmeten Luft im Todeskampf.

4. Oder ist das Kind vor, während oder gleich nach der Geburt gestorben? Wie lange hat es nach der Geburt gelebt?

Ein sicherer Beweis für Absterben im Mutterleibe vor der Geburt ist die Mazeration der Frucht (infolge Nabelschnurumschlingung, Krankheiten, Lues): Schlaffe Gelenke, fetzige Ablösung der Oberhaut, rötliche Durchtränkung der Lederhaut, abgeplatteter, weicher, schlaffer Schädel, trübe, rötliche Hornhäute, rote, gallig durchtränkte Nabelschnur, breiig erweichtes Gehirn, Transsudate in den Brusthöhlen, luftleere Lungen.

Die Frage, ob das Kind während oder gleich nach der Geburt gestorben ist, ist unter Berücksichtigung der Todesursache (s. n. Kap.): Nabelschnurumschlingung, Lebensschwäche, Krankheiten, Fruchtwassereinatmung, Beschädigungen durch den Geburtsvorgang selbst, durch Unterlassung des nötigen Beistandes (Verblutung aus der Nabelschnur), gewaltsame Tötung einerseits, sowie der Lebensfähigkeit und Reife und der Lebensproben andererseits zu beurteilen.

Der Abgang von Kindspech dauert etwa noch 5—6 Tage nach der Geburt an. Findet sich also kein Kindspech mehr im unteren Darm, so hat das Kind mehr wie 6 Tage gelebt.

5. Welches ist die Todesursache des Kindes?

I. Ist der Tod ein natürlicher?

a) Durch den Geburtsvorgang verursacht? Quetschungen des Kopfes, des Gehirns, Blutungen in die Schädelhöhle bei engem Becken. Kopfmaße und Beckenmaße vergleichen (S. 114). — Unterbrechung des kindlichen Kreislaufes durch Umschlingung, Quetschung, Vorfall der Nabelschnur (Krampfwehen, lange Geburtsdauer), durch vorzeitige Lösung des Mutterkuchens. — Erstickung durch Einatmung von Fruchtwasserbestandteilen, Scheidenschleim, Blut bei vorzeitigen Atembewegungen; durch Verlegung der Luftwege durch die Eihäute, die Gebärmutter- oder Scheidenwand. — Zentrale Lähmung der Atmung. — Darmzerreißung ohne ersichtliche Ursache (spontane Darmzerreißung). — Ertrinken in Flüssigkeiten bei Sturzgeburt auf dem Abort, dem Nachtgeschirr, dem Eimer (Ohnmacht?). — Schwere Verletzungen durch stumpfe Gewalt, z. B. Aufschlagen bei Sturzgeburt.

b) Durch Unterlassung des erforderlichen Beistandes während und der nötigen Fürsorge nach der Geburt verursacht? Verblutung aus der nicht oder nicht genügend abgebundenen Nabelschnur. Erstickung in Flüssigkeiten oder durch Verlegung der Luftwege. Ohnmacht. Sturzgeburt.

c) Durch Lebensunfähigkeit und mangelhafte Reife verursacht? (s. S. 30).

d) Durch Krankheiten verursacht? angeborene: ererbte Lues, (unentwickeltes Kind, Psoriasis palm. und plant., multiple Blutungen, gummöse, pneumonische Prozesse in den Lungen, miliare Gummen in der derben hepatisierten Leber, der schwarzroten großen derben Milz, der Bauchspeicheldrüse. Diffuse Infiltrate in der Dünndarmschleimhaut, Exsudat in der Bauchhöhle, syphilitische Knorpelknochenveränderungen). — Mißbildungen des Gehirns, Rückenmarks, der inneren Organe.

Erworbene: Bronchitis, Darmentzündung, Atrophie (Schwund) der Magendarmschleimhaut.

II. Ist der Tod des Kindes ein beabsichtigter, gewaltsamer?

a) Durch gewaltsame Erstickung? Der Nachweis des erstickenden Fremdstoffes ist in jedem Falle durchaus erforderlich. Finger (Kratzer, Abschürfungen der Rachenschleimhaut), Papier, Asche, Lappen usw. Bei Verschluß der Luftwege durch Handauflegen, Decken, feuchtes Seidenpapier (Japan) kann der Nachweis einer gewaltsamen Erstickung unmöglich sein.

b) Durch (Erhängen) Erdrosseln? Blutungen in den Halsmuskeln können Folge der Geburt, der Hypostase, des postmortalen Druckes des Strangwerkzeuges sein! Furchen. Die Furchen können wieder verschwinden, besonders bei weichen, breiten Strangwerkzeugen (Strumpf). Furchen durch Querfalten der Haut, durch die Borte enganliegender Kleidung (Hemdchen)! Lufthaltige, gedunsene Lungen, punktförmige Blutungen.

Bei Erdrosselung durch Nabelschnurumschlingung im Mutterleib: ungewöhnlich lange Nabelschnur, luftleere Lungen, Einatmung von Fruchtwasser.

c) Durch Erwürgen? Würgspuren am Hals, seitlich und im Nacken: Lage, Form, Zahl der Nageleindrücke. Blutungen unter die Haut, in die Muskeln, Gefäßscheiden. Brüche des Zungenbeins, der Kehlkopfhörner (vitale Reaktion).

Kratzer infolge von Selbsthilfe stehen meist unregelmäßiger und finden sich auch am Kiefer, am Kinn, am Gesicht. Zerreißungen des Mundes.

d) Durch Ertränken? Am Kind anhaftende Schmutzteilchen der Ertränkungsflüssigkeit. Nachweis ihrer Bestandteile in den peripheren Teilen der Lungen, im Magendarmkanal. Am meisten beweist der Befund der Fremdstoffe im Zwölffingerdarm.

Blähung der Lungen, Erstickungsemphysem. Kleinblasiger Schaum in der Luftröhre. Punktförmige Blutungen.

Abtrittsjauche enthält gallig getränkte quergestreifte Muskelfasern, pflanzliche Zellen, mineralische, erdige Teilchen, zahlreiche Bakterien, Tripelphosphat-, Leuzin-, Tyrosinkristalle.

Beim Ertrinken im Fruchtwasser im Mutterleib oder während der Geburt finden sich in den Nasenlöchern, dem Rachen, Kehlkopfeingang meist schon die grünlichen Kindspech- und weißlichen Vernixmassen. Die Nabelschnur ist gallig getränkt von dem kindspechhaltigen Fruchtwasser (vorzeitiger Abgang des Kindspechs!).

In den Lungen erkennt man die Vernixbröckel als weiße Herdchen zuweilen schon mit bloßem Auge. Mikroskopisch finden sich in den Lungen die Fruchtwasserbestandteile: Fetttröpfchen, Fettklumpen, Schleim, kernlose Oberhautplattenepithelien, Wollhaare, Mekonkörperchen, Gallenpigment in Schollen oder Kristallen (Bilirubin, Cholestearin), Fettsäurekristalle, zylindrische Darmepithelien, rote Blutkörperchen aus den mütterlichen Geburtswegen, große ovale, viereckige oder vieleckige Scheidenepithelien mit großem Kern (von der Mutter), Bakterien. Außerdem nimmt der Abstrich aus der Lunge Epithel der Luftröhrenäste (Zylinderflimmerepithel) und der Lungenbläschen (kubisches Epithel) mit.

e) Durch Verbrennen? (Selten, meist Beseitigung der Leiche des Kindes.) Einflößung heißer oder ätzender Flüssigkeiten. Verbrühungs-, Verätzungserscheinungen.

f) Durch stumpfe Gewalt? Zertrümmerung des Schädels, Rippenbrüche, Zerreißung innerer Organe (durch Tritte, an die Wand schlagen). Blutungen in der Schädelhöhle, im Wirbelkanal, in den Körperhöhlen, vitale Reaktion! Verletzungen durch Selbsthilfe, den Geburtsvorgang (Sturzgeburt!), Ossifikationsdefekte ausschließen.

g) Durch scharfe Verletzungen (auch Abtreibungsverletzungen)? Schnitt, Stich. Im ganzen selten. Meist Zerstückelung der Leiche behufs Beseitigung. Vitale Reaktion!

h) Durch Vergiften? Sehr selten.

i) Durch Erfrieren, Verhungern (Aussetzen), durch absichtliche Unterlassung des Beistandes während und nach der Geburt? Verblutung aus der Nabelschnur (allgemeine Blutarmut der Frucht). Gesamtmenge des Blutes beträgt beim Neugeborenen 150—300 g.

Stets sollte man auch auf der Untersuchung der Mutter und der Besichtigung der Örtlichkeit bestehen. Bei der Mutter Beckenmaße nehmen, nach Verletzungen der Geburtswege

(Dammriß bei Sturzgeburt) suchen, den Geisteszustand zur Zeit der Geburt prüfen.

Örtlich sind Spuren von Blut, Geburtsflüssigkeit, Abgängen, blutige Instrumente, Kleidungsstücke, Gefäße, Aborttrichteröffnung u. a. zu besichtigen und zu beurteilen.

6. Lagen besondere Verhältnisse bei der Geburt vor?

Verkennen der Schwangerschaft: selten, aber möglich. — Ungewöhnlicher Geisteszustand der Gebärenden: Ohnmacht, starker Blutverlust, Ehrennotstand, Schwachsinn, Geistesstörung, eklamptische, epileptische, hysterische Krämpfe, Rausch. — Ungewöhnlicher Geburtsvorgang: Zu berücksichtigen sind die Stellung der Gebärenden, der Geburtsverlauf (Sturzgeburt), die Fallhöhe, das Verhalten des Nabelschnurendes (s. u.), die Befunde an Mutter und Kind (Beckenmaße, Schädelmaße, Kopfgeschwulst. Fehlen der Kopfgeschwulst beweist nicht durchaus Sturzgeburt. Verletzungen). Etwaige Selbsthilfe. Größe des Blutverlustes. Lage, Menge, Verteilung der Blutspuren u. a.

Verhalten der Nabelschnur:

Ist sie abgeschnitten? Scharfe glatte Trennungsränder aller Bestandteile in einer Ebene; treppenförmig bei mehrfachen Schnitten.

Ist sie abgerissen? Fetzige, schräge Ränder, ausgezogene Gefäße, Zipfelbildung. Abreißung beweist nicht sicher Sturzgeburt, mehrfache Zerreißungen nicht sicher, daß sie absichtliche sind.

Unsicher kann die Entscheidung bleiben bei Durchschneidung, Durchschabung mit unscharfem Werkzeug.

Ist sie ausgerissen? Anhänge von Eihäuten und Mutterkuchen oder Kindsteilen.

Ist oder war sie (genügend) abgebunden? Ist die Nabelschnur vertrocknet, mumifiziert, so muß sie vor der Untersuchung genügend aufgeweicht werden. Zerstörung durch Fäulnis, Rattenbenagung ausschließen.

7. Wie lange hat das Kind nach der Geburt noch gelebt?

(wichtig für die Entscheidung, ob die Tötung während bzw. gleich nach der Geburt oder erst später erfolgt ist).

In dubio ist anzunehmen, daß das Kind nur wenige Augenblicke gelebt hat. Für eine Lebensdauer von nur wenigen Minuten bis Stunden spricht Beschmutzung des Kindes mit Blut, käsiger Schmiere, Kindspech; der Befund der Kopfgeschwulst, der noch nicht abgesetzten (demarkierten) Nabelschnur mit oder ohne Mutterkuchen, von reichlichem Kindspech im Dickdarm.

Das Kindspech wird gewöhnlich im Laufe des ersten Tages entleert. — Die Absetzung der Nabelschnur beginnt äußerlich sichtbar meistens am 2. Tag, ihr Abfall findet am 4.—7. Tage statt. Mikroskopisch findet sich nach dem Aussetzen des Blutkreislaufes durch den Nabelstrang als Zeichen der beginnenden Absetzung eine zellige Infiltration an der Grenze des absterbenden Strangrestes. Je ausgebreiteter und dichter das Infiltrat ist, desto mehr spricht dies für längeres Leben außerhalb des Mutterleibes. Geringe Infiltration kann sich aber auch bei Totgeborenen finden. Die Dauer des selbständigen Lebens ist nicht aus der Infiltration zu bestimmen, weil sie schon im Mutterleibe einsetzen kann. Stücke von 2 cm^2 der Absetzungsstelle des Nabels ausschneiden, einbetten, mit Kernfärbung mikroskopisch untersuchen.[1]) —

Milch im Magendarmkanal spricht für eine Lebensdauer von mehr als einem Tag. Die kindlichen Nabelarterien beginnen zur Zeit des Nabelschnurabfalles zu veröden. Der vollständige Verschluß der kindlichen Wege (Nabelgefäße, arantischer, botallischer Gang, eirundes Loch) ist erst in Wochen beendet.

8. Welche Zeit liegt zwischen der Geburt bzw. dem Tod des Kindes und der Leichenöffnung?

Diese Frage ist selten auf Grund der Befunde am Kind mit annähernder Bestimmtheit zu beantworten. Eher gibt die Untersuchung der Mutter Anhaltspunkte (s. Wochenbett S. 13).

Entwurf des vorläufigen Gutachtens über die Leichenöffnung Neugeborener.

1. Das Kind ist neugeboren, reif und lebensfähig.
2. Es hat geatmet und selbständig gelebt,

oder

1. Das Kind ist neugeboren, reif und lebensfähig.
3. Ein Beweis für selbständiges Leben (außerhalb des Mutterleibes) hat sich nicht ergeben,

oder

1. Das Kind ist neugeboren, nicht reif und nicht lebensfähig.

---

[1]) Vergl.: Über die Abstoßung der Nabelschnur. Ärztl. Sachv.-Ztg. XVI. 1908.

2. Es hat nicht geatmet; ein Beweis für selbständiges Leben hat sich nicht erbringen lassen.
3. Todesursache
4. Fremde Schuld an dem Tode.
5. Beantwortung der Fragen des Richters.

Im begründeten Obduktionsgutachten (Obduktionsbericht) sind noch einmal auf Grund des Ergebnisses der Leichenöffnung und der sonstigen Ermittelungen alle diese Fragen ausführlich zu erörtern und zu begründen.

Vierter Abschnitt.

Ermittelungen bei Sittlichkeitsverbrechen.

Lustmord, Notzucht, Blutschande, Verführung, Kuppelei, Betastung der Geschlechtsteile bei Kindern. Coitus inter femora. Exhibition. Widernatürliche Unzucht (Tribadie, Päderastie, Sodomie).

§ 825. 1300 B.G.B. § 173. 174. 175. 176. 177. 178. 179. 180. 181. 182. 183. 185. 186. 188 Str.G.B.

Zu ermitteln: 1. Ob Beischlaf stattgefunden? 2. Ob er gesetzwidrig war? 3. Ob eine anderweitige unzüchtige Handlung stattgefunden hat? 4. Ob und welche Folgen aus dem Verbrechen entstanden sind?

1. Allgemeine Feststellungen.

Anamnese bezüglich Tag, Stunde, Ort, Art, Verlauf des Verbrechens. Welche Schmerzen wurden verursacht? (Kleine Kinder geben meist an, mit einem Messer unten gestochen zu sein.) Ist es zum Naßwerden gekommen? Ist Blut geflossen? (Art, Menge, Stelle der Blutung.) Sind Schmerzen beim Gehen, Harnlassen beim Stuhlgang, Ausfluß, Ausschlag, Geschwüre aufgetreten? — Ferner Größe, Kräfte- und Ernährungszustand des Opfers im Vergleich zu denen des Täters. Entartungszeichen. Benehmen. Erfahrung in geschlechtlichen Dingen.

Zeichen der Selbstbefriedigung.

a) Bei Knaben: Dunkle Färbung der äußeren Geschlechtsteile, starke Behaarung, großes, schlaffes, rundes Glied, große freiliegende Eichel, Erektion bei geringer Berührung, Empfindlichkeit der Hoden, der Brustdrüsen, der Wirbelsäule. — b) Bei Mädchen: Langgezupfte kleine Schamlippen, großer roter und leicht anschwellender Kitzler, dehnbares Jungfernhäutchen, starke Behaarung der Geschlechtsteile, entwickelte, empfindliche Brüste, tiefe Stimmfärbung.

2. Örtliche Feststellungen.

Technik der Untersuchung: Untersuchung stets im Sprechzimmer zu Hause (nie oberflächlich, an Gerichtsstelle), mit Sorgfalt, bei guter Beleuchtung, mit aller Vorsicht (unter Umständen Gegenwart einer dritten Person), Untersuchung der weiblichen Geschlechtsteile auf dem Untersuchungsstuhl oder Sopha, in Rückenlage, die Beine gespreizt und an den Leib angezogen. — Ausfluß aus Scheide, Mastdarm zur Untersuchung mit geglühter Öse entnehmen und auf Objektträger dünn ausstreichen und antrocknen. Dann Reinigung der Geschlechtsteile von Ausfluß und Blut. Mit Sonde jeden Abschnitt des Jungfernhäutchens entfalten. Die Harnröhrenmündung emporheben und ausdrücken (Vorsicht vor Verletzungen!). Auch die Hinterfläche des Jungfernhäutchens besichtigen. Bezeichnung der Lage von Einrissen des Häutchens nach dem oberen, unteren, rechten, linken Viertel. Oberschenkel, Hinterbacken, After besichtigen (Kratzer, Blutspuren, Samenspuren usw.). Haare der Scham- und Dammgegend entnehmen (Blut- und Samenspuren). Kleider (Blut- und Samenspuren, Zerreißungen).

Man beantrage unter Umständen Besichtigung der Örtlichkeit, da die Stellung, Lage des Opfers und seiner Kleidung, z. B. bei Lustmord von Wichtigkeit ist (gespreizte Beine, aufgestreifte Kleider, entblößte Brüste), auch Spuren des Verbrechens (Samen, Blut) sich an Bettzeug, Erde, Blättern daselbst finden können, die gesammelt und untersucht werden müssen. Endlich sollte nie versäumt werden, auch den Täter zu untersuchen (beantragen!) (s. u.).

a) Am Opfer.

Entwickelung der äußeren Geschlechtsteile, Behaarung, Zeichen der Jungfräulichkeit: rosarote, geschlossene, kleine Schamlippen, bedeckt von den prallen, enganeinander liegenden großen Lippen, wenig entwickelter Kitzler, enger Scheidenvorhof, unversehrtes Jungfernhäutchen, enge stark gerunzelte Scheide, spärliche Behaarung. Außerdem Haltung, Benehmen, Sprache, Stimme, Entwickelung der Brüste, Verhalten der Monatsregel berücksichtigen. (Einmalige oder wenige Beiwohnungen brauchen diese Zeichen nicht zu verändern, vor allem nicht das Jungfernhäutchen zu zerstören! Verletzungen des Jungfernhäutchens anderer Herkunft ausschließen[1]). — Abscheidungen der Geschlechtsteile (Menge, Farbe, Beschaffenheit, Herkunft [aus Scheide, Harnröhre, Bartolinischen Drüsen, After]).

Entzündungserscheinungen (können auch durch Unreinlichkeit, Reiben der Kleidung verursacht werden). Hautaufschürfungen. — Weite des Scheideneingangs. Beschaffenheit des Jungfernhäutchens, besonders seiner freien Ränder (glatt, gefranst, gekerbt, gelappt, eingerissen, frische oder ältere Narben), seiner Form, Breite, Dicke, Dehnbarkeit. — Geschwüre, Knötchen, Warzen, Drüsenschwellungen, Ausschläge, Pigmentierungen, Plaques. — Schrunden, Kratzer, Blutunterlaufungen, Nageleindrücke (an den Oberschenkeln vom gewaltsamen Spreizen).

b) Am Täter.

1. Ob er geschlechtskrank ist oder war. 2. Ob die Krankheit ihrer Natur nach der des Opfers entspricht. 3. Ob ihr Entwickelungsgrad für Übertragung spricht. 4. Ob der Entwickelungsgrad übereinstimmt mit der Zeitdauer, die von der angeblichen Ansteckung bis zur Untersuchung verflossen ist. 5. Ob nach dem Stand der Krankheit beim Täter und Opfer die Übertragung von diesem auf jenes erfolgen mußte (nicht umgekehrt).

Verlauf der Geschlechtskrankheiten:

Tripper: Nach 48 Stunden Prickeln, Jucken, Rötung, Schwellung; nach 4—6 Tagen wässerige, wässerig-schleimige, schleimig-eiterige Absonderung, die 3—4 Wochen anhält, dann 14 Tage schleimige Absonderung und Übergang in chronischen Katarrh.

Weicher Schanker: Nach 3—6 Tagen Geschwür, nach 4—5 Wochen granulierend, nach weiteren 14 Tagen vernarbend.

Harter Schanker (syphilitische Initialsklerose): Durchschnittlich nach 3—5 Wochen Inkubation umschriebene Verhärtung (Papel), die Wochen bis (8—9) Monate bestehen bleibt, vielfach Erosion und Ulzeration zeigt und sich allmählich zurückbildet.

Schmerzlose Lymphdrüsenschwellungen (Bubonen): 4—5 Wochen nach der Ansteckung, bleiben 3—4 Monate bestehen.

Allgemeinerscheinungen der Syphilis: Durchschnittlich nicht vor der 8. Woche, zuerst der Haut (Roseola!), dann der Schleimhäute (Rachen, Nase), später der Organe, Knochen, Gelenke, Gefäße, Nerven usw.

6. Der Täter ist ferner zu untersuchen auf Kratz-, Bißwunden, Hautabschürfungen, Blutunterlaufungen, Blutbefleckungen, seine Kleider auf Samenspuren; sein Geisteszustand zur Zeit der Untersuchung und zur Zeit der Tat ist festzustellen (Rausch, Schwachsinn).

[1]) Vergl.: Viertelj. f. ger. Mediz. XXX. 1905.

Gutachten bei Sittlichkeitsverbrechen.

1. Hat ein Beischlaf stattgefunden?

Für vollendeten Beischlaf (Immissio penis genügt strafrechtlich zur Vollendung des Beischlafs, Immisio seminis nicht erforderlich) sprechen nur Verletzungen des Jungfernhäutchens. Selbstverletzung durch Fall auf scharfe, spitze Gegenstände, durch Selbstbefriedigung ausschließen. Unversehrtes Jungfernhäutchen beweist nicht, daß kein Beischlaf stattgefunden hat. —

Frische Zerreißungen zeigen Schwellung, Rötung der Wundränder, Blutung (Monatsblutung ausschließen, s. Blutnachweis S. 140). Ältere: Verklebung der geröteten Wundränder durch entzündliche Ausschwitzung. Die Einrisse heilen gewöhnlich im Verlauf einer Woche. Alte bleibende: Feste, weiße Narben, Reste des Jungfernhäutchens. Angeborene Einkerbungen und Narben nach Krankheitsprozessen (Diphtherie, Variola, Noma) ausschließen. —

Sehr wahrscheinlich macht den Beischlaf:

a) Der Nachweis des Samenergusses.

Sofort Kleider asservieren lassen! Scheiden-, Gebärmutter-, Afterschleim, Schamhaare entnehmen. Untersuchung des Samens (S. 152), Samenfäden halten sich lange. Wenige Samenfäden in der Scheide bei angeblich genotzüchtigter Person können von früherem ehelichen oder freiwilligem Beischlaf herrühren!

b) Der Nachweis übertragener Geschlechtskrankheiten.

Tripper, weicher Schanker, Syphilis. — Gutartiger Ausfluß durch mechanische Reizung unsauberer Kleidung, Finger, Würmer oder auch absichtlich erzeugt aus Rache, behufs Erpressung. Beweisend für Tripper ist also lediglich der Nachweis von Gonokokken, den in dem Plasma, nicht im Kern der Eiterzellen (gewöhnlich in der Randzone) oder auch frei in Häufchen gelagerten Doppelkokken von Kaffeebohnen-, Nieren-, Semmelform, die ebenen Flächen zugekehrt, 1—1,25 μ groß, gramnegativ (Ölimmersion!). — Im Ausfluß der Harnröhre, Scheide, Gebärmutter, des Mastdarms, in Tripperfäden des frisch entleerten (Morgen-) Urins, Bodensatz untersuchen. Im eingetrockneten Trippereiter auf Wäsche noch nach sechs Monaten nachgewiesen. In veralteten Fällen Züchtung versuchen.

Nachweis der Gonokokken: Schleim durch Abziehen zweier Objektträger dünn ausstreichen, lufttrocknen, durch Erhitzung fixieren. Einfache Färbung mit gesättigter wäßriger Methylenblaulösung ½ Minute, abspülen mit Wasser, trocknen, ohne Deckglas mit Ölimmersion mikroskopieren. — Gonokokken und Kerne tiefblau, Zellen blaßblau.

Doppelfärbung: Das fixierte Präparat einige Minuten in erhitzte 0,5 %ige wäßrige Eosinlösung, den überschüssigen Farbstoff mit Fließpapier absaugen, ¼ Minute in Löfflers gesättigte alkoholische Methylenblaulösung, abspülen mit Wasser, trocknen. — Gonokokken tiefblau, Kerne mattblau, Zellen eosinrot. Zahlreiche eosinophile Zellen bei Gonorrhoe.

Der sicherste Nachweis durch Gramfärbung, da vielfach Pseudogonokokken in der Harnröhre, die jedoch grampositiv sind.

Modifizierte Gramfärbung: Den dünnen Ausstrich lufttrocknen, fixieren, fünf Minuten färben in Gentianaviolett-Anilinwasser [1]). Abspülen ½—1 Minute. Jodieren durch Auftropfen von Lugollösung (Schwarzfärbung!), Abspülen. Differenzieren mit absolutem Alkohol, bis keine Farbstoffwolken mehr abgehen (½—1 Minute). Abspülen in Wasser. Gegenfärben eine Minute in verdünntem Karbolglyzerinfuchsin bis zart rosa. Abspülen in Wasser. Trocknen (mit Fließpapier und über der Flamme). Ölimmersion ohne Deckglas. —

Gonokokken rot! Eiterkokken und Zellen schwärzlichblau mit violettem Ton.

Züchtung der Gonokokken: Auf Agar-Menschenblutserum. Mehrere Ösen Trippereiter in flüssiges menschliches Blutserum verteilen; aus dem Stammröhrchen 2—3 Ösen in ein zweites (1. Verdünnung), aus diesem 2—3 Ösen in ein drittes (2. Verdünnung). Alle drei Röhrchen in Wasserbad von 40° C und in diesem mit der gleichen Menge flüssigem auf 43° C abgekühltem Agar (2 % Agar + 1 % Pepton + 0,5 % Kochsalz) füllen, gut mischen und zu Platten gießen; die Platten in feuchter Kammer in Brutofen bei 37° C. — Nach 24 Stunden auf der Stammplatte diffuse Trübung, auf den Platten der 1. und 2. Verdünnung isolierte Kolonien, die abgeimpft werden können: zarte weißgraue, durchschimmernde, feuchtglatte Überzüge.

Nachweis der Ducreyschen Schankerbazillen: Im Eiter des weichen Schankers oder des Bubo findet sich das Ducreysche Bakterium, ein 1,48 μ langes, 0,5 μ breites Stäbchen mit abgerundeten Enden und leichten seitlichen Einschnürungen, teils in Gruppen, teils einzeln, in und zwischen den Zellen liegend, häufig auch in Ketten (Streptobazillen).

[1]) Zu einer Reagenzglaskuppe Anilinöl ein halbes Reagenzglas destill. Wasser. Schütteln. Filtrieren (das Öl bleibt auf dem Filter zurück). Soviel gesättigte alkoholische Gentianaviolettlösung dem Anilinwasser zufügen, bis Spiegel entsteht.

Färbung: Den dünn auf Deckgläschen ausgestrichenen Eiter über der Flamme trocknen, färben $1/2$ Stunde mit polychromem Methylenblau, entfärben einige Minuten in destilliertem Wasser, dem 2—3 Tropfen Glyzerinäther zugefügt sind, trocknen, Balsam. — Die Ducreyschen Streptobazillen sind gramnegativ.

Züchtung: Auf Agar $2/3$ + Kaninchenblutserum $1/3$. Nach 24—48 Stunden kleine, scheibenförmige, grauglänzende, erhabene Kolonien. Auch im Kondenswasser reichlich Ketten von Streptobazillen.

Nachweis der Spirochaeta pallida: Verdächtige Geschwüre, Erosionen, nässende Papeln mit Kornzange seitlich zusammendrücken, den ausgepreßten klaren Gewebssaft auf Objektträger dünn ausstreichen. Ältere trockene, geschlossene Papeln oder Roseolen mit scharfem Löffel schaben und das Geschabte dünn ausstreichen. Im Blut ist die Spirochaeta pallida selten zu finden.

Die Spirochaeta pallida ist ein 10—15 μ langer, feiner, spiralig gedrehter Faden mit 8—20 kurzen Windungen, die korkzieherartig verlaufen und durch Tiefe, Steilheit und Regelmäßigkeit sich auszeichnen.

Färbung der Spirochaeta pallida: 1. Schnellste und einfachste mit Burrischer Tusche (von E. Merck oder Kahlbaum). Eine Öse Gewebssaft mit einem Tröpfchen flüssiger Tusche auf dem Objektträger mischen und dünn ausstreichen, lufttrocknen. Ölimmersion ohne Deckglas. — Spirochaeta pallida, Bakterien und andere körperliche Gebilde hellglänzend belichtet in dem braunen Grunde der das durchfallende Licht abhaltenden Tuschekörnchen.

2. Giemsafärbung: Den lufttrockenen dünnen Ausstrich 15—20‘ in absolutem Alkohol oder Alkohol-Äther fixieren, abtupfen mit Fließpapier, 2—24 Stunden in frisch verdünnte Farblösung (10 Tropfen Giemsa III Grübler [1]) auf 1 ccm Aq. dest.), abspülen mit Wasser, lufttrocknen, Ölimmersion ohne Deckglas. — Spirochaeta pallida gleichmäßig zart rötlich bis rötlichblau, andere Spirochätenarten bläulich.

Nachweis der syphilitischen Ansteckung mittelst der Wassermannschen Reaktion: Bei frischer Ansteckung nicht vor Ablauf der Inkubationszeit (sechs Wochen) untersuchen. Nur die

---

[1]) Giemsalösung (Grübler-Leipzig):
Azur II—Eosin 3,0 g
Azur II 0,8 g
Glyzerin (chem. rein, Merck) 250,0 g
Methylalkohol (Kahlbaum I) 250,0 g.

positive Reaktion (vollständige Hemmung der Hämolyse) ist beweisend für Lues (s. S. 144).

2. War der Beischlaf gesetzwidrig?

a) Ist das Opfer unter 16 Jahren alt gewesen? Entspricht sein Aussehen seinem Alter, konnte es für älter gehalten werden, wenn es noch nicht 16 Jahre alt war?

b) Ist das Opfer geisteskrank, geistesschwach, oder wehrlos gewesen infolge körperlicher Schwäche, Lähmungen, Trunkenheit (auch Schlaftrunkenheit), epileptischer, hysterischer Krampfanfälle, Starrsucht, Schlafwandeln?

c) Ist das Opfer in einen willen- und bewußtlosen Zustand versetzt worden? Durch mechanische Betäubung (Schläge, Würgen), durch narkotische Betäubung (Alkohol, Opium, Morphium, Chloroform, Chloral), durch Hypnose.

d) Wurde andere Gewalt oder Bedrohung oder Gefährdung des Leibes und Lebens angewendet: Festhalten, Festbinden von Dritten. Eine gesunde, kräftige Frauensperson ist von einem einzelnen Manne lediglich durch Gewaltanwendung nicht zum Beischlaf zu zwingen, es sei denn, daß sie bewußtlos wird (durch Schreck, Schläge, Würgen). Beischlafsgestattung im Schlaf, in Schlaftrunkenheit ist bei einer unberührten, jungfräulichen Person nicht anzunehmen, bei einer Verheirateten nicht ausgeschlossen; es kommt aber natürlich alles auf die Verhältnisse an (die Geschichte der Marquise O. von Kleist ist ganz unwahrscheinlich).

e) War der Täter zurechnungsfähig? Konnte er sich in der Person irren? Verwechselungen von seiten des Mannes im Rausch, in Schlaftrunkenheit ist möglich.

3. Haben andere unzüchtige Handlungen stattgefunden?

a) Exhibition, Entblößung der Geschlechtsteile mit oder ohne Selbstbefriedigung vor dem anderen Geschlecht: Untersuchung der Geschlechtsteile, der geschlechtlichen Verhältnisse und besonders des Geisteszustandes des Täters (Entartung, Neurasthenie, Hysterie, Epilepsie, Alkoholismus, Senilität) [1].

b) Betastung der Geschlechtsteile, Coitus inter femora, meist bei kleinen Kindern: selten nachzuweisen, zuweilen Kratzer an den Schamlippen. Entzündungserscheinungen sind nicht beweisend.

---

[1]) Vergl. Viertelj. f. ger. Mediz. XXXIV. 1907 u. Aschaffenburgs Monatsschr. f. Krim. 1907.

c) Widernatürliche Unzucht. Tribadie: Selten objektive Spuren. Männliches Wesen und Aussehen. Geschlechtsbewußtsein? Päderastie: Auffallend oft Abweichungen an den Geschlechtsteilen; weibisches Wesen und Aussehen. Geschlechtsbewußtsein, Neigung und Gewohnheiten, Putzsucht, Transvestiten, Art der sexuellen Träume? — Aktive Päderastie: Hundepenisartige Verschmälerung der Eichel (selten). Passive Päderastie: Schrunden, Einrisse oder tiefere Verletzungen am After mit oder ohne Entzündungserscheinungen. Nachweis von Samen im After, von Geschlechtskrankheiten am After. — Gewohnheitsmäßige passive Päderastie: Schlaffe dütenförmig gegen den After sich einsenkende Hinterbacken. Weiter klaffender After (an Leichen klafft der After häufig). Schlaffer Schließmuskel. Glatte verstrichene Schleimhautfalten und Wucherung der Schleimhaut (Knoten und Lappen) des Afters. Chronischer Katarrh des Mastdarms.

d) Unzucht mit Tieren (Sodomie): Meist Mißbrauch weiblicher Haustiere. Verletzungen an den Geschlechtsteilen, der Kloake (bei Geflügel). Nachweis menschlichen Samens am Tier, von Haaren, Federn des Tieres am Täter. Mißbrauch männlicher Tiere (Hunde) selten nachzuweisen; menschliche Schamhaare am Glied des Tieres.

e) War das Opfer der unzüchtigen Handlung unter 14 Jahre alt? Konnte es seinem Aussehen, Benehmen nach für älter gehalten werden, wenn es noch nicht 14 Jahre war? War es willen- oder bewußtlos oder geisteskrank, geistesschwach? Wurde Gewalt, Drohung, Gefahr für Leib und Leben angewendet, um es zur unzüchtigen Handlung (Duldung oder Verübung) zu bestimmen?

f) War der Täter zurechnungsfähig?

4. Welche Folgen hat das Sittlichkeitsverbrechen für das Opfer?

Gesundheits-, Berufsstörungen, Tod: Verletzungen der Geschlechtsteile. Geschlechtskrankheiten. Geistige oder nervöse Krankheiten (Krämpfe, epileptische, hysterische, neurasthenische, melancholische Zustände). Tod durch Ersticken, Erwürgen, Erdrosseln. Nachträglicher Tod durch Schreck, Shock, Herzlähmung, Selbstmord.

Fünfter Abschnitt.

Gesundheitszustand.

Ermittelung 1. der Termin- und Verhandlungsfähigkeit; 2. der Haft- und Strafvollzugsfähigkeit; 3. der

Zeugnisfähigkeit; 4. des Gesundheitszustandes bei Schadenersatz- oder Unterhaltsansprüchen (Renten), bei Vormundschafts-, Pflegschaftsablehnung, Aufhebung des Verlöbnisses, Aufgebotshindernissen, Ehescheidungs- und Eheanfechtungsklagen.

§ 231 Str.G.B. § 823. 825. 842—845. 847. 1298. 1299. 1316. 1568. 1602. 1786. 1910 B.G.B. § 56. 203 487 Str P O § 393. 906 Z.Pr.O. § 5—7. 29. 31. 33. 38. 39 Unf.Vers.Ges.

Zu 1. Für die Termin- (Verhandlungs-) Fähigkeit muß gefordert werden, daß der Geladene imstande ist, der Verhandlung oder Vernehmung geistig zu folgen, die Sachlage zu beurteilen, seine Interessen wahrzunehmen, sich formal richtig zu äußern, und daß die Verhandlung nicht einen bedeutenden, nicht wieder gut zu machenden Schaden an seiner Gesundheit verursacht. Daß er an Gerichtsstelle erscheinen kann, ist nicht in jedem Falle erforderlich, ist aber im Verneinungsfalle ausdrücklich zu betonen.

Zu 2. Haft- oder Strafvollzugsunfähigkeit wird nur bedingt: 1. Durch körperliche Zustände, bei welchen die Strafvollstreckung mit der Einrichtung der Strafanstalt unverträglich ist. Das hängt natürlich zum Teil von der Art der Anstalt ab, viele Gefängnisse haben Lazarette oder Irrenabteilungen. 2. Durch Geisteskrankheit, wenn der Gefangene infolge derselben die Ordnung und Disziplin dauernd stört oder kein Verständnis für die Strafvollstreckung hat. 3. Durch eine nahe, bedeutende und nicht wieder gut zu machende Gefahr für Leben und Gesundheit.

Vollstreckung der Todesstrafe nicht an Schwangeren, Geisteskranken (Ohnmacht, epileptischer Anfall).

Zu 3. Für die Zeugnis- (Eides-) Fähigkeit fordert das Gesetz ein normales Verhalten des Wahrnehmungs- und Erinnerungsvermögens, sowie eine genügende Vorstellung von dem Wesen und der Heiligkeit des Eides.

Hochgradiger Schwachsinn und gewisse Geistesstörungen schließen von vornherein die Zeugnisfähigkeit aus. Bei manchen geistigen Störungen, Epilepsie, Hysterie, Alkoholismus, Senilität, mittlerer Schwachsinn, kann sie zweifelhaft sein und ist wenigstens die Eidesfähigkeit meistens zu verneinen.

Zu 4. Die Untersuchung hat festzustellen:

1. Die Art des Schadens: Mißhandlung, Körperverletzung, Unfall, Entjungferung, Schwängerung, Behaftung mit Geschlechtskrankheiten. Übertragung derselben. Andere Krankheiten oder körperliche und geistige Gebrechen.

2. Den ursächlichen Zusammenhang des Schadens mit einer Handlung, einem Unfall u. dgl. mehr, die den Schaden verursacht haben sollen.

3. Etwaige Folgen des Schadens in bezug auf die geistige und körperliche Gesundheit, die Verkürzung der Lebensdauer, die Berufstätigkeit, die Übernahme oder Verwaltung eines Amtes (Pflegschaft, Vormundschaft), die Diensttauglichkeit.

4. Die Höhe des eigentlichen Schadens an der Gesundheit, der Erwerbsfähigkeit, dem Fortkommen bisher und für die Folgezeit.

5. Die Angemessenheit und Höhe der Kosten für Heilung, Kuren, Pflege, Wartung, Vermehrung der Bedürfnisse, die durch die Schädigung erforderlich geworden sind.

Gerichtsärztliche Begutachtung von Wohnungen.

§ 10 Allg. Landr. I. II. Tit. 17. § 6 Pol.Verw.Ges. v. 11. III. 1850. § 16. 21. 27 R.Gew.O. § 330 Str.G.B. § 536. 537. 538. 544. 556. 618 906 B G B. § 62. 77 Handelsges.B.

Klagen und Beschwerden, Gesundheitszustand des Klägers feststellen.

Zu geeigneter Zeit, unter Umständen auch nachts, Sachlage und Schaden an Ort und Stelle prüfen: Mauerfeuchtigkeit, schlechte Luft, üble Gerüche, Staub, lästige Geräusche, Dämpfe, Gase, Rauch usw.

Ist der Übelstand dauernd oder nur vorübergehend, ist er erheblich, überschreitet er das Maß des Gewöhnlichen, des Erträglichen?

Belästigt er, droht eine bevorstehende Gefahr durch ihn, bringt er eine erhebliche, naheliegende Gefährdung der Gesundheit für den Durchschnittsmenschen mit sich, sind Krankheiten durch ihn verursacht, verschlimmert, hält er ihre Heilung auf (Tuberkulose, Rheumatismus, Rachitis usw.)?

Sechster Abschnitt.

Ermittelungen bei Körperverletzungen.

§ 51. 55. 56. 58. 221. 223. 239. 251. 291. 324—327. Str.G.B. § 81. 203 Str.P.O.

I. Allgemeine Feststellungen.

1. Am Verletzten.

a) Größe, Körperbeschaffenheit, Geisteszustand zur Zeit der Tat (Rausch, Bewußtseinsstörungen) und zur Zeit der Untersuchung, Zeitpunkt der Verletzung, Beginn und Dauer der ärztlichen Behandlung, der Schmerzen, der Bettlägerigkeit, der Berufsstörung, Zeitpunkt der Heilung. Zur Zeit der Untersuchung noch bestehende Beschwerden als Folgen der Verletzung (Erbrechen, Schwindel, vorübergehende, bleibende).

b) Art der Verletzung: Sitz, Größe, Richtung, Beschaffenheit der Wunde oder Narbe.

c) Alter der Verletzung: Aus dem Stand der Verheilung, dem Aussehen der Narbe, bei Knochenbrüchen aus der Dicke des Kallus. Nur Verletzungen der Lederhaut hinterlassen dauernde Narben, Verletzungen der Oberhaut sind nach einigen Wochen schon kaum, nach Monaten sicher nicht mehr zu erkennen.

2. Feststellungen an der Kleidung des Verletzten.

Zahl, Dicke und Verletzungen der zur Zeit der Tat getragenen Kleidungsstücke, Nachweis von Spuren (Blut usw.) an denselben. Photographieren.

3. Feststellungen am Werkzeug.

Größe, Art, Schärfe, Eignung zu der Verletzung, Nachweis von Spuren (Blut, Haare, Gehirn usw.), Vergleich von Scharten mit deren Spuren an Kleidung, Wunden, Knochen des Verletzten, Vergleich des Geschosses mit der Waffe. Art der Anwendung des Werkzeugs: Verletzungen, die eine gewisse Sachkenntnis und Übung erkennen lassen, können auf den Beruf, die Beschäftigung des Täters deuten (Hammelstich, Zerlegung der Leiche, Auslösung der Gelenke — Fleischer, Jäger).

4. Feststellungen am Orte der Tat.

Genaue Besichtigung der Örtlichkeit, Stellung, Entfernung der Gegner, Nachweis von Spuren (Blut, Haare, Gehirn, Kleiderreste, Werkzeuge, Gegenstände, Fingerabdrücke usw.), Lage, Verteilung, Menge der Spuren. Photographieren.

5. Feststellungen am mutmaßlichen Täter.

Größe, Körperbeschaffenheit, Geisteszustand, Zeichen der Gegenwehr (Kratzer, Bißwunden, Kleiderzerreißungen), Pulverschmauch an den Händen, Blutspritzer an Kleidung und Körper, Blut unter den Nägeln. Fingerabdrücke nehmen. Photographieren (Bertillonage), Daktyloskopieren.

II. Besondere Ermittelungen.

1. Bei Stich-, Schnitt- und Hiebverletzungen.

Feststellung der Zahl, Lage und Art der Wunden im Verhältnis zu bekannten Körperlinien und -Punkten, der Höhe von den

Fersen ab, der Richtung zur Körperachse. — Verhalten der Wunde: scharfe, stumpfe, runde, schräge, zackige, klaffende, verklebte Wundränder, Länge, Breite, Tiefe der Wunde (beim Messen das Klaffen der Ränder durch Zug ausgleichen). Stichwunden verlaufen der Spaltbarkeit der Haut entsprechend. Schartenspuren der Wunde mit denen des verletzenden Werkzeuges vergleichen.

2. Ermittelungen bei Bißverletzungen.

Feststellung der Länge, Breite, Lage des Bisses, Zahl, Tiefe, Form, Stellung der Eindrücke, Lücken; der Hautabschürfungen. Größe der Blutung, der Entzündungserscheinungen. Etwa übertragene Krankheiten. — Biß von Mensch oder Tier? Die Bißverletzung in Kayserling-Lösung (s. S. 104) konservieren. Vom Gebiß des vermutlichen Täters Gipsabdruck nehmen und mit der Bißverletzung vergleichen.

3. Ermittelungen bei Verletzungen durch stumpfe Gewalt.

Feststellung der Größe, der Lage, der Art der äußeren Quetschwunde, der Hautabschürfung, der Blutunterlaufung, Alter derselben: frische Blutung unter die Haut ist bläulich, scharf begrenzt; ältere gelbbräunlich bis grünlich, infolge Diffusion des Blutfarbstoffes weniger scharf begrenzt. — Äußere Verletzungen können mehr oder weniger fehlen trotz schwerer innerer Organzertrümmerungen (bei Überfahren, Sturz aus der Höhe). — Feststellung der inneren Verletzungen: Knochenbrüche, Organzerreißungen, Blutungen (Zahl, Art, Richtung der Verletzungen, Größe der Blutung), der Gehirnerschütterung und ihrer Folgezustände.

4. Ermittelungen bei Schußverletzungen.

Kleidung besichtigen. Täter untersuchen (Hände, Nägel).

a) Am Verletzten: Lage der Wunden, ihre Höhe von den Fersen ab; Form der Wunde, der Wundränder. Einschuß gekennzeichnet durch Bleisaum, Versengung der Haare, Schmauchbelag, Pulvereinsprengungen, Untergrabung der Weichteile, welche Knochen aufliegen. Abschrägung der Knochenränder nach dem Körperinnern. Ausschuß: größere Wunde, umgekehrte Abschrägung der Knochenränder von innen nach außen, herausgeschossene Organgewebsfetzen. Richtung des Schußkanals. Unterscheidung von Nah- und Fernschuß. Nahschuß: Abdruck der Mündung auf der Haut, Platzwunde und starke Unterminierung der Haut, Schmauchbelag, Bleisaum und Kontusionsring (Abschürfung der Oberhaut), Pulvereinsprengung, in die Wunde gerissene Kleidung. Versengung der Haare (Bräunung, Schwärzung, Kräuselung, Luftblasenbildung, s. S. 132). CO-Gehalt des Blutes und Gewebes der Wunde. Fernschuß: lediglich Projektilwirkung, also Kontusionssaum.[1])

Welche Pulverart? Bei rauchschwachem (Nitro-)Pulver ist der Schmauchbelag ein zarter grauer Schleim; Verbrennung und Versengung an Kleidern und Haaren fehlt. Sprengwirkung und Durchschlagskraft größer als beim Schwarzpulver. Beim Schwarzpulver stärkerer schwärzlicher Schmauchbelag. Verbrennung und Versengung von Kleidern, Haaren am Einschluß. Pulvereinsprengungen mikroskopieren und mit der vermuteten Pulversorte vergleichen. Haare mikroskopieren (Verletzungen). — Flobert: geringe Schwärzung der Einschußwunde. Quecksilbertröpfchen in der Haut und im Schußkanal. Geringe Haarversengung.

Welche Entfernung des Schusses? Aus Versuchen mit derselben Waffe und demselben Material festzustellen.

Schuß von eigener oder fremder Hand? Aus der Lage des Einschusses (typisch bei Selbstschuß: Herz, Schläfe), aus der Kleidung (die bei Selbstschuß meist entfernt wird), aus der Zahl der Schüsse (nicht durchaus beweisend), den Zeichen des Nah- oder Fernschusses, den näheren Umständen und Ermittelungen zu schließen.

b) Am Projektil: Form (Deformierung), Kaliber (Länge, Durchmesser), Gewicht, Fabrikmarke, Abdrücke, Rinnen (von Zügen) Absprengungen. Paßt es zu der Waffe?

5. Ermittelungen bei Verletzungen durch Verbrennung, Verbrühung, Elektrizität.

(S. später unter Tod durch etc.)

III. Gutachten bei Körperverletzungen.

Je nach Lage der Sache sind folgende Fragen zu erörtern:

1. Ist die Verletzung eine leichte, schwere, lebensgefährliche? (s. u.)
2. Eine zufällige, fahrlässige, absichtliche?
3. Welchen Alters?
4. Von eigener oder fremder Hand? (s. u.).
5. Mit welchem Werkzeug bzw. war das beschlagnahmte Werkzeug geeignet, die Verletzung zu erzeugen?
6. Stellung, Entfernung des Täters vom Opfer und sonstige Umstände der Tat?

---

[1]) Vergl.: Die Umschau. Nr. 45. 1911. S. 931.

7. Sind die Angaben des Verletzten glaubhaft, stimmen sie mit dem Befund, den Erhebungen überein?

8. Welche Folgen bzgl. Gesundheits- und Berufsstörung hat die Verletzung gehabt oder kann sie noch haben?

9. Hat sich der Täter etwa in einem Zustand befunden, der seine Zurechnungsfähigkeit aufhob, verminderte?

Leichte Verletzungen: Hautwunden, Blutunterlaufungen, oberflächliche Muskelwunden, leichte Gelenkzerrungen, Quetschungen geringeren Grades.

Schwere Verletzungen: Gehirnerschütterung, Augapfelverletzungen, Eröffnung von Körperhöhlen, von Gelenken, Durchtrennung von Sehnen, Knochenbrüche, Verlust eines wichtigen Gliedes, des Seh- und Hörvermögens, der Sprache, der Zeugungs-(Empfängnis-)Fähigkeit, Entstellung, Siechtum, Lähmung, Geistesstörung.

Lebensgefährliche Verletzungen: Unmittelbar durch den Blutverlust, Beschädigung lebenswichtiger Organe (Herz, Gehirn), Shock (reflektorischer durch Reizung sensibler Nerven ausgelöster Herz- oder Atemstillstand bei stumpfen Gewalteinwirkungen auf den Unterleib, die Geschlechtsorgane, den Kehlkopf); — mittelbar durch Krankheiten als Folgezustände der Verletzung: Einatmung von Blut, von Erbrochenem, Luftembolie, Fettembolie, Spätapoplexie, Hirneiterung, Myelitis, Diabetes, Tuberkulose, Pneumonie, Tetanus, Wundinfektion, Erysipel, Pyämie, Urämie.

Fahrlässige Verletzungen: Fehlerhafte Behandlung (Kunstfehler, Kurpfuscherei); Übertragung von Geschlechtskrankheiten; Außerachtlassung der erforderlichen Vorsicht, Aufmerksamkeit; Pflichtversäumnis.

Selbstverletzungen: (bei Selbstmordversuch oder um Angriff vorzutäuschen): Sind meist oberflächlich, vorn, bei Rechtshändern von links oben nach rechts unten, zahlreich, oft parallel, selten an lebensgefährlichen Stellen, entsprechen selten den Verletzungen in der Kleidung, die nachträglich gemacht werden.

Verletzungen von fremder Hand werden oft ohne weiteres durch die Lage der Verletzung, am Rücken, Hinterkopf, gekennzeichnet. Schnittverletzungen an den Händen deuten auf Abwehr hin. Mehrfache schwere Verletzungen schließen Selbstmordversuch nicht aus.

Siebenter Abschnitt.

Ermittelungen bei gewaltsamen Todesarten.

§ 51. 55. 56. 58. 202—207. 211—216. 221—222. 226. 227. 228. 251. 324. 326 Str.G.B. § 81. 203 Str.Pr.O.

I. Der plötzliche Tod aus unbekannter Ursache ist vielfach ein natürlicher.

Der plötzliche natürliche Tod kann verursacht sein:

1. Durch Verblutung aus krankhaft veränderten Gefäßen (Hirn, Lunge, Niere, Leber, Darm, Aorta, Aneurysmen!), aus Gebärmutterschwangerschaft (vorzeitige Lösung der Nachgeburt, Placenta praevia), aus Bauchschwangerschaft (infolge Platzens derselben).

2. Durch verborgen gebliebene sog. ambulatorische Krankheiten: Kapillarbronchitis, Pneumonie, Pneumothorax, Typhus, Meningitis, Bauchfellentzündung, Hirnabszeß, Trichinose, Echinokokkus, Cysticercus (s. u.).

3. Durch chronische Organveränderungen: Fettherz, Myokarditis, Myomalazie, Herzerschlaffung der Trinker, Arteriosklerose, Klappenfehler, Hirnwassersucht bei Geschwülsten, Thrombose und Embolie bei Gefäßerkrankungen, Urämie, Coma diabeticum.

4. Durch nervöse Störungen: Epilepsie, Eklampsie, Shock, Schreck.

Trichinose: Die verkalkten, die eingekapselte Trichine enthaltenden zitronenförmigen Kapseln sind im Muskel (Hals-, Brust-, Bauch-, Zwerchfell-, Kau-, Augen-, Zungen-, Kehlkopf-, Zwischenrippenmuskeln) schon mit bloßem Auge als gerade noch sichtbare weiße Knötchen zu erkennen. Mit gekrümmter Schere vom gespannten Muskel, dem Faserverlauf entsprechend, einen 0,5 cm langen Flachschnitt, entnehmen, zwischen zwei Objektträgern quetschen (mit etwas Wasserzusatz) und bei durchfallendem Licht und 80—100facher Vergrößerung mikroskopieren. Am günstigsten ist es von der Nähe der Sehnenansätze zu entnehmen. Lösung der Kalkkapsel mit Salzsäure. Aufhellung der Muskulatur mit Glyzerin-Essigsäure.

Echinokokkus: Die Echinokokkusblase hat eine bindegewebige Hülle des betreffenden Organs und eine dicke gallertige, geschichtete Membran (die oft verkalkt ist) des Blasenwurms, an welcher innen die Tochterblasen sitzen. — Abschabung von der Innenwand auf dem Objektträger mit Wasserzusatz mikroskopieren. Man findet zahlreiche Bläschen, Brutkapseln, die die

Tochtertiere (Skolizes) enthalten; der eingestülpte Kopf läßt sich oft durch Druck auf das Deckglas hervordrücken und zeigt den Kopf mit vier Saugnäpfen und den Spitzenfortsatz mit den Häkchen. — Die lamellöse Schichtung der Membran erhält man auf dünnen Querschnitten durch dieselbe (mit Schere oder Doppelmesser); mit Wasserzusatz mikroskopieren. — Die Echinokokkusblase enthält ferner eine klare, schleimige, eiweißfreie, kochsalzreiche Flüssigkeit (durch langsames Eindampfen erhält man das charakteristische Bild der Kochsalzkristalle) oder einen schmierigen, fettigen, eiterähnlichen Brei, bestehend aus verfetteten Zellen, Resten der geschichteten Membran, Skolizesköpfchen und Häkchen, Cholostearintafeln und Hämosiderinkörnchen und Bernsteinsäure. Probe auf Bernsteinsäure: Man dampft den mit Salzsäure angesäuerten Zysteninhalt ein, schüttelt mit Äther aus, läßt den Äther verdunsten, der zurückgebliebene Kristallbrei gibt in wässriger Lösung mit etwas Eisenchlorid einen rostfarbenen gallertigen Niederschlag von bernsteinsaurem Eisen.

Cysticercus: Die frische erbsen- bis haselnußgroße Blase trägt in wasserklarer Flüssigkeit den hirsekorngroßen weißlichen Skolex, dessen Kopf vier Saugnäpfe und den Hakenkranz trägt. Der eingestülpte Kopf ist durch Druck auf das Deckglas oft hervorzustülpen oder es sind wenigstens seine Häkchen herauszudrücken. — Ältere abgestorbene Blasen bilden kleinere, gelbweiße, verfettete, verkalkte Knötchen. Die Verkalkung durch Salzsäure (5 %) lösen.

II. Der plötzliche natürliche Tod bei Kindern in den ersten Lebenstagen.

kann verursacht sein durch Verfettung des Herzmuskels als Folge der Chloroformnarkose, sowie andere angeborene Krankheiten (Lues) und Mißbildungen; allgemeine Lebensschwäche, akute Erkrankungen (Kapillarbronchitis[1]), Pneumonie, Darmentzündung, Bauchfellentzündung, Tuberkulose der Hirnhäute).

III. Der plötzliche Tod kann ein gewaltsamer, aber unbeabsichtigter sein.

1. Durch unabsichtliche Vergiftung: Einatmung von Kohlenoxyd (Badeöfen, Küchen), von Gasen (in Laboratorien, Kellern, Grüften, Abortgruben).

---

[1]) Vergl.: Ztschr. f. Med. Beamte XVIII. 1906.

2. Durch Verschluß der Luftwege durch Fremdkörper: bei hastigem Schlingen (Bolustod), bei Erbrechen, Verschlucken.

3. Durch Kehlkopfödem und -emphysem nach zufälligen Verletzungen der Kehlkopfschleimhaut.

4. Durch Luftembolie bei Entbindungen (Atonie der Gebärmutter, Einspritzungen in die Gebärmutter, Einleitung der Fehl- und Frühgeburt).

5. Durch Fettembolie bei Entbindungen (Zange), bei unabsichtlichen Selbstverletzungen, Knochenbrüchen, bei Operationen, bei unruhigen Geisteskranken, Eklamptischen.

Bei kleinen Kindern in den ersten Lebenstagen im besonderen:

6. Durch Blutungen in den Wirbelkanal, in die Schädelhöhle, Einatmung von Fruchtwasser, Nabelschnurumschlingung als Folgen des Geburtsvorganges. Epithelkörperchenblutungen. Spontane Darmzerreißung, Verschlucken bei der Nahrungsaufnahme, Einatmen erbrochenen Mageninhalts.

Unterscheidung vitaler, agonaler, postmortaler Verletzungen.

Vitale Verletzungen.

Vitale Verletzungen zeigen meist (nicht immer!) vitale Reaktion. Örtliche Zeichen der vitalen Reaktion: Weites Klaffen der Wundränder, Blutung aus den durchtrennten Gefäßen, Blutbelag und wassersüchtige Schwellung (später Verklebung) der Wundränder, blutige Durchtränkung der Wundränder und des Gewebes in der Umgebung einer Verletzung (an der Leiche nur an nicht abhängigen Stellen beweisend). Alle diese Zeichen sind mit Vorsicht zu bewerten: Frisch vernarbte Wunden können durch Fäulnis, beim Liegen im Wasser wieder aufbrechen. — Allgemeine Zeichen der vitalen Reaktion: Blutleere, Bluteinatmung, Luftembolie, Fettembolie, Parenchymembolie (allgemeine Leukozytose).

Luftembolie: Ansaugung von Luft durch eröffnete Venen. Nachweis bei der Leichenöffnung s. S. 20.

Fettembolie: Ansaugung von Fetttröpfchen des Fettgewebes oder Knochenmarks nach Schlägen, Knochenbrüchen, Quetschungen.

Nachweis: Mit der gekrümmten Schere Flachschnitt von der gespannten Lungenschnittfläche entnehmen, in Wasser ausbreiten (am besten in warmem Wasser ausschütteln, um die störenden Luftbläschen zu entfernen), auf dem Objektträger aus dem Wasser auffangen und mikroskopieren (2 % Kalilauge zusetzen):

Charakteristische mattglänzende, stark lichtbrechende, verzweigte, wurstähnliche Fettgebilde in den Gefäßlichtungen. (Nur solche Ausgüsse der Gefäße, nicht einzelne Tröpfchen beweisend.) Färbung von Gefrierschnitten mit Sudan III oder Scharlachrot.

Parenchymembolie: Ansaugung von Gewebsteilchen zertrümmerter Organe durch eröffnete Venen. Nachweis ebenfalls am leichtesten in den größeren Lungengefäßen und Arterien, wie vorstehend. Leberzellen, Knochenmarkriesenzellen, Nachgeburtszellen u. a.

Die vitale Reaktion kann fehlen, wenn der Tod sehr schnell eintrat, wenn ihre Merkmale durch Fäulnis, durch Auswässerung der Leiche geschwunden sind.

Agonale Verletzungen

im Augenblick des Todes, im Todeskampf entstandene Hautabschürfungen, Blutunterlaufungen, Platzwunden, Knochenbrüche (Schädelspalten, Nasenbein-, Rippen-, Gliederbrüche), seltener Organverletzungen (Gehirnquetschungen, Leber-, Nieren-, Herzzerreißungen). Da häufig, wenn auch geringe, vitale Reaktion der Verletzung sich findet, ist der Nachweis ihrer agonalen (zufälligen) Entstehung nicht immer zu erbringen, am ehesten dann noch aus dem Sitz der Verletzung (Nase, Lippe, Stirn, Gliedmaßen) und den näheren Umständen zu schließen.

Postmortale Verletzungen.

Nach Eintritt des Todes entstandene Hautverletzungen, Muskelzerreißungen, Knochenbrüche, Organquetschungen, Blutaustritte ins Gewebe (an abhängigen Stellen der Leiche!) bei Bergung der Leiche (Eis-, Bootshaken), beim Transport, bei Wasserleichen (Dampferschrauben, Treiben über Grund, Anschlagen gegen Pfeiler), durch Leichenschändung, durch Benagung von Tieren (schon als Ätzung gedeutet!).

Nachweis aus dem Fehlen der vitalen Reaktion, besonders der allgemeinen Merkmale derselben, der Form und Art der Verletzung usw.

IV. Ermittelungen beim Tod durch Stich, Schnitt und Hieb.

Haare abschneiden oder abrasieren. Verletzungen photographieren! (s. auch S. 47). Wunden nicht sondieren, auch nicht mit dem Finger, sondern umschneiden. Bei Gefäßverletzungen zentral oder peripher das Gefäß aufsuchen, anschneiden und bis zur Verletzung sondieren. — Begleiterscheinungen der Verletzung feststellen: Größe des Hautemphysems, der Blutung (flüssig, feuchttrocken, alttrocken), der Blutunterlaufung des Gewebes (anschneiden: flüssig, geronnen, Glanz?), der Bluteinatmung, Luft-, Fettembolie, Pneumothorax.

Nachweis des **Pneumothorax:** Brustkorb nicht öffnen, sondern die Weichteile breit ablösen und in die Tasche Wasser gießen, dann Zwischenrippenräume anstechen. Steigen Luftblasen auf?

Nach schweren, lebensgefährlichen, tödlichen Schnitt- und Stichverletzungen ist noch längeres Leben, Fortbewegen und Handeln möglich. — Bei Verblutung nach außen genügen meist 1800 bis 2000 ccm Blutverlust, um den Tod herbeizuführen; zur inneren Verblutung sehr viel weniger, wenn der Bluterguß wichtige Organe preßt (Gehirn, Herz, Herzbeuteltamponade!)

Die vitale Reaktion von Hautwunden, die blutige Durchtränkung des Gewebes, ist an der Leiche oft nicht mehr zu erkennen (Auswaschung). Überschwemmung des Gewebes in der Umgebung der Wundränder mit eisenhaltigem Blutpigment läßt sich in solchen Fällen noch mit einer gewissen Wahrscheinlichkeit durch die Berliner Blau-Reaktion mit Ferrozyankali und Salzsäure (s. S. 157) an nicht abhängigen Teilen der Leiche erweisen. Die Reaktion ist an mikroskopisch dünnen senkrechten Hautschnitten anzustellen.

V. Ermittelungen beim Tod durch stumpfe Gewalt.

(S. auch S. 48.) Feststellung der Art der Verletzung, der Absprengung der Weichteile vom Knochen (Décollement), die die Richtung der Gewalteinwirkung andeuten kann, des Blutergusses (Größe, Dicke, Länge, Breite, Glanz, flüssig, geronnen). Alter des Blutergusses: frisch im Schnitt dunkelrot, feucht, glänzend; älter im Schnitt bräunlich, matt, trocken.

Welches ist die nächste Todesursache? Zerstörung lebenswichtiger Organe oder Folgeerscheinungen der Verletzung: Verblutung, Tamponade, Bluteinatmung, Fettembolie.

VI. Ermittelungen beim Tod durch Schuß.

(S. auch S. 48.) Die Leichenöffnung beginnt am besten mit der Körperhöhle, die den tödlichen Schuß trägt. Man suche vor allem den Schußkanal festzustellen, damit die Kugel nicht entgeht. Ausgeschöpftes Blut und Blutgerinnsel sorgfältig nach der Kugel absuchen. Die vorgeschriebene Reihenfolge der zu besichtigenden Organe einzuhalten, ist nicht so wichtig, als den Verlauf des Schusses an den verletzten Organen zunächst festzustellen. Geschoß asservieren. Besichtigung der Hände und Nägel (Pulverschmauch bei Selbstmördern). Mehrfache Schußverletzungen schließen Selbstmord nicht aus.

VII. Ermittelungen beim Tod durch Erhängen, Erdrosseln.

Allgemeine Feststellung: Lage der Totenflecke (meist an Beinen und Armen).

Örtliche Feststellung: Lage der Zunge. Lage der Strangfurche zum Kehlkopf: Breite, Tiefe, Färbung, Konsistenz, Oberhautverlust, Ränder, einfache, mehrfache Zwischenleisten (mit oder ohne prallgefüllte Blutgefäße und Blutungen im Gewebe), Verlauf (vorn, seitlich, hinten), höchster Punkt, Lage des Knotens, der Schlinge (aus dem Abdruck derselben). — Falsche Strangfurchen (durch Hemdkragen, Hautfalten). Fehlen der Strangmarke bei breitem, weichem Strangwerkzeug. — Erektion und Samenerguß. — Art des Strangwerkzeugs, des Knotens.

Innere Besichtigung: Brüche am Kehlkopf und Zungenbein (vitale Reaktion?), Blutungen in die Halsweichteile, Querrisse der Innenhaut der Halsgefäße (Karotiden, Jugulares, vorsichtig aufschneiden), meist an der Teilungsstelle. Alveolares und interstitielles Erstickungsemphysem der Lunge[1]), Blutüberfüllung der inneren Organe. — Mord durch Erhängen sehr selten. Auf Status menstrualis achten (s. S. 15).

VIII. Ermittelungen beim Tod durch Erwürgen.

Allgemeine Feststellung: Blaufärbung des gedunsenen Gesichtes. Punktförmige Blutungen in Lidern, Augenbindehäuten, Rachen-, Kehlkopfschleimhaut. Blutung aus Ohren, Nase, Mund. Zeichen der Gegenwehr an den Händen (Verletzungen, Haare, Kleiderfetzen).

Örtliche Feststellung: Fingernägelabdrücke am Hals (Lage, Form, Ausbreitung), Kratzer, Blutunterlaufungen.

Innere Besichtigung: Blutungen in die Halsweichteile, die Gefäßscheiden (Größe, Dicke, Gerinnung). Schichtweise prä-

---

[1]) Vergl. Viertelj. f. ger. Mediz. XXXV. 1908. Suppl, Ärztl. Sachverst.-Ztg. Nr. 17. 1906.

parieren! Brüche an Kehlkopf und Zungenbein (vitale Reaktion, längs einschneiden!). Blutungen unter die Hirnhäute, die serösen Häute. Blutiger Schaum in den Luftwegen. — Längsrisse an den Halsgefäßen (selten). Erstickungsemphysem der Lunge..

IX. Ermittelungen beim Tod durch Ertrinken.

Äußere Zeichen: Nicht beweisend.

Innere Besichtigung: 1. Blässe und trockene Blähung der Lungen (besonders der Randpartien neben flüssigkeitsreichen mittleren Lungenpartien. 2. Luft im Blute des linken Vorhofs und der Lungenschlagader. 3. Fremdkörper der Ertrinkungsflüssigkeit (pflanzliches, tierisches, kristallinisches Plankton) in den peripheren Teilen der Lungen (Oberlappen), im Magendarmkanal, im Blute des linken Herzens, in den Brustfellhöhlen. 4. Blutverdünnung im linken Herzen.

Nachweis zu 1. Durch quantitative Bestimmung des Luftgehaltes aus der Tragfähigkeit der Lungen in Wasser (Stumpf). Abbinden beider Lungen an der Teilungsstelle und Wiegen; beide Lungen in großem Gazetuch in Wasser legen und so viele tarierte Gewichte zufügen, bis das Bündel unterzusinken beginnt. Bei wirklichem und nicht kompliziertem Ertrinken ist die Tragfähigkeit erheblich höher als das Gewicht der Lungen (etwa 3 : 2). — Bei kranken Lungen, chronischem Emphysem, Pleuraverwachsungen, beim Verblutungstod, bei faulen Lungen nicht beweisend. Vorsicht im Urteil.

Nachweis zu 2. Herz an den großen Gefäßen abbinden und unter Wasser aufschneiden. Steigen Luftblasen auf? [1])

Nachweis zu 3. a) Lungensaft der peripheren Teile der Lunge ausquetschen, zentrifugieren, mikroskopieren: Algen (braune, rote, blaugrüne), Diatomazeen, quergestreifte Muskelfasern usw. der Ertrinkungsflüssigkeit. b) Magendarminhalt und Auswaschung des Magendarms mit destilliertem Wasser zentrifugieren, mikroskopieren: wie oben sub a. c) Blut der linken Herzhälfte und deren Auswaschung mit destilliertem Wasser oder 30 % Antiforminlösung zentrifugieren und den Bodensatz im polarisierten Licht oder mittelst Tuscheverfahren (s. S. 152) mikroskopieren: zahlreiche helle Kristalle (Kieselsäure), nicht größer als ein rotes Blutkörperchen, unlöslich durch Salzsäure (kristallinisches Plankton

[1]) Vergl.: Luftembolie beim Tod durch Ertrinken. Ärztl. Sachverst.-Ztg. 21. 1907.

der Diatomazeen) d) Den Inhalt der Brustfellräume in derselben Weise wie c) untersuchen.

Nachweis zu 4. a) Bestimmung der Blutdichte mit der Hammerschlagschen Methode: Zu einer Mischung von Chloroform und Benzol āā einen mittelgroßen Tropfen Blut und soviel Chloroform oder Benzol hinzufügen, bis der Tropfen in Ruhelage schwimmt, dann das Gemisch filtrieren und mit dem Araeometer sein spezifisches Gewicht zu messen, welches gleich dem des Bluttropfens ist. In dieser Weise nacheinander das Blut der rechten und linken Herzhälfte prüfen. Das der linken ist beim Ertrinken weniger dicht, spezifisch leichter. — Bei Fäulnis nicht beweisend. Beim Ertrinken in Salzzwasser keine Blutverdünnung. b) Bestimmung der Ertrinkungshämolyse in der linken Herzhälfte: Blut beider Herzhälften getrennt entnehmen, zentrifugieren, den Hb-Gehalt des Serums mit Sahlis Hämometer bestimmen. Das linke Herzblut hat intensiveren Hb-Gehalt als das rechte. — Bei Fäulnis nicht beweisend (Fäulnishämolyse).

X. Ermittelungen beim Tod durch Verbrennen.

a) Feststellung des Grades der Verbrennung.

1. Grad: Entzündliche Rötung. An der Leiche nicht zu erkennen.

2. Grad: Blasen, oder nach Platzen derselben freiliegende, feuchte oder pergamentartig trockene Lederhaut. Inhalt der Blasen: eiweißreiche Flüssigkeit und weiße Blutkörperchen Mikroskopisch: Längsspaltung, Abhebung, Schrumpfung der Hornschicht, spindelförmige Ausziehung der Stachelzellen, Fächer- bis Höhlenbildung in der Malpighischen Schicht, Exsudat: Serum und Leukozyten.

3. Grad: Schorf. Braune, harte, tönende Schwarten mit feinem Netz verästelter, mit geronnenem Blut gefüllter Gefäßchen. Herausschneiden, gegen Licht halten.

4. Grad: Verkohlung. Veraschung der Gewebe zu glasbrüchigen, schwarzen, tönenden Massen. Kalzination der Knochen. Platzen der Gelenke, der Körperhöhlen. Loslösung von Gliedern. Fechterstellung. — Unversehrtheit bekleideter Stellen des Körpers! — Verhalten der Haare s. S. 132.

b) Unterscheidung von blasenbildenden Krankheiten (Pemphigus neonatorum syphil., Dermatitis exfoliat., Erysipelas bullosa): Durch die verschiedenen Grade der Krankheit und der Blasenbildung.

Von Fäulnisblasen: Durch den Inhalt (1. eiweißarme rötlichgrüne Flüssigkeit, die Schwefelwasserstoff enthält und Schwefelmethämoglobinspektrum zeigt; 2. Schwefelwasserstoffgas, welches mit bläulicher Flamme brennt).

c) Unterscheidung vitaler und postmortaler Verbrennung: Vitale beweist: 1. Das Gefäßnetz der Schwarte; 2. große stehende Blasen mit gerötetem Rand, die eiweißreiche Flüssigkeit mit Eiterzellen enthalten; 3. Ruß in den Atemwegen (eingeatmet) und im Magendarm (verschluckt); 4. CO-Gehalt des Blutes der inneren Organe (Herz, Milz, Aorta); 5. Fettembolie s. S. 53[1]).

d) Feststellung der Art der Verbrennung: Flamme beweist: Berußung der Haut, der Haare, der Atemwege; Versengung, Verkohlung der Haare; die Intensität der Verbrennung (alle Grade); die Verteilung (Schwimmhosenform).

Heißer Kalk: 1.—3. Grade.

Glühend-flüssiges Metall: alle Grade.

Gasexplosion: alle Grade.

Heißes Wasser und heißer Dampf: Fehlen der Berußung, der Haarversengung und -verkohlung. Die charakteristische Verteilung (Herabfließen). Die geringere Intensität (1.—2. Grade).

XI. Ermittelungen beim Tod durch Hitzschlag, Sonnenstich.

Subseröse, subendokardiale Ekchymosen. Starke Blutfüllung der inneren Organe, besonders der Hirnhäute und der Hirnmasse. Wässrige Durchtränkung der weichen Hirnhaut und der Hirnmasse. Leichtflüssigkeit des Blutes.

XII. Ermittelungen beim Tod durch Blitzschlag, Elektrizität.

Blitzfiguren. Fleckweise Verbrennungen bis zur Blasenbildung. Am Ein- und Austritt des Stroms Wunde mit scharfen, aufgeworfenen Rändern. Versengung von Haaren und Kleidern. Tigrolyse in den Ganglienzellen (s. S. 63). Blutunterlaufungen, Ekchymosen. Überfüllung und Erweiterung der linken Herzkammer. Schmelzen von Metallgegenständen. (Lähmungen, Psychosen).

Elektrische Ströme unter 500 Volt können schon tödlich sein, besonders wenn der Strom durch feuchte, unbekleidete Körper-

---

[1]) Vergl.: Studien über Verbrühung. Virchows Archiv 197. Bd. 1909.

stellen (Hände, Füße), in breiter Berührungsfläche eintritt, oder wenn schwächende Krankheitszustände (auch Rausch) des Getöteten vorlagen.

XIII. Ermittelungen beim Tod durch Erfrieren.

Fleckige Rötung auch an nicht abhängigen Körperstellen (ähnlich wie bei CO-Vergiftung). Blasen- und Schorfbildung ähnlich wie bei der Verbrennung. Auffallend hellrote Farbe der inneren Organe und des locker geronnenen bis flüssigen Blutes im linken Herzen (dunkleres im rechten Herzen). Erstickungsemphysem der Lunge, Blutfülle der Lunge.

XIV. Ermittelungen beim Tod durch Verhungern.

Blutleere, Fettschwund, Atrophie der Organe (Hautfalten). Magendarm leer. Schwund der Nißlkörperchen im Rückenmark (s. S. 63). Im Urin Azeton und Azetessigsäure.

Modifizierte Legalsche Azetonprobe: Zum Harn einige Tropfen frischer Natriumnitroprussidlösung und 15—20 Tropfen Eisessig. Umschütteln. Tropfenweise 2 ccm Salmiakgeist zusetzen. In wenigen Minuten rosa-purpurfarbener Ring.

Gerhardtsche Azetessigsäureprobe: Zum Harn 1—2 Tropfen Eisenchloridlösung bis bordeauxrote Färbung und schokoladebrauner Niederschlag.

Vorsicht in der Diagnose „Verhungern" bei kleinen Kindern, meist Erkrankungen (der Lunge, des Darms).

XV. Ermittelungen beim Tod durch Vergiftung.

1. Besondere Umstände, die auf eine Vergiftung hindeuten. Schneller Tod ohne erkennbare Ursache (Blausäure, Zyankali). — Auffällige Krankheitserscheinungen, wie Erbrechen knoblauch- oder zwiebelartig riechender kaffeesatzähnlicher Massen (Phosphor), schwärzlicher (Schwefelsäure), braungrüner (Salzsäure), gelber (Salpetersäure, Chromsäure), weißer, am Licht sich schwärzender (Silbersalze), scharf riechender (Essigsäure, Ammoniak), blaugrüner (Kupfervitriol, Grünspan) Massen. Ferner Magendarmkoliken und heftige Durchfälle (Arsen, [Reiswasserstuhl], Sublimat, Blei).

Krämpfe, Lähmungen und Bewußtlosigkeit (Karbolsäure, Lysol, Strychnin, Nikotin). Schlafsucht (Morphium, Opium). Erregungszustände, Sinnestäuschungen (Belladonna, Atropin).

2. Weg der Vergiftung feststellen: Resorption von der Mundhöhle, dem Darmkanal, After, der Scheide, Gebärmutterhöhle, der äußeren Haut, dem Unterhautzellgewebe, den Atemwegen aus.

Bei Verdacht einer Vergiftung vom Munde aus beginnt die innere Besichtigung der Leiche mit der Brust- und Bauchhöhle, bei Zyankali-, Blausäurevergiftung mit der Kopfhöhle (wo der Geruch am deutlichsten), im übrigen mit der Höhle, in der die hauptsächlichsten Veränderungen zu erwarten sind.

Kein Wasser bei der Leichenöffnung benutzen, Organe nicht abspülen, Messer und Hände trocken säubern!

Geruch in der Bauchhöhle, Schädelhöhle feststellen. Speiseröhre oberhalb des Zwerchfells abbinden. Mageninhalt entleeren und asservieren. Reaktion prüfen. Doppelte Unterbindung des Zwölffingerdarms oberhalb der Einmündung des Gallengangs. Magen im Zusammenhang mit den Halsorganen herausnehmen. Schleimhaut der Zunge, des Rachens, der Speiseröhre beachten. Magenschleimhaut mikroskopieren (Kristalle!). Bei Verdacht postmortaler Gifteinfuhr rechte und linke Niere getrennt asservieren (weil die linke durch Diffusion vom Magen aus Gift aufgenommen haben kann, während die rechte durch die Leber geschützt ist. Auch die linke Lunge und die Milz haben in diesem Falle durch Diffusion Gift vielfach aufgenommen. (Vgl. auch S. 97.)

3. Der Leichenbefund bei Vergiftungen.

Totenflecke: Hellkirschrot: Blausäure. Dunkelkirschrot: Kohlenoxyd. Gelb: Phosphor, Toluendiamin. Graubraun: chlorsaures Kali. Bläulich-rot: Anilin, Nitrobenzol (livide Totenflecke = normal).

Zahnfleisch: Bleisaum, Silbersaum, Kupfersaum.

Pupillen: Weit = normal; sehr weit: Belladonna, Bilsenkraut. Stechapfel; eng: Morphium, Opium, Nikotin.

Umgebung des Mundes: Schorfe und Verätzungen: Karbolsäure, Kresole, Lysol, Laugen und Säuren, Sublimat, Oxalsäure.

Auffallender Geruch in der Schädelhöhle: Chloroform, Alkohol, Schwefelkohlenstoff, Paraldehyd, Zyankali und Blausäure (Bittermandel), Azeton (Apfelgeruch, auch bei Coma diabeticum) Nitrobenzol (süßlich), Lysol.

Auffallender Geruch des Magendarminhalts: Phosphor (Zwiebel), Zyankali (Bittermandel), Arsen (Knoblauch), Alkohol, Äther, Opium, Chloroform, Lysol, Karbolsäure, Sabina, Essigsäure, Ammoniak, ätherische Öle, Kampher, .Nikotin, Jod, Brom, Chlor, Schwefelwasserstoff.

Auffallende Farbenveränderung der Magendarmschleimhaut (Reaktion prüfen!): Braun bis schwarzbraun (Hämatin): Schwefelsäure, Oxalsäure, Ätzalkalien. Schiefergrau: Salzsäure. Gelb (hauptsächlich Schlund und Speiseröhre): Salpetersäure, Jod, chromsaures Kali, Safran. Weißgrau: Essigsäure, Karbolsäure, Sublimat. Eeosinrot: Sublimatpastillen. Graubraun: Lysol (seifenartig schlüpfrig). Schokoladebraun: chlorsaures Kali (Methämoglobin). Intensiv rot: Ammoniak. Hellrot: Kohlenoxyd. Grün: Sabina. Blaugrün: Kupfervitriol, Grünspan. Hellgrün: Schweinfurtergrün. Hellbraunrot, durchscheinend, schleimig: Zyankali.

Andere krankhafte Veränderungen der Magenschleimhaut ausschließen: Verdauungsrötung, katarrhalische, phlegmonöse, diphtheritische Entzündungen.

Unterscheidung zwischen postmortaler (oder agonaler) Magenerweichung und Vergiftung. Bei ersterer ist die Magenschleimhaut braunschwarz, gallertig gequollen, durchscheinend glasig, zerfließlich, leicht mit dem Finger abzuwischen. Ein durch senkrechten Scherenschnitt gewonnenes Streifchen der Schleimhaut mit der Nadel in etwas Wasser auf dem Objektträger ausbreiten. Deckglas. Die oberen Schichten der Schleimhaut zeigen Auflösung, körnige Trübung an der oberen Lichtung der Drüsenschläuche, die von der Fäulnis bzw. der Verdauung der Schleimhaut herrührt. — Bei Vergiftungen finden sich die Trübungen auch an den in der Tiefe liegenden blinden Enden der Drüsenschläuche.

Charakteristische Fremdkörper auf der Schleimhaut der Verdauungswege: Körnige: Bleizucker, Kalomel, Antimon. Kristallinische: Schwefelarsen (gelb), Strychnin; arsenige Säure (weiße Oktaeder mit abgestumpften Kanten); Oxalsäure (klinorrhombische Prismen von oxalsaurem Kalk, löslich in Salzsäure, unlöslich in Essigsäure, Kalilauge).

Ferner Samen von Stechapfel, von Bilsenkraut, Flügeldecken von Kanthariden, Strychninweizen, Beeren von Tollkirschen, Streichholzreste, Ruß- und Kohleteilchen (bei Co-Vergiftung).

Blutveränderungen bei Vergiftungen: Hellkirschrot (Zyanhämoglobin): Blausäure, Zyankali. Dunkelkirschrot, Karmin, (Kohlenoxydhämoglobin): Kohlenoxyd. Grau- (schokolade-)braun (Methämoglobin): chlorsaures Kali, Nitrobenzol. Braun bis braunschwarz (Methämoglobin bis Hämatin): Kohlensäure, ätzende Säuren und Laugen, Phenazetin, Antifebrin, Anilin, Morcheln. Schwarzgrün (Sulfhämoglobin): Schwefelwasserstoff. Weiche hellrote Gerinnsel: Zyankali, Phosphor, Kohlenoxyd. Weiche schmierige Gerinnsel: Laugen. Eindickung: chlorsaures Kali, arsenige Säure, Ätzsäuren.

Harnveränderungen bei Vergiftungen: Anurie: Sublimat, Oxalsäure, Kleesalz; stark saure Reaktion: Mineralsäuren; alkalische Reaktion: Basen, Laugen; Veilchengeruch: Terpentinöl; stechender Ammoniakgeruch: Ammoniak. Kristalle: Oxalsäure. Schwarzgrün: Phenol, Kresol, Guajakol; scharlachrot: Santonin; rotweinfarbig (Hämatoporphyrin): Sulfonal, Trional; rötlich: Antipyrin, Pyramidon; blutig (Hämoglobin): hämolytische Gifte wie Arsenwasserstoff; sepiabraun (Methämoglobin): Nitrobenzol, chlorsaures Kali, Morcheln; gelbrot: Pikrinsäure; gelbgrünlich (ikterisch): Phosphor; grün: Methylenblau; strohgelb: Santonin. Fettkörnchenzylinder: Phosphor, Jod, Jodoform; Epithelzylinder: Chromsäure, Kanthariden; Methämoglobinzylinder: Oxalsäure, chlorsaures Kali; Wachszylinder (Amyloid): Terpentinöl.

Charakteristische Veränderungen an den Nieren: Kalkinfarkte: Oxalsäure (oxalsaurer Kalk), Sublimat (kohlensaurer Kalk), Blei (harnsaure Salze); Schwarzfärbung an der Luft, Silberalbuminatniederschläge: Silbersalze; Methämoglobininfarkte: Oxalsäure, chlorsaures Kali, Nitrobenzol; amyloide Degeneration, Wachszylinder: Terpentinöl; trübe Schwellung, Fibrinzylinder, Epithelzylinder: Ätzgifte, Stoffwechselgifte; fettige Entartung: Phosphor, Arsen, Alkohol.

Charakteristische Veränderungen am Gehirn und Rückenmark: Gifte verändern die Lagerung und Anhäufung der Nißlkörperchen (Granula, Tigroid) in den Ganglienzellen. Diese können vermehrt, vergrößert, geschwollen sein oder ganz verschwinden (Tigrolyse), oder die Zellsubstanz kann sich verdichten (Pyknose), kenntlich an der stärkeren Färbbarkeit, oder sie kann Vakuolen zeigen, körnigen Zerfall, fettige Degeneration, Pigmentschwund, Verkalkung, variköse Atrophie. — Tigrolyse und Nekrose der Ganglienzellen bei Vergiftung mit Phosphor, Arsen, Antimon, Blei, chlorsaurem Kali, Salzsäure, Strychnin, Kokain, Chloroform, Morphium. Auch beim Tod durch Verhungern, durch Elektrizität.

Kurze Charakteristik einiger Vergiftungen.

Ätzlaugen: Tödliche Menge von 30—40 % Lösung ein Schluck. Wirkung: Wasserentziehung, Eiweißgerinnung, Quellung. Leichenbefund: Graubraune, gequollene, seifige Schwellung der Schleimhäute des Schlundes und der Speiseröhre. Verdickung der Magenwandung. Schwellung und braunrote, schmierig weiche Schorfe der seifig schlüpfrigen durchscheinenden gallertigen

Schleimhaut. Blutiger, alkalisch reagierender Schleimbelag (alkal. Hämatin). Geruch nach Heringslake (Trimethylamin). Schwarzes lackartiges Blut. Trübe Schwellung der Nieren.

Alkaloide. Tödliche Menge: Opium 0,1—0,2 g, Morphin 0,2 g, Strychnin 0,03 g, Atropin 0,03 g, Aconitin 0,003 g, Colchizin 0,05 g, Nikotin 0,08 g, Hyoszin 0,15 g.

Der Leichenbefund bietet nichts Charakteristisches. Weite Pupillen bei Atropin, Belladonna, Hyoszin, enge Pupillen sind selten bei Morphin, Opium. Geruch bei Opium. Dunkelblauer Mageninhalt bei Tollkirschen.

Nachweis der Alkaloide chemisch oder biologisch: Erweiterung oder Verengerung der Katzenpupille; Streckkrämpfe der Maus, des Frosches (Strychnin, Nikotin). — Vorproben s. S. 71.

Alkohol: Tödliche Menge 6 ccm pro kg. Wirkung: Eiweißgerinnung. Verbrennung in Wasser und CO_2, also Erstickung.

Leichenbefund: Fettige Entartung, Zirrhose der Leber, fettige Entartung der Niere, des Herzens, Entartung der Blutgefäße. Chronische Hirnhautentzündung, Ödem der Hirnhäute, Blutungen im Zentralnervensystem.

Ammoniak: Tödliche Menge 30 g. Wirkung: Ätzgift, Magendarmkatarrh, Herz- und Lungenlähmung. Leichenbefund: stechender Geruch, alkalische Reaktion. Tiefrote Schleimhäute. Kruppöse Entzündung der Luftwege und der Verdauungswege. Entzündung und fettige Entartung der Nieren. Vorprobe s. S. 69.

Arsenige Säure: Tödliche Menge 0,1—0,2 g. Wirkung: Starkes Zellgift und lokal reizend. Ausscheidung durch Harn, Galle, Darmsaft, Kot als Arsenik. Leichenbefund: Trübe, wässrige Schwellung, Rötung, hämorrhagische Infarkte, Ätzgeschwüre der Magenschleimhaut. Sandiger Belag: Oktaedrische Kristalle mit abgestumpften Kanten von arseniger Säure. Darmentzündung, Reiswasserstuhl: graue Flüssigkeit mit weißen Flocken. Schleimhaut des Darmes aufgelockert, sammtartig, hellrot. Blutfülle und fettige Entartung an Herz, Leber, Nieren, Muskeln. Ekchymosen an serösen Häuten. Eindickung des Blutes. Knoblauchgeruch des Mageninhalts. Auch im Mageninhalt nach Kristallen von arseniger Säure suchen, im Uhrschälchen waschen, vom Schleim befreien, Mikroskopieren. Vorprobe s. S. 69.

Blausäure: Tödliche Menge 0,05 g. Wirkung: Entzieht dem Gewebe die Fähigkeit Sauerstoff zu binden. Leichenbefund: Bittermandelgeruch! Hellkirschrote Totenflecke (Zyanhämoglobin), hellrote lockere Blutgerinnsel, hellrote Schleimhäute, mit fadenziehendem Schleim bedeckt. Blutnachweis s. S. 72.

Chloroform: Tödliche Menge 30 g oder 1 % Gehalt der Luft. Wirkung: Lähmung der Medulla oblongata, des Vagus (Herz- und Atemlähmung). Leichenbefund: Geruch! Weite Pupillen. Weißliche Ätzungen an Schlund und Magen bei Einnahme. Dunkelkirschrotes Blut. Parenchymatöse und fettige Entartung an Herz, Nieren, Leber. Epithelzylinder im Harn. Zerfall und Schwund der Nißlkörper in den Ganglienzellen, Nekrose der Ganglienzellen (Kernschwund).

Chlorsaures Kali: Tödliche Menge 15—30 g, Kinder 5—10 g. Wirkung: Zerstörung der Blutkörperchen. Verwandlung des Oxy- in Methämoglobin. Leichenbefund: Grauviolette Totenflecke. Schokoladebraunes Blut und dieselbe Färbung der Organe (besonders am Gehirn deutlich). Magendarmentzündung. Milzschwellung. Entzündung und Methämoglobininfarkte der Nieren. Eiweiß, Blut und Blutzylinder im gebräunten Harn. Vorprobe.

Chlorzink: Tödliche Menge 3—5 g. Wirkung: Ätzung. Leichenbefund: Magendarmentzündung. Perforationsperitonitis. Nierenentzündung. Graue harte Ätzschorfe der Schleimhäute (Scheide, Mastdarm).

Chromsäure: Wirkung: ähnlich der Salpetersäure. Leichenbefund: Gelbrote Färbung der Haut und Schleimhäute. Braune Ätzschorfe im Magen. Nierenentzündung. Fettige Entartung der Leber, des Herzmuskels.

Essigsäure: Tödliche Menge 1 Eßlöffel Essenz. Wirkung: Ätzgift. Leichenbefund: Geruch! Weißgraue Schorfe der Schleimhäute, des Mundes und der Speiseröhre, die aufgelockert, geschwollen, gerötet. Die Magenschleimhaut vielfach mit schwarzbraunen Schorfen bedeckt, hämorrhagisch. Die Magenwand verdickt. Darmschleimhaut gerötet. Nierenentzündung.

Fleischvergiftung: Der Leichenbefund bietet, abgesehen von Blutfülle der Unterleibsorgane, Ödem und entzündlicher Rötung der geschwollenen Darmschleimhaut, Blutungen in die Darmschleimhaut, in die serösen Häute, Schwellung der Follikel, dünnflüssigem Darminhalt, wenig Charakteristisches. Zu asservieren sind Stücke von den Organen (auch Muskeln) wie bei jeder Vergiftung, besonders sorgfältig Erbrochenes, Blut, Harn, Galle und Darminhalt (steril entnehmen!) zur Aussaat und Prüfung auf Paratyphus-, Enteritis-, Botulinus-, Proteus-Bazillen u. a. Impfung von Tieren. Versendung der Asservate als Eilgut durchaus erforderlich. Am besten bei der Leichenöffnung schon Aussaat entnehmen. — Beschlagnahme der verdorbenen Nahrungsmittel veranlassen.

Karbolsäure: Tödliche Menge 10—50 g, Kinder 5 g. Wirkung: Eiweißgerinnung, Blutkörperchenauflösung. Leichenbefund: Geruch! Milchweiße bis hellgraue, später graubraune Ätzschorfe der Haut und Schleimhäute, die hart und brüchig. Nierenentzündung, dunkelgrüner Urin (Hydrochinonschwefelsäure). Hellrotes, geronnenes Blut, hellrote Thromben. Vorprobe s. S. 69.

Kohlenoxyd: Tödliche Menge 1—2 % Gehalt der Luft. Wirkung: Verdrängt den Sauerstoff aus dem Blute. Tod bei 50 % Co-Gehalt des Blutes. Leichenbefund: Karminrote Totenflecke. Hellrote Farbe des Blutes und der Organe, besonders deutlich am Gehirn. Blähung und Erstickungsemphysem der Lunge. Ekchymosen. Trübe Schwellung der Nieren. Bei Kohlendunstvergiftung: Ruß- und Kohleteilchen auf der äußeren Haut, den Schleimhäuten der Luft- und Verdauungswege. Blutfülle der inneren Organe. Blutproben s. S. 69.

Kohlensäure: Tödliche Menge 20—30 % Gehalt der Luft. Wirkung: Verwandlung des Oxy- in saures Hämatin. Der Leichenbefund bietet nichts Charakteristisches.

Kupfersalze (Grünspan, Kupfersulfat): Tödliche Menge 0,4—1,0 g. Erbrechen grünblauer Massen. Bläulichgrüne Magenschleimhaut. Blutige, braunrote (Schwefelkupfer) Durchfälle. Purpurroter Kupfersaum am Zahnfleisch. Vorprobe.

Lysol: Tödliche Menge 15—20 g. Wirkung: Ätzgift. Leichenbefund: Geruch! Graubraune Vertrocknungen am Mund. Dunkelblaurote Totenflecke. Graubraune weiche, seifig schlüpfrige Ätzschorfe der geschwollenen, hämorrhagischen Schleimhäute. Verdickte Magenwandung. Alkalischer Mageninhalt und Magenschleim. Trübe Schwellung und Entzündung der Nieren. Eiweiß, Blut und Zylinder im Harn. Resorptionsbronchitis und -Pneumonie.

Methylalkohol: Tödliche Menge 50—100 g. Wirkung: Zellgift. Leichenbefund: Zyanose des Gesichts, der Bindehäute. Blutfülle der inneren Organe. Lungenödem. Rötung und Schleimbelag der Luftröhrenäste. Schleimbelag, Schwellung und entzündliche Rötung der Magendarmschleimhaut, aromatischer Geruch des Mageninhalts. Trübe Schwellung der Nieren. Entzündung der Blasenschleimhaut. Fettige Entartung der Leber. Auffallend flüssiges Blut. Ödem und Blutfülle des Gehirns und der Hirnhäute. Zerfall und Schwund der Nißlkörper und andere Entartungserscheinungen (Körnchenkugeln, Corpora amylacea). Blutungen in Brücke, verlängertem Mark und Rückenmark. Methämoglobinspektrum des Blutes.

Nitrobenzol: Tödliche Menge 1—10 g. Süßlicher Geruch. Braunrotes Blut (Methämoglobin). Öliger Mageninhalt.

Oxalsäure: Tödliche Menge 5—30 g. Wirkung: Ätzung, Gewebsauflösung, Lähmung des Zentralnervensystems. Ausscheidung durch den Harn. Leichenbefund: Weißgraue trockene Schorfe der Speiseröhre. Rotbraune geschwollene, hämorrhagische, glasige Schleimhaut des Magens mit braunem Schleim belegt und klinorhombischen Prismen von oxalsaurem Kalk. Kalkinfarkte der Nieren: Weiße Streifen zwischen Rinde und Mark.

Der oxalsaure Kalk ist im Pflanzenreich sehr verbreitet. Seine Kristalle finden sich in Bulbus Scillae, Cortex Conduranga, Fol. Uvae Ursi, Radix Althaeae, Rhizoma Iridis, Radix Ipecacuanhae, Tubera Jalappae, Radix Rhei, Sauerampfer. Diese ausschließen. — Saure postmortale Magenerweichung ausschließen.

Phosphor: Tödliche Menge 0,05—0,1 g. Wirkung: Starkes Zellgift. Leichenbefund: Akute Fälle ohne anatomischen Befund. — Ikterus, gelbe Totenflecke. Gelbfärbung, Schwellung und Blutungen der Magenschleimhaut, deren Drüsen als gelbe Punkte vortreten. Kaffeesatzartiger, nach Zwiebeln riechender, im Dunkeln leuchtender Mageninhalt. Gelbgraue Schleimhaut des Darms. Schiefergrauer Kot. Große safrangelbe, feste Nieren mit breiter gelber vorquellender Rinde (Fettentartung). Große gespannte, teigigbrüchige zitronengelbe ikterische Fettleber (Fettbeschlag des Messers). In späteren Stadien geschrumpft und gelbrot gefleckt. Blutungen in den Muskeln, den Schleimhäuten, unter die serösen Häute, in die Gefäßwandung. Fettige Entartung der gelben, morschen, mattglänzenden Muskulatur (Herz- Zwerchfell- und Stammuskeln). Abort! Tigrolyse der Ganglienzellen. Fettembolie der Lungen. Dünnflüssiges bis locker geronnenes Blut. Gelbgrünlicher ikterischer Urin. — Vorprobe s. S. 71.

Salpetersäure: Tödliche Menge 4—8 g. Wirkung wie Schwefelsäure. Leichenbefund: Gelbe pergamentharte Vertrocknungen am Mund. Gelbe, harte, brüchige Ätzschorfe an der Zunge und den Schleimhäuten des Gaumens, Rachens, der Speiseröhre. Verdickte brüchige Magenwandung. Braune Ätzschorfe der Magenschleimhaut (Hämatin).

Salzsäure: Tödliche Menge 4—15 g. Wirkung ähnlich der Schwefelsäure. Leichenbefund: Keine Hautätzung, dagegen schiefergraue Ätzschorfe der Schleimhäute. Brauner Mageninhalt. Nierenentzündung. Schwarzbraunes eingedicktes Blut (Hämatin).

Schwefelsäure: Tödliche Menge 4—5 g. Wirkung: Wasserentziehung, Blutgerinnung, Eiweißfällung. Leichenbefund: Braune lederartige Vertrocknungen am Mund, weißgraue, gegerbte, faltige

Schleimhaut am Gaumen, Schlund, Speiseröhre. Verdickte brüchige Magenwandung, braune bis schwarzbraune gallertige Ätzschorfe der Magenschleimhaut (Hämatin, Hämatoporphyrin). Weißgraue, starre, brüchige Schleimhaut des Darms. Trübe Schwellung, Fibrinzylinder der Nieren. Teerartige Eindickung des Blutes. Eiweißharn. Blutharn.

Saure postmortale Magenerweichung ausschließen.

Schwefelwasserstoff: Tödliche Menge 1—1½ ‰ Gehalt der Luft. Wirkung: Umwandlung des Oxy- in Sulfhämoglobin. Tod durch Atemlähmung. Leichenbefund: Grünlicher Schimmer der Organe, besonders deutlich am Gehirn. Schmutzig grünes bis schwärzliches Blut (Sulfhämoglobin). Vorproben s. S. 71.

Silbersalze (Höllenstein): Erbrechen weißlicher sich am Licht schwärzender Massen. Leichenbefund: Violettgrauer Silbersaum am Zahnfleisch. Imprägnation der inneren Organe mit Silbersalzen (Silberalbuminatniederschläge).

Sublimat: Tödliche Menge 0,2 g. Wirkung: Blutgerinnung, Verstopfung der Gefäße. Leichenbefund: Schwarzer Quecksilbersaum am Zahnfleisch. Weißgraue Schorfe an den Schleimhäuten (wie gekocht). Bei Angerer Pastillen Eosinfärbung. Gangrän und Nekrose der Schleimhäute. Speichelfluß. Entzündung des Magendarmkanals, besonders charakteristisch im Dickdarm und Mastdarm, Proctitis mercurialis: geschwollene, graue, hämorrhagische, geschwürige Schleimhaut. Schwellung und Fettentartung der Leber, des Herzmuskels, der Nieren. Kalkinfarkte der Nieren (von kohlensaurem Kalk). Blutharn. Vorproben s. S. 71.

Zyankali: Tödliche Menge 0,18 g. Wirkung wie Blausäure. Leichenbefund: Geruch! Hellrote Totenflecke, hellrotes Blut (Zyanhämoglobin); hellrote gequollene, blutreiche, hämorrhagische Schleimhäute mit zähem glasigem Schleim (alkalische Reaktion!) überzogen. Gewulstete, gequollene, durchscheinende hell- bis dunkelbraunrote Schleimhaut des Magens (Ammoniakgeruch!). — Vorproben s. S. 72.

5. Chemische Vorproben bei Vergiftung.

In den meisten Fällen wird es vorzuziehen sein, die Leichenteile zu asservieren und den staatlichen oder städtischen Untersuchungsämtern zur chemischen oder bakteriologischen Untersuchung zugehen zu lassen. Es seien daher nur einige einfachere Proben hier gegeben. In jedem Falle sind Farbe, Geruch und Reaktion bei der Leichenöffnung genau festzustellen und im Protokoll zu vermerken; auch ist es angezeigt, am Schlusse desselben anzugeben, nach welcher Richtung, auf welches Gift (oder Gifte) auf Grund des Ergebnisses der Leichenöffnung der Chemiker seine Untersuchung besonders einrichten möge.

Ätzsäuren und Alkalien: Bei Vergiftungen mit ätzenden Alkalien und Ätzsäuren läßt sich an Teilen der verätzten Magenschleimhaut oder dem blutigen Magenschleim das Hämatin- bzw. Hämochromogenspektrum erkennen: bei Säurevergiftung, allerdings auch bei postmortaler saurer Magenerweichung, das des sauren Hämatin (Streifen im Rot nahe bei C.); bei Alkalivergiftung ist das Spektrum des alkalischen Hämatin meist zu schwach, auf Zusatz eines Reduktionsmittels erscheint jedoch deutlich das Hämochromogenspektrum (tiefdunkler schmaler Streifen im Gelb zwischen D—E, rechts daneben ein schwächerer Streifen im Grün bei E).

Ammoniak: Ein mit Salzsäure befeuchteter Glasstab zeigt im Ammoniakdunst von ihm ausgehende Nebel oder Dämpfe. Im eröffneten Schädel oder Magen die Probe anstellen.

Arsenige Säure: Die zu untersuchende Masse, Erbrochenes oder Mageninhalt, wird mehrere Male mit viel Wasser verdünnt, umgerührt und nach Absitzen das Wasser abgeschüttet. Der Bodensatz, der die arsenige Säure enthält, wird zu gleichen Teilen mit Zyankali oder mit Holzkohle im Glühröhrchen erhitzt. Es schlägt sich ein glänzender Spiegel von metallischem Arsen (Oktaeder) an den kälteren Teilen des Röhrchens nieder. Knoblauchgeruch.

Atropin: Harn abdampfen, den Rückstand mehrmals mit absolutem Alkohol ausziehen, von der alkalischen Lösung einer Katze ins Auge träufeln: Pupillenerweiterung.

Blausäure: Ein mit alkoholischer Guajakharzlösung (3 %) und nach dem Trocknen mit 1 ‰ Kupfersulfatlösung getränkter Streifen Fließpapier färbt sich durch Einwirkung von Blausäuredämpfen blau. Die Reaktion in der Schädelhöhle anstellen. Nur negativ beweisend. (Vorprobe nach Schönbein.)

Chlorsaures Kali: Das schokoladebraune, nicht zu sehr verdünnte Blut zeigt Methämoglobinspektrum (vier Streifen: Außer den beiden Oxyhämoglobinstreifen im Gelbgrün (D—E) ein starker schmaler Streifen im Orange (C—D) und ein breiter im Blaugrün (b—F).

Karbolsäure: Karbolsäurelösungen werden durch Zusatz von Eisenchlorid blauviolett, durch Zusatz von Millonschem Reagens rot gefärbt. Mit dem Harn die Reaktion anstellen.

Kohlenoxyd: 1. Ein Teil 20 %ige Blutlösung und ein Teil 3% ige wässrige Tanninlösung vermischen und kräftig schütteln.

Kohlenoxydblut gibt hellkarmoisinrotes, gewöhnliches Blut graubraunes Tanninalbuminat. (Probe von Kunkel-Schulz.)

2. 5 Tropfen Blut zu 10 ccm Wasser, nach leichtem Umschütteln + 5 Tropfen gelben Schwefelammons, nach abermaligem Umschütteln + 30 % Essigsäure bis zur schwach sauren Reaktion (Farbenumschlag!), mehrmals sanft umkippen: CO-Blut wird schön rosarot, O-Blut schmutzig grünlich. (Probe von Katayama.)

3. 4 Teile des CO-Blutes + 16 Teile Wasser + 40 Tropfen (10 %) Ferrizyankalilösung mischen, dann in zwei gleiche Teile teilen. Die eine Hälfte (A) verkorkt beiseite stellen, die andere (B) zehn Minuten lang in Porzellanschälchen fortwährend umgießen. Dann zurück ins Reagenzglas und zu beiden Hälften je fünf Tropfen Schwefelammon + 10 Teile konzentrierte wässrige Tanninlösung. Kräftig schütteln. CO-Blut (A) wird schön rot, O-Blut (B) schmutzig grau- bis grünbraun. (Probe von Wachholz-Sieradzky-Reetz.)

4. Eine dünne CO-Blutlösung zeigt spektroskopisch zwei Streifen in Gelbgrün (D—E), die im Vergleich mit den Oxyhämoglobinstreifen des gewöhnlichen Blutes etwas nach rechts verschoben, enger gestellt erscheinen und nach dem Zusatz eines Reduktionsmittels (Hydrazinhydrat, Schwefelammon) nicht zusammenfließen. Ist das Blut nicht völlig mit Kohlenoxyd gesättigt, so erscheint natürlich mehr oder weniger stark der Streifen des reduzierten Hämoglobin zwischen den beiden Streifen. Die vollständige Reduktion in zehn Minuten abwarten.

Alle Proben im Beginn der Leichenöffnung anstellen und zwar am Blut der inneren Organe und Gefäße. Die Kontrolle mit gewöhnlichem Blut ist durchaus erforderlich.

Die chemischen Proben geben etwa noch 8—15 %, die spektroskopische 15—20 % Kohlenoxydgehalt an.

Kupfersalze: Die bläulichgrüne Magenschleimhaut färbt sich auf Zusatz von Ammoniak tiefblau.

Morphium: 1. Chemischer Nachweis: a) Die zu untersuchende Masse, die neutral reagieren muß, färbt sich mit einigen Tropfen Eisenchlorid schön blau. Die Reaktion ist sehr charakteristisch, erfordert aber viel Morphinsubstanz. Im Uhrschälchen anstellen.

b) Die zu untersuchende Masse färbt sich (im Uhrschälchen) mit einigen Tropfen Marquisschem Reagens (2 Tropfen Formalin + 3 ccm konzentrierter Schwefelsäure) pfirsichrot bis violett, nach Erwärmen grauschwarz.

c) Die zu untersuchende Masse färbt sich mit konzentrierter Schwefelsäure und einem Tropfen Salpetersäure violett bis purpurrot.

d) Der Harn gibt die Trommersche Probe und dreht links (Morphiumglykuronsäure).

2. Biologisch: Pupillenerweiterung des Katzenauges.

Nikotin: 1. Chemischer Nachweis: Eine ätherische Nikotinlösung + ätherische Jodlösung gibt ein dunkles Öl, aus dem nadelförmige Jod - Nikotin - Kristalle ausfallen (Roussinkristalle); die Kristalle sind im durchfallenden Lichte rot, im auffallenden blau.

2. Biologischer Nachweis: Beim Frosch Krämpfe der unteren Gliedmaßen nach Nikotininjektion: Rechtwinklige Beugung der Oberschenkel, Sitzstellung, Hochziehen der Hinterbeine über dem Rücken.

Phosphor: Die zu untersuchende Masse (auch Urin) kommt in ein mit einem Korken verschlossenes Kölbchen. In den Korken werden zwei Filtrierpapierstreifen eingeklemmt, der eine mit Argentum nitricum, der andere mit Plumbum aceticum getränkt. Wird der erstere nicht geschwärzt, so ist kein Phosphor vorhanden. Wird er geschwärzt, so sind weitere Untersuchungen auf Phosphor anzustellen. (Probe von Scherer.)

Schwefelsäure: Im Urin schwefelsaure Salze. Auf Zusatz von Chlorbarium fällt Schwefelbaryt aus.

Schwefelwasserstoff: 1. Zusatz von Chlorbarium zum Urin gibt Schwefelbaryt. 2. Das Blut zeigt neben den beiden Oxyhämoglobinstreifen eine schmale Bande im Orange, etwas näher an D gelegen, als die des Methämoglobin.

Strychnin: 1. Chemischer Nachweis: Das verdächtige Teilchen wird in einem Uhrschälchen in wenig konzentrierter Schwefelsäure aufgelöst und ein Stückchen Kaliumbichromatkristall zugesetzt. Mit einem Glasstab hin- und herbewegt, hinterläßt das Kristall blaue bis violette Streifen, die in Rot und Schmutziggrün übergehen. (Die Probe ist sehr empfindlich und charakteristisch.)

2. Biologischer Nachweis: Beim Frosch Streckkrämpfe der Hinterbeine, Kreuzung der Vorderbeine, dann Lähmung. Bei der weißen Maus allgemeine Streckkrämpfe, auch des Schwanzes schon nach Einspritzung geringer Mengen unter die Rückenhaut.

Sublimat: Die Kalkinfarkte der Niere lassen sich nachweisen 1. durch Zusatz von Salzsäure zum mikroskopischen Schnitt: Der kohlensaure Kalk löst sich unter Gasbläschenentwickelung;

2. durch Zusatz von Schwefelsäure: Es entstehen Gipskristalle von schwefelsaurem Kalk; 3. Sublimatkristalle färben sich in Jodkaliumlösung rot; 4. Sublimatlösungen geben mit Jodkalium einen gelben Niederschlag, der bald rot wird; 5. man kocht den Magendarminhalt mit gehaspeltem Zink, trocknet ihn auf einer Glasschale und erhitzt ihn im Reagenzglas mit Jodmetall. Das Glas beschlägt gelbrot.

Zyankali: 1. Werden zu einer Methämoglobinlösung, aus Normalblut und rotem Blutlaugensalz bereitet, auf Zyankali verdächtige Teile des blutigen Mageninhaltes oder der Magenschleimhaut gefügt, so geht der braune Ton der Lösung in Rot über und diese zeigt das Spektrum des Zyan(met)hämoglobin (ein breites Band im Gelbgrün, D—b), reduzierbar mittelst Hydrazinhydrat in Zyanhämochromogen (zwei Streifen im Gelbgrün, D—E). Auch die gequollenen verätzten Teile der Magenschleimhaut und des blutigen Magenschleims zeigen das reduzierbare Zyanhämoglobinspektrum. Zwischen zwei Objektträgern zerquetschen.

2. Die zyanhaltige Masse wird mit Kalilauge und Eisenvitriol gekocht und filtriert, auf Zusatz von Salzsäure zum Filtrat entsteht Berliner Blau.

3. Die zyanhaltige Masse wird mit Schwefelammonium im Uhrschälchen zur Trockne eingedampft. Der Rückstand (Rhodanammonium) mit Salzsäure angesäuert gibt mit Eisenchlorid blutrotes Rhodaneisen.

6. Gutachten bei Vergiftungen.

1. Liegt Vergiftung vor?

Entscheidung aus den Krankheitserscheinungen, dem Leichenbefund, der chemischen Untersuchung, den Umständen des Falles.

2. Durch welches Gift?

Entscheidung vielfach schon nach der Leichenöffnung möglich, meist aber erst nach der chemischen Untersuchung oder nach Tierversuchen mit der vom Chemiker gefundenen Substanz.

3. Kann die chemisch gefundene Substanz etwa als Gegengift, als Arznei (Arsenesser) gegeben sein, aus Nahrungsmitteln, aus dem Leichenschmuck (Oxalsäure, Arsen) herrühren?

Zuweilen mit Ja zu beantworten. Postmortale Einfuhr durch Diffusion jedoch erst nach Eröffnung der Körperhöhlen durch die Fäulnis möglich.

4. Ist die beigebrachte Menge unbedingt tödlich?

Entscheidung aus der Pharmakopoe-Tabelle und aus Tierversuchen mit vorsichtigem Schluß auf den Menschen. Wieviel eingebracht wurde, ist überdies ganz unberechenbar (Erbrechen).

5. Wann und wie wurde das Gift beigebracht?

Als Speise, Trank, Klysma, Suppositor, Subkutan, Einreibung, Pflaster, Einatmung.

Wann? zu entscheiden aus den Krankheitserscheinungen, der Schnelligkeit der Wirkung.

Wie? aus den Umständen und der Leichenöffnung.

6. Ist Vergiftung möglich, obgleich kein Gift gefunden wurde?

Die Möglichkeit liegt vor bei Giften, die pathologisch-anatomisch keine charakteristischen Veränderungen machen (Morphium Chloroform); im Tierversuch kein charakteristisches Bild liefern; die chemisch nicht nachzuweisen sind (Abrin, Rizin, Spinnen- und Schlangengift); sich im Körper in normal vorkommende Verbindungen umwandeln (Phosphor in Phosphate, Chlorate in Chloride); dann würde die chemische, die pathologisch-anatomische und die physiologische Methode des Nachweises versagen. Das ist aber selten der Fall. Manche Gifte zersetzen sich schnell, Kokain konnte schon nach 14 Tagen nicht mehr nachgewiesen werden.

Dagegen Digitalin, Pikrotoxin, Colchizin, Bruzin, Veratrin, Strychnin, Kodein, Morphin noch nach 160—250 Tagen.

7. Liegt Mord, Selbstmord oder zufällige Vergiftung (medizinale oder Abtreibungsversuch) vor?

Manche Substanzen eignen sich wegen Geschmack, Geruch und Farbe nicht zu Mordzwecken. Wenn deren Reste gefunden werden, ist Selbstmord wahrscheinlich. Über Autointoxikation gibt die pathologisch-anatomische Untersuchung Aufschluß (Nephr. uraemica, Coma diabeticum). Große Giftmengen sprechen für Selbstmord.

8. Ist das Gift vital eingebracht oder kann es postmortal eingeführt sein (zur Vortäuschung eines Selbstmordes)?

Entscheidung aus der vitalen Reaktion: Entzündungserscheinungen, Blutungen, Schleimabsonderung sowie Blutüberfüllung an nicht abhängigen Stellen. Nicht aber aus der Resorption: Auch postmortal in den Magen eingebrachtes Gift kann resorbiert werden oder diffundieren. Bei postmortaler Diffusion das Gift nur in der linken Lunge und linken Niere, die anatomisch näher am Magendarm.

XVI. Gutachten bei gewaltsamen Todesarten.

Je nach Lage der Sache sind folgende Fragen zu erörtern:

1. Welches ist die Todesursache?

2. Ist die Verletzung während des Lebens, in der Angone oder nach dem Tode entstanden?

3. Sind die zwei- oder mehrfachen Verletzungen gleichzeitig oder nacheinander beigebracht? Von einem oder mehreren Tätern? Welche war die tödliche?

4. Ist die Verletzung an sich unbedingt tödlich; steht der Tod mit ihr in direktem oder in indirektem Zusammenhang?

5. Kann der Tote die tödliche Verletzung sich selbst beigebracht haben?

6. Oder ist sie von fremder Hand erzeugt, absichtlich, fahrlässig, unabsichtlich, zufällig? In welcher Weise?

7. Mit welchem Werkzeug?

8. Kann der Beschuldigte sie nach Lage der Sache erzeugt haben?

9. Ist das beschlagnahmte Werkzeug geeignet, sie zu erzeugen, den Tod herbeizuführen?

10. Hat sich der Täter etwa in einem Zustande befunden, der seine Einsicht in die Strafbarkeit seiner Handlung ausschloß, verminderte?

Achter Abschnitt.

I. Die Leichenöffnung.

§ 87 Str.P.O.

1. Vorschriften für das Verfahren der Gerichtsärzte bei den gerichtlichen Untersuchungen menschlicher Leichen vom 4. Jan. 1905.

I. Allgemeine Bestimmungen.

§ 1.

Die gerichtliche Leichenöffnung (Obduktion) wird nach den bestehenden Vorschriften von zwei Ärzten, unter denen sich ein Gerichtsarzt befinden muß, im Beisein eines Richters vorgenommen. Die Obduzenten haben die Pflichten gerichtlicher Sachverständiger. (Über Leichenschau s. § 30.)

Weitere Bestimmungen sind enthalten in der Strafprozeßordnung § 87 ff. (Reichsgesetzblatt 1877, S. 268 ff.) und in dem Erlasse des Justizministers vom 25. Januar 1902 (Min.-Blatt für Medizinal- und medizinische Unterrichts-Angelegenheiten, S. 60).

§ 2.

Als Gerichtsarzt im Sinne des Gesetzes gilt dort, wo ein besonderer Gerichtsarzt angestellt ist, dieser, sonst der zugleich als Gerichtsarzt tätige Kreisarzt. Der zuständige Gerichtsarzt (Kreisarzt) fungiert als erster Obduzent, er entscheidet, wenn über die technische Ausführung der Leichenöffnung Zweifel entstehen, vorbehaltlich der Befugnis des zweiten Obduzenten, seine abweichende Ansicht zu Protokoll zu geben.

§ 3.

Leichenöffnungen sollen in der Regel nicht vor Ablauf von 12 Stunden nach dem Tode vorgenommen werden, ausnahmsweise und aus besonderen Gründen kann die Öffnung in dringenden Fällen auch früher erfolgen; indessen ist dann erforderlich, 1. daß die besonderen Gründe im Protokoll vermerkt werden, und 2. daß dieses auch genauen Aufschluß darüber gibt, in welcher Weise der Tod festgestellt worden ist.

§ 4.

Wegen vorhandener Fäulnis dürfen Leichenöffnungen von den Gerichtsärzten nicht abgelehnt werden. Denn selbst bei einem hohen Grade der Fäulnis können Abnormitäten und Verletzungen der Knochen noch ermittelt, manche die noch zweifelhaft gebliebene Identität der Leiche betreffende Befunde, z. B. Farbe und Beschaffenheit der Haare, Mangel von Gliedmaßen usw. festgestellt, eingedrungene fremde Körper aufgefunden, Schwangerschaften entdeckt und Vergiftungen noch nachgewiesen werden. Es haben deshalb auch die Ärzte, wenn es sich zur Ermittelung derartiger Tatsachen um die Wiederausgrabung einer Leiche handelt, für dieselbe zu stimmen, ohne Rücksicht auf die seit dem Tode verstrichene Zeit.

Gerichtlichen Ausgrabungen hat mindestens einer der Ärzte beizuwohnen, welche später die Besichtigung oder Untersuchung der Leiche vornehmen. Derselbe hat im Einvernehmen mit dem Richter dafür zu sorgen, daß die Bloßlegung und Erhebung des Sarges, sowie dessen spätere Eröffnung mit möglichster Vorsicht geschehe. Liegt der Verdacht einer Vergiftung vor, so ist das Mittelstück der unteren Seite des Sarges herauszunehmen und aufzubewahren. Von der unterhalb desselben gelegenen Erde sowie auch zur Kontrolle von dem gewachsenen Boden der Seitenwände des Grabes oder in einiger Entfernung von demselben sind Proben in einem reinen Glas- oder Porzellangefäß zur chemischen Untersuchung mitzunehmen.

§ 5.

Die Gerichtsärzte haben dafür zu sorgen, daß zur Verrichtung der ihnen obliegenden Leichenöffnung folgende Sektions-Instrumente in guter Beschaffenheit zur Stelle sind:

4 bis 6 Skalpelle (verschiedener Größe),
1 Schermesser,
2 starke Knorpelmesser,
3 Pinzetten (Hakenpinzetten),
2 Doppelhaken,
2 Scheren, eine stärkere, deren einer Arm stumpf, der andere spitzig ist, und eine feinere, deren einer Arm geknöpft, der andere spitzig ist,
1 Darmschere,
1 Tubulus mit drehbarem Verschluß,
1 neusilberner Katheter (männlicher Katheter),
1 grobe und 2 feine Sonden,
1 Bogensäge und 1 Stichsäge,
1 Meißel und 1 Schlägel,
1 Knochenschere,
1 Schraubstock,
6 krumme Nadeln von verschiedener Größe (und Zwirn),
1 Tasterzirkel,
1 Meterstab und 1 metallenes Bandmaß mit Einteilung in Zentimeter und Millimeter,

1 Meßgefäß mit Einteilung in 100, 50, 25 Kubik-Zentimeter,
1 Wage mit Gewichtsstücken bis zu 5 Kilogramm,
1 gute Lupe,
blaues und rotes Reagenzpapier,
1 in jeder Beziehung leistungsfähiges Mikroskop,
die zur Herstellung frischer mikroskopischer Präparate erforderlichen Instrumente, Gläser und Reagenzien (vgl. § 11 u. a.), sowie einige reine Glas- oder Porzellangefäße zur Aufbewahrung von Leichenteilen, welche mikroskopisch oder chemisch untersucht werden sollen. Die schneidenden Instrumente müssen vollständig scharf sein [1]).

§ 6.

Für die Leichenöffnung ist ein hinreichend geräumiger und heller Raum zu beschaffen, auch muß für angemessene Lagerung der Leiche und Entfernung störender Umgebungen gesorgt werden. Leichenöffnungen bei künstlichem Licht sind, einzelne keinen Aufschub gestattende Fälle ausgenommen, unzulässig. Eine solche Ausnahme ist im Protokoll (§ 26) unter Anführung der Gründe ausdrücklich zu erwähnen.

§ 7.

Ist die Leiche gefroren, so ist sie in einen mäßig geheizten Raum zu bringen; mit der Leichenöffnung ist zu warten, bis die Leiche genügend aufgetaut ist. Die Anwendung von warmem Wasser oder von anderen warmen Gegenständen zur Beschleunigung des Auftauens ist unzulässig.

§ 8.

Bei allen mit der Leiche vorzunehmenden Bewegungen, namentlich bei dem Überführen derselben von einer Stelle zur anderen, ist sorgfältig darauf zu achten, daß kein zu starker Druck auf einzelne Teile ausgeübt und daß die Horizontallage der größeren Höhlen und die durch die Leichenstarre bedingte Stellung der Gliedmaßen nicht erheblich verändert werde.

II. Verfahren bei der Leichenöffnung.

§ 9.

Beim Erheben der Leichenbefunde müssen die Gerichtsärzte im wesentlichen ebenso verfahren, wie wenn die Sektion aus rein ärztlichem Interesse unternommen würde, nur haben sie überall den richterlichen Zweck der Leichenuntersuchung im Auge zu behalten und alles, was diesem Zwecke dient, mit besonderer Genauigkeit und Vollständigkeit zu untersuchen. Die folgenden technischen Vorschriften über den Gang der Untersuchung sollen nicht schablonenhaft angewendet, sondern nur als allgemeiner Leitfaden betrachtet werden, von dem je nach der Eigentümlichkeit des Falles auch abgewichen werden kann. Wesentliche Abweichungen müssen jedoch im Protokoll (§ 26) begründet werden.

Alle erheblichen Befunde sind dem Richter von den Gerichtsärzten vorzuzeigen, bevor sie in das Protokoll aufgenommen werden.

§ 10.

Die Gerichtsärzte sind verpflichtet, in den Fällen, in denen ihnen dies erforderlich erscheint, den Richter rechtzeitig zu ersuchen, daß vor der

[1]) Außerdem 1 Gummiärmelschürze, Seife, Nagelbürste, Sublimatpastillen, Alkohol, Jodoformkollodium, Heftpflaster, Fingerlinge, Gummi- und Trikothandschuhe, Schwamm und Handtuch.

Leichenöffnung der Ort, wo die Leiche gefunden wurde, in Augenschein genommen, die Lage, in welcher sie sich befand, ermittelt und daß ihnen Gelegenheit gegeben werde, die Kleidungsstücke, welche der Verstorbene bei seinem Auffinden getragen hat, zu besichtigen.

In der Regel wird es indes genügen, daß sie ein hierauf gerichtetes Ersuchen des Richters abwarten.

Sie sind verpflichtet, auch über andere, für die Leichenöffnung und das abzugebende Gutachten erhebliche, etwa schon ermittelte Umstände sich von dem Richter Aufschluß zu erbitten.

§ 11.

In allen Fällen, in denen es zur schnellen und sicheren Entscheidung eines zweifelhaften Befundes (z. B. zur Unterscheidung von Blut und von nur blutfarbstoffhaltigen Flüssigkeiten) erforderlich ist eine mikroskopische Untersuchung vorzunehmen, ist diese sofort bei der Leichenöffnung zu veranstalten [1]).

Wenn die äußeren Umstände dies unmöglich machen, oder schwierige mikroskopische Untersuchungen, z. B. von Gewebsteilen der Leiche, nötig sind, welche sich nicht sofort ausführen lassen, so sind die betreffenden Teile so schnell als möglich einer nachträglichen Untersuchung zu unterwerfen.

In dem über die Untersuchung zu erstattenden Bericht ist die Zeit, zu welcher diese nachträgliche Untersuchung vorgenommen wurde, und die angewandte Untersuchungsmethode stets genau anzugeben.

Die Leichenöffnung zerfällt in zwei Hauptteile:

A. Äußere Besichtigung,

B. Innere Besichtigung (Sektion).

§ 12.

Bei der äußeren Besichtigung ist die äußere Beschaffenheit des Körpers im allgemeinen und die seiner einzelnen Abschnitte zu untersuchen:

Demgemäß sind, soweit die Besichtigung solches ermöglicht, zu ermitteln und anzugeben:

1. Alter, Geschlecht, Größe, Körperbau, allgemeiner Ernährungszustand, etwa vorhandene krankhafte Veränderungen oder Abnormitäten (z. B. sog. Fußgeschwüre, Narben, Mäler, Tätowierungen, Überzahl oder Mangel an Gliedmaßen),
2. die Zeichen des Todes und diejenigen der etwa schon eingetretenen Verwesung.

Zu diesem Zwecke sind zunächst etwa vorhandene Besudelungen der Leiche mit Blut, Kot, Eiter, Schmutz und dergleichen zu beschreiben und gegebenen Falles mit der Lupe oder dem Mikroskop zu untersuchen und darauf durch Abwaschen zu beseitigen. Dann wird die An- oder Abwesenheit der Muskelstarre, die allgemeine Hautfarbe der Leiche, die Art und der Grad der etwaigen Färbungen und Verfärbungen einzelner Teile durch die Verwesung, sowie die Farbe, Art, Lage und Ausdehnung der Totenflecke festgestellt, die Totenflecke sind einzuschneiden, wo eine Verwechselung mit Blutaustretungen möglich wäre.

---

[1]) Auch die Blutuntersuchung bei CO-Vergiftung, sowie die Aussaat bei Fleischvergiftung ist sofort vorzunehmen.

Für die einzelnen Teile ist folgendes festzustellen:

1. Bei Leichen unbekannter Personen die Farbe und sonstige Beschaffenheit der Haare (Kopf und Bart), sowie die Farbe der Augen,
2. das Vorhandensein von fremden Gegenständen in den natürlichen Öffnungen des Kopfes, die Beschaffenheit der Zahnreihen und die Beschaffenheit und Lage der Zunge,

   Ergießt sich Flüssigkeit aus Mund oder Nase, so ist deren Farbe und Geruch anzugeben, bei Verdacht einer Vergiftung auch die Reaktion zu prüfen.
3. Demnächst sind zu untersuchen:
   der Hals, dann die Brust, der Unterleib, die Rückenfläche, der After, die äußeren Geschlechtsteile und endlich die Glieder.

Findet sich an irgend einem Teile eine Verletzung, so ist ihre Gestalt, ihre Lage und Richtung mit Beziehung auf feste Punkte des Körpers, ferner ihre Länge und Breite in Metermaß anzugeben. Das Sondieren von Trennungen des Zusammenhanges ist bei der äußeren Besichtigung in der Regel zu vermeiden, da sich deren Tiefe bei der weiteren Untersuchung der verletzten Stellen ergibt. Halten die Gerichtsärzte die Einführung der Sonde für erforderlich, so ist dieselbe mit Vorsicht zu bewirken; die Gründe für ihr Verfahren sind im Protokoll (§ 26) besonders zu erwähnen.

Bei Wunden ist ferner die Beschaffenheit ihrer Ränder und deren Umgebung festzustellen. Die verwundeten Stellen der Haut sollen im unveränderten Teil umschnitten, ihre Umgebung unter Schonung der Hautwunde durch Flachschnitte in einzelne wie die Blätter eines Buches übereinanderliegende Schichten getrennt werden, damit man den Umfang und die Art der Verwundung der Weichteile feststellen kann, ohne das Aussehen der Hautwunde zu verändern.

Bei Schußwunden ist besonders auf Pulvereinsprengungen und Versengung von Härchen zu achten und im Zweifelfall eine mikroskopische Untersuchung der Härchen vorzunehmen. Dieses gilt auch von Fällen, in welchen zwischen Verbrühung und Verbrennung durch die Flamme zu unterscheiden ist.

In besonders wichtigen Fällen ist es empfehlenswert, die etwa vorhandenen Verletzungen oder andere bedeutungsvolle Befunde photographisch aufzunehmen oder durch eine Zeichnung wiederzugeben.

Bei Verletzungen und Beschädigungen der Leiche, die unzweifelhaft einen nicht mit dem Tode in Zusammenhang stehenden Ursprung haben, z. B. bei Merkmalen von Rettungsversuchen, Zernagung durch Tiere und dergleichen, genügt eine summarische Beschreibung dieser Befunde.

§ 13.

Behufs der inneren Besichtigung sind die drei Haupthöhlen des Körpers: Kopf-, Brust- und Bauchhöhle zu öffnen.

In allen Fällen, in welchen von der Öffnung des Wirbelkanales oder einzelner Gelenkhöhlen irgend erhebliche Befunde erwartet werden können, ist dieselbe nicht zu unterlassen.

Besteht ein bestimmter Verdacht in bezu auf die Ursacheg des Todes, so ist mit derjenigen Höhle zu beginnen, in welcher sich die hauptsächlichsten Veränderungen vermuten lassen; andernfalls ist zuerst die Kopf-, dann die Brust- und zuletzt die Bauchhöhle zu untersuchen [1]).

Zuerst ist die Lage der in jeder der bezeichneten Höhlen befindlichen Organe, sodann die Farbe und Beschaffenheit der Oberflächen und

[1]) Wegen der Neugeborenen s. §§ 22 u. 23.

ferner anzugeben, ob sich ein ungehöriger Inhalt vorfindet, namentlich fremde Körper, Gas, Flüssigkeiten oder Gerinnsel; die beiden letzterwähnten Befunde sind nach Maß oder Gewicht zu bestimmen. Endlich ist jedes einzelne Organ äußerlich und innerlich zu untersuchen. Bei anscheinenden Größenabweichungen der Organe hat ebenfalls eine Bestimmung derselben durch Messung oder Wägung zu geschehen.

§ 14.

Die Öffnung der Kopfhöhle geschieht, wenn nicht etwa Verletzungen, die soviel als möglich mit dem Messer umgangen werden müssen, ein anderes Verfahren gebieten, mittelst eines von einem Ohr zum anderen mitten über den Scheitel hin geführten Schnittes, worauf zunächst die weichen Kopfbedeckungen nach vorn und hinten abgezogen werden.

Nachdem alsdann die Beschaffenheit der Weichteile mit Einschluß der Beinhaut und nach Entfernung der Beinhaut die Oberfläche der knöchernen Schädeldecke geprüft worden ist, wird diese durch einen Sägen-Kreisschnitt getrennt, abgenommen und sowohl die Schnittfläche und die Innenfläche untersucht, als auch die sonstige Beschaffenheit des Schädeldaches festgestellt.

Hierauf wird die äußere Oberfläche der harten Hirnhaut untersucht, der obere lange Blutleiter geöffnet und sein Inhalt bestimmt, sodann die harte Hirnhaut zuerst auf einer Seite getrennt, zurückgeschlagen und sowohl die innere Oberfläche derselben, als auch die Beschaffenheit der vorliegenden Abschnitte der weichen Hirnhaut untersucht.

Nachdem dasselbe auch auf der anderen Seite geschehen und der Sichelfortsatz an seiner vorderen Ansatzstelle abgetrennt worden ist, wird die harte Hirnhaut nach hinten zurückgeschlagen, wobei das Verhalten der in den Längsblutleiter einmündenden Blutadern vor ihrer Durchtrennung zu beachten ist. Nunmehr wird das Gehirn kunstgerecht herausgenommen, wobei sofort auf die Anwesenheit eines ungehörigen Inhalts am Schädelgrunde zu achten ist. Es wird nun zunächst die Beschaffenheit der weichen Hirnhaut am Grunde und den Seitenteilen, insbesondere auch in den Seitenspalten (Sylvischen Spalten oder Gruben) ermittelt, auch das Verhalten der größeren Schlagadern, welche aufzuschneiden sind, sowie der Nerven festgestellt.

Nunmehr wird die Größe und Gestalt des Gehirns im ganzen wie seiner einzelnen Abschnitte und Windungen beachtet und durch eine Reihe geordneter Schnitte die Untersuchung der einzelnen Hirnteile, namentlich der Großhirnhemisphären, der großen Ganglien (Seh- und Streifenhügel nebst Linsenkern), der Vierhügel, des Kleinhirns, der Brücke und des verlängerten Markes vorgenommen, wobei namentlich die Farbe, die Füllung der Gefäße, die Konsistenz und die Struktur festzustellen sind.

Die Ausdehnung und der Inhalt der einzelnen Hirnhöhlen, sowie die Beschaffenheit und Gefäßfüllung der oberen Gefäßplatte sowie der verschiedenen Adergeflechte sind bei den einzelnen Abschnitten besonders ins Auge zu fassen, auch das Vorhandensein etwaiger Blutgerinnsel außerhalb der Gefäße zu ermitteln.

Den Schluß macht die Untersuchung der harten Hirnhaut des Schädelgrundes, die Eröffnung und Untersuchung der queren, und, falls ein Grund dazu vorliegt, der übrigen Blutleiter und ihres Inhalts und endlich nach Entfernung der harten Hirnhaut die Untersuchung der Knochen des Grundes und der Seitenteile des Schädels.

§ 15.

Wo es nötig wird, die Öffnung der inneren Teile des Gesichtes, die Untersuchung der Ohrspeicheldrüse, des Gehörorgans und der Nasen-Rachenhöhle vorzunehmen, ist in der Regel der über den Kopf geführte Schnitt jederseits hinter dem Ohre in einem nach hinten gewölbten Bogen bis zum oberen Rande des Brustbeins zu verlängern und von hier aus die Haut nach vorne und oben hin abzupräparieren. Der spätere Eröffnungsschnitt für Brust- und Bauchhöhle (§ 17) beginnt dann nicht am Kinn, sondern an der Vereinigungsstelle beider Halsschnitte am oberen Rande des Brustbeins.

Die Untersuchung des inneren Ohres, insbesondere der Paukenhöhle geschieht am einfachsten, indem man mit einigen Meißelschlägen die seitliche Hälfte der Kuppe des Felsenbeins entfernt; man kann aber auch das ganze Felsenbein mit einem Teil der Schläfenschuppe heraussägen und die Paukenhöhle durch einen von dem hinteren Rande des äußeren nach dem vorderen (inneren) Rande des inneren Gehörganges gerichteten senkrechten Sägeschnitt eröffnen.

Die Nasenhöhle mit ihren Nebenhöhlen kann am einfachsten der Untersuchung zugängig gemacht werden, indem man die knöcherne Schädelgrundfläche im Pfeildurchmesser durchsägt und dann die beiden Hälften auseinander biegt. es kann aber auch ein Stück der Schädelgrundfläche mit der Nasenscheidewand, den Muscheln usw. kunstgerecht herausgesägt werden.

Kommt die innere Untersuchung eines Auges in Frage, so kann man den Augapfel im ganzen aus der Augenhöhle von vorn her entfernen und durch einen Äquatorialschnitt eröffnen; doch genügt es in der Regel von der Schädelhöhle her nach Entfernung der knöchernen Augenhöhlendecke nur die hintere Hälfte des Augapfels zu entfernen.

§ 16.

Die Öffnung des Wirbelkanals (§ 13 Abs. 2), welche sowohl vor wie nach der Untersuchung der Schädelhöhle vorgenommen werden kann, erfolgt in der Regel von der Rückseite her. Es wird zunächst die Haut und das Unterhautfett gerade über den Dornfortsätzen durchschnitten; sodann wird zu den Seiten der letzteren und der Bogenstücke die Muskulatur abpräpariert. Dabei ist auf Blutaustretungen, Zerreißungen und sonstige Veränderungen, namentlich auf Brüche der Knochen, sorgfältig zu achten.

Sodann wird mittelst des Meißels, oder mit einer Wirbelsäge (Rhachiotom) der Länge nach aus allen Wirbeln der Dornfortsatz mit dem nächstanstoßenden Teile des Bogenstücks abgetrennt und herausgenommen. Nachdem die äußere Fläche der nun vorliegenden harten Haut geprüft ist, wird der Sack derselben durch einen Längsschnitt vorsichtig geöffnet und dabei sofort ein ungehöriger Inhalt, namentlich Flüssigkeit oder ausgetretenes Blut, festgestellt, auch Farbe, Aussehen und sonstige Beschaffenheit des hinteren Abschnittes der weichen Haut und des Rückenmarkes sowie durch sanftes Herübergleiten des Fingers über das Rückenmark der Grad des Widerstandes desselben ermittelt.

Nunmehr faßt man die harte Rückenmarkshaut unterhalb des Rückenmarksendes, schneidet sie quer durch und hebt sie mitsamt dem Rückenmark aus dem Wirbelkanal heraus, indem man die abgehenden Nerven an der äußeren Seite der harten Haut durchschneidet; dabei ist darauf zu achten, ob zwischen harter Haut und Wirbelsäule Blutergüsse oder sonstige fremde Körper vorhanden sind. In der Nähe des großen Hinterhauptloches wird die harte Haut wieder quer durchtrennt und, falls die Sektion des Gehirns schon vorgenommen worden war, das obere Ende des Rückenmarkes aus dem großen Hinterhauptloche hervorgezogen. im anderen Falle das Rückenmark selbst mit der harten Haut quer durchschnitten.

Bei allen diesen Tätigkeiten ist besonders darauf zu achten, daß das Rückenmark weder gedrückt noch geknickt wird. Ist es herausgenommen, so wird zunächst die Beschaffenheit der äußeren und, nach ihrer Durchtrennung in der Längsrichtung, diejenige der inneren Seite der harten Haut an der Vorderseite, desgleichen diejenige der weichen Haut geprüft, nächstdem die Größe und Farbe des Rückenmarks nach der äußeren Erscheinung angegeben und endlich durch eine größere Reihe von Querschnitten, die mit einem ganz scharfen und dünnen Messer zu führen sind, die innere Beschaffenheit des Rückenmarkes und zwar sowohl der weißen Stränge als der grauen Substanz dargelegt.

Schließlich wird die Wandung des Wirbelkanals daraufhin besichtigt, ob Verletzungen oder krankhafte Veränderungen an den Knochen, besonders den Wirbelkörpern oder an den Zwischenwirbelscheiben vorhanden sind. Finden sich solche, so ist der betreffende Teil der Wirbelsäule nach der Sektion der Brust- und Bauchhöhle herauszunehmen und in der Regel in der Richtung des Pfeildurchmessers zu durchsägen, um die Knochenveränderungen nach Art, Ausdehnung usw. genauer untersuchen zu können.

§ 17.

Die Öffnung des Halses, der Brust- und Bauchhöhle wird, wenn nicht nach der im § 15, Abs. 1 angegebenen Methode verfahren wurde, was für alle Fälle zulässig ist, in der Regel eingeleitet durch einen einzigen langen, vom Kinn bis zur Schambeinfuge und zwar links vom Nabel geführten Schnitt. Dieser Schnitt darf am Unterleibe nicht sogleich bis in die Bauchhöhle geführt werden, sondern soll nur in das Unterhautgewebe eindringen, dessen Bau und Dicke zu beachten ist. Man kann nun entweder die Bauchhaut im Unterhautgewebe nach den Seiten sowie nach oben bis zum Rippenrand ablösen und am Brustkorbe die Ablösung mit Einschluß der Brustmuskeln bis über die Knochenknorpelgrenze der Rippen hinaus fortsetzen, um dann erst die übrigen Bauchwandungen durch einen Kreuzschnitt zu zertrennen, wodurch man eine sehr breite Eröffnung der Bauchhöhle erreicht, oder man läßt die Bauchhaut mit den Muskeln im Zusammenhange, eröffnet die Bauchhöhle nur durch einen dem Hautschnitt entsprechenden Längsschnitt und löst dann ebenfalls die weichen Bedeckungen des Brustkorbes ab, nachdem man die Bauchmuskeln längs des Rippenrandes bis auf die Rippen durchtrennt hat. Am besten löst man dabei auch schon die Haut des Halses samt dem Hautmuskel bis an den Kieferwinkel ab.

Die Eröffnung der Bauchhöhle geschieht am besten in der Art, daß zuerst nur ein ganz kleiner Einschnitt in das Bauchfell gemacht wird. Bei dem Einschneiden ist darauf zu achten, ob Gas oder Flüssigkeit austritt. Es wird dann zuerst ein, sodann noch ein Finger eingeführt, vermittelst derselben die Bauchdecke von den Eingeweiden abgezogen und zwischen beiden Fingern der Schnitt durch das Bauchfell fortgesetzt.

Nach der vollständigen Eröffnung der Bauchhöhle ist sofort die Lage, die Farbe und das sonstige Aussehen der vorliegenden Eingeweide, sowie ein etwa vorhandener ungehöriger Inhalt anzugeben, auch durch Zufühlen mit der Hand der Stand wie das sonstige Verhalten des Zwerchfelles zu bestimmen.

Die Untersuchung der Organe der Bauchhöhle wird nur dann sofort angeschlossen, wenn die Vermutung besteht, es sei die Todesursache an den Organen der Bauchhöhle zu finden (§ 13, Abs. 3). Für gewöhnlich hat die Untersuchung der Brusthöhle der weiteren Erforschung der Bauchhöhle voraufzugehen.

§ 18.

Bei dem Ablösen der Weichteile der Brust (s. § 17) ist auf das Verhalten der Muskeln und bei Frauen auf dasjenige der Milchdrüse, welche von hintenher eingeschnitten wird, zu achten.

Zur Eröffnung der Brusthöhle werden die Rippenknorpel um wenige Millimeter nach innen von ihren Ansatzstellen an die Rippen mit einem starken Knorpelmesser durchschnitten. Dasselbe ist so zu führen, daß das Eindringen der Spitze in die Lunge oder das Herz vermieden wird.

Bei Verknöcherung der Knorpel ist es vorzuziehen, die Rippen selbst etwas nach außen von den Ansatzstellen der Knorpel mit einer Säge oder einer Knochenschere zu durchtrennen.

In jedem Falle wird dabei jederseits die Brustfellhöhle eröffnet, deren Zustand (ob leer oder verwachsen, ob mit abnormem Inhalt und welchem versehen) bereits jetzt für die vorderen Abschnitte festgestellt werden sollte.

Wenn die Möglichkeit einer Gas- (Luft-) Anhäufung in dem Brustfellsack vorliegt, insbesondere wenn die Weichteile der Zwischenrippenräume vorgewölbt erscheinen, ist zunächst, bevor die Rippen durchschnitten werden, nur ein kleiner Einschnitt in das Brustfell, oder es sind nacheinander in verschiedenen Zwischenrippenräumen mehrere kleine Einschnitte zu machen, wobei auf etwa herausströmendes Gas besonders zu achten ist.

Sodann wird jederseits das Schlüsselbein vom Handgriffe des Brustbeins durch halbmondförmig geführte vertikale Schnitte im Gelenk getrennt und die erste Rippe, sei es im Knorpel, sei es im Knochen, mit Messer oder Knochenschere durchschnitten, wobei die größte Vorsicht anzuwenden ist, daß nicht die dicht darunter liegenden Gefäße verletzt werden. Alsdann wird das Zwerchfell, soweit es zwischen den Endpunkten der genannten Schnittlinien angeheftet ist, dicht an den Rippenknorpeln und dem Schwertfortsatz abgetrennt, das Brustbein nach aufwärts geschlagen und das Mittelfell mit sorgsamer Vermeidung jeder Verletzung des Herzbeutels und der großen Gefäße durchschnitten.

Nachdem das Brustbein entfernt ist, wird zunächst der Zustand der Brustfellsäcke, namentlich ein ungehöriger Inhalt derselben nach Menge und nach Beschaffenheit, sowie der Ausdehnungszustand und das Aussehen der vorliegenden Lungenteile festgestellt. Hat bei der Entfernung des Brustbeins eine Verletzung von Gefäßen stattgefunden, so ist sofort eine Unterbindung oder wenigstens ein Abschluß derselben durch einen Schwamm vorzunehmen, damit das ausfließende Blut nicht in die Brustfellsäcke trete und später das Urteil störe. Die Zustände des Mittelfelles, insbesondere das Verhalten der darin vorhandenen Brust- und Thymusdrüse werden schon hier ermittelt.

Nächstdem wird der Herzbeutel geöffnet und untersucht und das Herz selbst geprüft. Bei letzterem ist Größe, Gestalt, Füllung der Kranzgefäße und der einzelnen Abschnitte (Vorhöfe und Kammern), Farbe und Konsistenz (Leichenstarre) zu bestimmen, bevor irgend ein Schnitt in das Herz gemacht oder gar dasselbe aus dem Körper entfernt wird. Sodann ist, während das Herz noch in seinem natürlichen Zusammenhange sich befindet, jede Kammer und jeder Vorhof einzeln zu öffnen und der Inhalt jedes einzelnen Abschnittes nach Menge, Gerinnungszustand und Aussehen zu bestimmen, auch die Weite der Vorhofkammeröffnung durch vorsichtige Einführung zweier Finger vom Vorhof aus zu erproben. Bei Vergrößerung, besonders einseitiger, des Herzens kann zuerst ein horizontaler Schnitt durch die Mitte beider Herzkammern gelegt werden, der bis an das Herzfell der Rückseite reicht.

Nunmehr kann man entweder das Herz herausschneiden und weiter untersuchen, darauf die Lungen und endlich die Halsorgane nebst Speiseröhre und Brustschlagader vornehmen, oder man beginnt in der später anzugebenden Weise mit der Untersuchung der Halsorgane, nimmt dann diese im Zusammenhange mit sämtlichen Brustorganen heraus und trennt nun erst je nach Bedürfnis die einzelnen Organe ab, um sie weiter zu untersuchen, oder man nimmt die weitere Untersuchung vor, ohne den Zusammenhang der Teile aufzuheben.

Hat man das Herz abgetrennt, so kann man die Schlußfähigkeit der Schlagaderklappen durch Aufgießen von Wasser prüfen, doch muß man dabei sehr vorsichtig zu Werke gehen, um nicht Täuschungen zu unterliegen. In jedem Falle müssen die Schlagadermündungen aufgeschnitten und der Zustand ihrer Klappen ebenso wie derjenige der Vorhofkammerklappen geprüft werden. Es folgt die Feststellung der Beschaffenheit des Herzfleisches nach Größe (Dicke), Farbe und Aussehen; entsteht dabei die Vermutung, daß Veränderungen des Muskelgewebes, z. B. Fettentartung desselben, in größerer Ausdehnung vorhanden seien, so ist jedesmal eine mikroskopische Untersuchung zu veranstalten.

Besondere Aufmerksamkeit ist den Kranzgefäßen zu schenken, welche zu eröffnen und in bezug auf Lichtung und Wandbeschaffenheit zu untersuchen sind.

An die Untersuchung des Herzens schließt sich die der größeren Gefäße, mit einziger Ausnahme der absteigenden Aorta, welche erst nach den Lungen zu prüfen ist.

Bei plötzlichen Todesfällen empfiehlt es sich, vor der Herausnahme des Herzens die Lungenschlagader von der rechten Kammer aus zu eröffnen, um auf etwaige Verstopfungen derselben (durch Embolie) zu fahnden.

Die genauere Untersuchung der L u n g e n setzt ihre Herausnahme aus der Brusthöhle voraus. Dabei ist jedoch mit großer Vorsicht zu verfahren und jede Zerreißung oder Zerdrückung des Gewebes zu vermeiden. Sind ausgedehntere, namentlich ältere Verwachsungen vorhanden, so sind dieselben nicht zu trennen, sondern es ist an dieser Stelle das Rippenbrustfell mit zu entfernen. Nachdem die Lungen herausgenommen sind, wird noch einmal sorgsam ihre Oberfläche betrachtet, um namentlich frischere Veränderungen, z. B. die Anfänge entzündlicher Ausschwitzung, nicht zu übersehen. Sodann werden Luftgehalt, Farbe und Konsistenz der einzelnen Lungenabschnitte angegeben, endlich große glatte Einschnitte gemacht und die Beschaffenheit der Schnittflächen, der Luft-, Blut- und Flüssigkeitsgehalt, der etwaige feste Inhalt der Lungenbläschen, der Zustand der Bronchien und Lungenarterien, letzterer namentlich mit Rücksicht auf eingetretene Verstopfungen usw. festgestellt. Zu diesem Zwecke sind die Luftwege und die größeren Lungengefäße mit der Schere aufzuschneiden und bis in ihre feinsten Verästelungen zu verfolgen.

Wo der Verdacht vorliegt, daß fremde Massen in die Luftwege hineingelangt sind, und wo Stoffe in den Luftwegen gefunden werden, deren Natur durch ihre groben Merkmale nicht sicher angezeigt wird, ist eine mikroskopische Untersuchung zu veranstalten. Ebenso sind, wo der Verdacht einer Fettembolie vorliegt, alsbald Schnitte des Lungengewebes daraufhin mikroskopisch zu durchmustern, um ein Urteil über das Vorhandensein und gegebenen Falles den Umfang der Embolie zu gewinnen.

§ 19.

Die Untersuchung des Halses kann, wie erwähnt, je nach der Eigentümlichkeit des Falles nach derjenigen der Brustorgane oder in Verbindung mit derselben vorgenommen werden. In der Regel empfiehlt es sich, die großen Gefäße und die Nervenstämme in ihrer natürlichen Lage zu untersuchen, was insbesondere bei Erhängten oder bei dem Verdacht des Erwürgungstodes geboten ist, um zu ermitteln, ob die inneren Häute der Halsschlagadern verletzt sind oder nicht. In diesen Fällen sind vorher etwaige Veränderungen an den vorderen Halsmuskeln festzustellen, auch ist dabei die Ablösung der Haut des Halses in besonders vorsichtiger Weise zu bewirken, damit eine Verwechselung zwischen den während des Lebens entstandenen Rissen in den Halsmuskeln und den bei der Sektion etwa bewirkten Verletzungen derselben ausgeschlossen werden kann.

Wenn, wie bei Ertrunkenen, auf den Inhalt der Luftwege besonderer Wert zu legen ist, werden stets der Kehlkopf und die Luftröhre vor Herausnahme der Lungen in ihrer natürlichen Lage durch einen Schnitt von vornher eröffnet, welcher in die größeren Luftröhrenäste fortzusetzen ist. Dabei ist zugleich ein vorsichtiger Druck auf die Lungen auszuüben, um zu sehen, ob und welche Flüssigkeiten usw. dabei in die Luftröhre aufsteigen. Für gewöhnlich, insbesondere in Fällen, wo Verletzungen des Kehlkopfs und der Luftröhre stattgefunden haben, oder wichtige Veränderungen ihres Gewebes vermutet werden, findet die Öffnung der Luftwege erst nach ihrer Herausnahme von der hinteren Seite her statt.

Die Luftwege werden im Zusammenhange mit der Zunge, dem weichen Gaumen, dem Schlunde, der Speiseröhre und der Hauptschlagader herausgenommen; die schleimhäutigen Kanäle werden von hinten her aufgeschnitten und namentlich auf die Zustände ihrer Schleimhäute untersucht, doch müssen auch die übrigen Bestandteile der Wand, insbesondere die Knorpel des Kehlkopfes ebenso wie das Zungenbein (besonders etwa vorhandene Verletzungen) beachtet werden.

Die Mandeln und Speicheldrüsen, die Schilddrüse sowie die Lymphdrüsen des Halses sind zu betrachten und einzuschneiden. Die Hauptschlagader wird an ihrer vorderen Seite aufgeschnitten.

Wenn Herz und Lungen schon vor der Untersuchung der Halsorgane entfernt worden waren, ist besonders darauf zu achten, daß von den Luftröhren und der Speiseröhre nichts in der Brusthöhle zurückbleibt.

Erscheint es wünschenswert, den Zusammenhang von Speiseröhre und Magen oder von Brust- und Bauchschlagader nicht zu zerstören, so löst man diese Teile, soweit sie oberhalb des Zwerchfells liegen, nur von der Wirbelsäule los, trennt sie aber über dem Zwerchfell nicht ab, sondern legt sie nach vorgenommener Untersuchung in die Brusthöhle zurück, bis die entsprechenden Bauchhöhlenorgane zur Sektion gelangen.

Falls der Zustand des Rachens von wesentlicher Bedeutung ist, wie bei der Erstickung durch Fremdkörper, ist es ratsam, statt des einen Mittelschnittes durch die Halshaut die vorher (§ 15) angegebenen Seitenschnitte auszuführen; nach Abtrennung der Weichteile, besonders der Zunge, vom Unterkiefer wird dadurch in der Regel eine genügende Übersicht des Schlundes und Kehlkopfeinganges zu gewinnen sein; eine noch freiere Übersicht erhält man, wenn man den Unterkiefer aus seinen Gelenken löst und mitsamt den Hautlappen nach oben (auf das Gesicht) zurückschlägt.

Es ist auch zulässig, den Hautschnitt über das Kinn durch die Unterlippe nach oben zu verlängern, die Haut beiderseits bis zu den Kieferwinkeln abzulösen, diese zu durchsägen und das losgelöste Mittelstück des Unterkiefers als Handhabe zu benutzen, um leichter und freier den Schlund übersehen und entfernen zu können.

Wenn eine Verengerung der Luftröhre durch Druck seitens benachbarter Teile, z. B. einer übergroßen Thymusdrüse anzunehmen ist, empfiehlt es sich, schon vor der Eröffnung der Brusthöhle oder doch sofort nach Entfernung des Brustbeins die Luftröhre in ihrer natürlichen Lage quer zu durchschneiden, um durch Einblick in die Lichtung nach oben und unten eine etwa vorhandene Verengerung sicherer zu erkennen.

Nach Entfernung der Hals- und Brustorgane ist zum Schluß der Zustand der tiefen Halsmuskulatur sowie der Hals- und Brustwirbelsäule zu berücksichtigen. Veränderte Abschnitte der Wirbelsäule werden am besten erst nach Beendigung der Bauchsektion herausgenommen und nach § 16, Schlußsatz weiter behandelt.

§ 20.

Die weitere Untersuchung der Bauchhöhle und ihrer Organe (§ 17) geschieht stets in einer solchen Reihenfolge, daß durch die Herausnahme des einen Organs die genauere Erforschung seiner Verbindungen mit einem anderen nicht beeinträchtigt wird. So hat die Untersuchung des Zwölffingerdarms und des Gallenganges der Herausnahme der Leber voranzugehen. In der Regel empfiehlt sich nachstehende Reihenfolge: 1. Bauchfell der Bauchwand und Netz, 2. Milz, 3. Nieren und Nebennieren, 4. Harnblase, 5. Geschlechtsteile (beim Manne Vorsteherdrüse und Samenbläschen, Hoden, Rute mit der Harnröhre; beim Weibe Eierstöcke, Trompeten, Gebärmutter und Scheide), 6. Mastdarm, 7. Zwölffingerdarm und Magen, 8. Gallengang, 9. Leber, 10. Bauchspeicheldrüse, 11. Gekröse, 12. Dünndarm, 13. Dickdarm, 14. die großen Blutgefäße vor der Wirbelsäule nebst den sie begleitenden Lymphdrüsen, 15. die Muskeln und Knochen der Wirbelsäule und des Beckens.

Doch kann auch mitunter, um Raum zu gewinnen, alsbald nach der Milz, Dünn- und Dickdarm von dem vorher zu untersuchenden Gekröse abgelöst und herausgenommen werden. In diesem Falle ist eine Unterbindung des Darmes oben und unten zweckmäßig.

Wenn besondere Gründe dazu vorliegen, ist es gestattet, sämtliche Organe der Bauchhöhle oder einen Teil derselben im Zusammenhang herauszunehmen und erst dann die einzelnen Teile in ihrem natürlichen Zusammenhang oder nach ihrer Entfernung weiter zu untersuchen.

Die Milz wird jedesmal in bezug auf Länge, Breite und Dicke und zwar in liegender Stellung (nicht in der Hand) und ohne daß der Maßstab angedrückt wird, gemessen, sodann der Länge nach und falls sich veränderte Stellen zeigen, in mehreren Richtungen durchschnitten. Jedesmal ist eine Beschreibung ihres Blutgehaltes zu geben.

Nieren und Nebennieren werden in der Art herausgenommen, daß ein vertikaler Längsschnitt durch das Bauchfell nach außen von dem auf- oder absteigenden Dickdarm gemacht, letzterer zurückgeschoben und die Niere nebst Nebenniere ausgelöst wird. Dabei ist auf das Verhalten des Harnleiters zu achten, welcher, wenn er nichts Abweichendes zeigt, zu durchschneiden, aber im Zusammenhange mit den Beckenorganen zu lassen ist, sobald an ihm eine Veränderung wahrgenommen wird. Die weitere Sektion der Niere kann dann verbleiben, bis die Beckenorgane heraus genommen worden sind, sie kann aber auch sofort wie bei der frei herausgeschnittenen Niere vorgenommen werden. Die Nebennieren werden auf einem mitten über ihre Flachseite geführten Schnitt untersucht, bei den Nieren wird zunächst durch einen über den konvexen Rand geführten Längsschnitt die Kapsel eingeschnitten und vorsichtig abgezogen, worauf die freigelegte Oberfläche in bezug auf Größe, Gestalt, Farbe, Blutgehalt, krankhafte Zustände beschrieben wird. Dann wird ein Längsschnitt durch die ganze Niere bis zum Becken geführt, die Schnittfläche in Wasser abgespült und beschrieben, wobei Mark und Rindensubstanz, Gefäße und Parenchym zu berücksichtigen sind. Vom Nierenbecken aus wird der Harnleiter bei erhaltenem Zusammenhange bis zu seiner Eintrittsstelle in die Blasenwand mit einer Schere aufgeschlitzt.

Die Beckenorgane (Harnblase, Mastdarm und die damit im Zusammenhange stehenden Geschlechtsteile) werden, nachdem die Harnblase in ihrer natürlichen Lage geöffnet und ihr Inhalt bestimmt ist, auch die Lage, die Größe, sowie die gegenseitigen Beziehungen der übrigen Beckenorgane beachtet worden sind, am besten im Zusammenhange herausgeschnitten und dann erst der weiteren Untersuchung unterzogen, bei welcher die Geschlechtsteile zuletzt zur Betrachtung und Öffnung gelangen. Dabei hat die Untersuchung der Eierstöcke, vor allem wegen der Wichtigkeit etwa vorhandener gelber Körper, derjenigen der übrigen weiblichen Geschlechtsteile, die Öffnung der Scheide derjenigen der Gebärmutter vorherzugehen. Bei Wöchnerinnen ist den venösen und lymphatischen Gefäßen sowohl an der inneren Oberfläche der Gebärmutter, als auch in der Wand und in den Anhängen besondere Aufmerksamkeit zu schenken, namentlich ist ihre Weite und ihr Inhalt festzustellen. Die Hoden werden am besten an dem Samenstrang durch den Leistenkanal in die Bauchhöhle gezogen und nach Eröffnung der Scheidenhöhle vom freien Rande gegen den Nebenhoden hin durchgeschnitten; der Schnitt wird sofort durch den Nebenhoden hindurchgeführt.

Magen und Zwölffingerdarm werden, nachdem ihr Zustand äußerlich ermittelt worden ist, in ihrer natürlichen Lage, und zwar der Zwölffingerdarm an seiner vorderen Seite, der Magen an der großen Krümmung mit einer Schere aufgeschnitten und zunächst einer genauen Prüfung ihres Inhalts unterzogen. Hierauf wird die Beschaffenheit des Zwölffingerdarms sowie die Durchgängigkeit und der Inhalt des Mündungsteiles des Gallenganges untersucht, der Gallengang bis zur Leberpforte aufgeschlitzt, die Pfortader freigelegt und auf ihren Inhalt geprüft, und nun erst der Magen behufs weiterer Untersuchung herausgeschnitten.

Die Leber wird zuerst äußerlich in ihrer natürlichen Lage beschrieben und dann herausgeschnitten. Durch einen oder nach Bedürfnis mehrere lange, quer durch das Organ (gleichzeitig durch den linken und rechten Lappen) gelegte glatte Schnitte wird der Blutgehalt und das Verhalten des Gewebes festgestellt. Bei der Beschreibung ist stets eine kurze Mitteilung über das allgemeine Verhalten der Leberläppchen, namentlich über das Verhalten der inneren und äußeren Abschnitte derselben zu geben. Den Beschluß der Leberuntersuchung macht die Eröffnung und Untersuchung der Gallenblase.

Die Bauchspeicheldrüse kann in ihrer natürlichen Lage belassen und nur durch einen Längsschnitt gespalten werden, von welchem aus ihr Ausführungsgang eröffnet werden kann; sind wesentliche Veränderungen von außen zu bemerken, so wird sie mitsamt dem absteigenden Teil des Zwölffingerdarms herausgeschnitten und dann erst genauer untersucht.

Der Untersuchung des Darmkanals hat stets diejenige des Gekröses mit seinen Lymphdrüsen, Lymph- (Chylus-) und Blutgefäßen vorauszugehen. Wo sich Veränderungen an Lymphdrüsen oder -Gefäßen finden, da ist stets der entsprechende Teil des Darmes zunächst äußerlich, bei vorhandenen Veränderungen auch sofort (nach Eröffnung dieses Teils) der

Zustand der Schleimhaut genau zu untersuchen. Die gewöhnliche Untersuchung des Darmkanals beginnt mit der äußeren Betrachtung seiner einzelnen Abschnitte in bezug auf Ausdehnung, Farbe und sonstige Beschaffenheit und kann weiterhin in verschiedener Weise vorgenommen werden. Entweder wird der Darm im Zusammenhange mit dem Gekröse gelassen und am Dünndarm längs der Ansatzstelle des Gekröses, am Dickdarm im Verlauf eines Längsbandes aufgeschnitten, oder er wird, was reinlicher ist, uneröffnet hart am Gekröse abgeschnitten, so daß er in gerader Linie ausgestreckt werden kann, und nun ebenfalls an den oben angegebenen Stellen mit der Darmschere aufgeschnitten. Schon während des Aufschlitzens wird der Inhalt der einzelnen Abschnitte betrachtet und bestimmt. Sodann wird das Ganze gereinigt und der Zustand der einzelnen Abschnitte und zwar im Dünndarm mit besonderer Rücksicht auf die Peyerschen Drüsenhaufen, die Einzelknötchen, die Zotten und Falten bestimmt.

Mindestens in jedem Falle von Bauchfellentzündung ist der Wurmfortsatz genau zu untersuchen.

Nachdem die großen Gefäße und die sie begleitenden Lymphdrüsen untersucht worden sind, macht die Betrachtung der Bauch- und Beckenmuskulatur sowie die Untersuchung der Wirbelsäule und Beckenknochen den Beschluß der Bauchhöhlensektion. Veränderte Knochenabschnitte können jetzt herausgenommen und an Sägeschnitten weiter untersucht werden (vgl. § 16 Schluß).

§ 21.

Bei Verdacht einer Vergiftung vom Munde aus beginnt die innere Besichtigung mit der Bauchhöhle, wenn nicht ein bestimmter Verdacht auf Vergiftung mit Blausäure oder deren Verbindungen es empfehlenswert macht, die Öffnung der Kopfhöhle vorauszuschicken, bei der der charakteristische Geruch in größerer Reinheit hervortritt. In der Bauchhöhle ist vor jedem weiteren Eingriff die äußere Beschaffenheit der oberen Baucheingeweide, ihre Lage und Ausdehnung, die Füllung der Gefäße und der Geruch zu ermitteln. Hier wie bei anderen wichtigen Organen ist stets festzustellen, ob auch die kleineren Verzweigungen der Schlag- und Blutadern oder nur Stämme und Stämmchen bis zu einer gewissen Größe gefüllt sind und ob die Ausdehnung der Gefäßlichtung eine beträchtliche ist oder nicht.

Besonders genau ist der Magen zu besichtigen und festzustellen, ob dessen Wand unversehrt ist oder ob sie zu zerreißen droht oder gar schon zerrissen ist.

Im ersten Falle findet die Sektion der Brusthöhle in der üblichen Weise statt, jedoch wird das Blut des Herzens samt dem aus den großen Gefäßen entnommenen in ein reines Gefäß von Porzellan oder Glas (A) gebracht; in ein zweites Gefäß (B) legt man Stücke der Lunge und des Herzens. Endlich werden die Halsorgane in der § 19 Abs. 6 beschriebenen Weise nur frei gemacht, jedoch nicht durchtrennt; die Speiseröhre aber wird, um ein Ausfließen des Mageninhaltes zu verhindern, oberhalb des Zwerchfells unterbunden.

Dann wird in der allgemein üblichen Weise Netz und Milz untersucht und von dieser ein Stück ebenfalls in das Gefäß B gebracht. Nach Ablösung und Zurücklegung des Querdarms und doppelter Unterbindung des Zwölffingerdarms im oberen Drittel wird dieser zwischen beiden Unterbindungen durchschnitten und der Magen im Zusammenhange mit den Halsorganen unter Durchtrennung der Aorta oberhalb des Zwerchfells sowie des Zwerchfells selbst herausgenommen. Magen und Halsteile werden auf einer passenden Unterlage ausgebreitet, der Magen an der großen Krümmung bis in die Speiseröhre und diese in ihrem ganzen Verlauf durchtrennt. Es wird jetzt der Inhalt des Magens nach Menge, Farbe, Zusammensetzung, Reaktion und Geruch bestimmt und in ein drittes Gefäß (C) gegeben und nunmehr die Schleimhaut von Zunge, Rachen, Speiseröhre und Magen auf Dicke, Farbe, Oberfläche und Zusammenhang untersucht. Bei dieser Untersuchung ist sowohl dem Zustande der Blutgefäße als auch dem Gefüge der Schleimhaut selbst besondere Aufmerksamkeit zuzuwenden, namentlich ist festzustellen, ob das vorhandene Blut in Gefäßen enthalten oder aus den Gefäßen ausgetreten ist, ob es frisch oder durch Fäulnis oder Erweichung verändert und in diesem Zustande in benachbarte Gewebe eingedrungen ist. Ist Blut ausgetreten, so ist festzustellen, ob es auf der Oberfläche oder im Gewebe liegt, ob es geronnen ist oder nicht. Endlich ist besondere Sorgfalt zu verwenden auf die Untersuchung des Zusammenhangs der Oberfläche namentlich darauf, ob Substanzverluste, Abschürfungen, Geschwüre vorhanden sind. Die Frage, ob gewisse Veränderungen möglicherweise durch den natürlichen Gang der Zersetzung nach dem Tode namentlich unter Einwirkung gärenden Mageninhalts zustande gekommen sind, ist stets im Auge zu behalten. Ergibt die Betrachtung mit bloßem Auge, daß die Magenschleimhaut durch besondere Trübung und Schwellung ausgezeichnet ist, so ist jedesmal und zwar möglichst bald eine mikroskopische Untersuchung der Schleimhaut, namentlich mit bezug auf das Verhalten der Labdrüsen zu veranstalten. Im Mageninhalt gefundene verdächtige Körper, z. B. Bestandteile von Blättern oder sonstige Pflanzenteile oder Reste von tierischer Nahrung sind einer mikroskopischen Untersuchung zu unterwerfen.

Nachdem nun noch die übrigen Halsorgane in der erforderlichen Weise untersucht und dann abgetrennt worden sind, werden der Magen und die Speiseröhre in das Gefäß (C) zu dem Mageninhalt gelegt.

Hat sich bei der äußeren Betrachtung der Bauchhöhle ergeben, daß die Magenwand sehr erweicht ist, so daß sie zu zerreißen droht, so ist der Inhalt des Magens und des Zwölffingerdarms aus einem Einschnitt an der großen Krümmung aufzufangen und in gleicher Weise zu untersuchen und zu verwahren; es wird dann der Zwölffingerdarm ebenfalls in seinem oberen Drittel unterbunden und danach mit der Sektion fortgefahren wie in den oben erwähnten, die Regel bildenden Fällen.

Ist der Mageninhalt infolge Durchlöcherung des Magens ganz oder zum Teil schon in die Bauchhöhle geflossen, so ist er aus dieser und dem Magen alsbald sorgfältig auszuschöpfen, in der angegebenen Weise zu untersuchen, worauf die Unterbindung des Zwölffingerdarmes und die weitere Sektion in der eben geschilderten Weise erfolgt.

Danach wird der Dickdarm an seinem unteren Ende doppelt unterbunden, zwischen beiden Fäden durchschnitten und dann Dickdarm, Dünndarm sowie Zwölffingerdarm herausgenommen. Die Därme werden gleichfalls auf einer passenden Unterlage ausgebreitet, aufgeschnitten und untersucht, Därme und Darminhalt kommen dann ebenfalls in das Gefäß C; nur bei Vorhandensein sehr reichlicher Kotmassen ist die Aufbewahrung des Dickdarms samt Inhalt in einem eigenen Gefäß (C 2) geboten.

Dann folgt die Untersuchung der Nieren, die in ein besonderes Gefäß (D) zu geben sind, nachdem erforderlichenfalls von ihnen ebenso wie von anderen Organen Stücke zur sofortigen oder späteren mikroskopischen Untersuchung zurückbehalten worden sind. Falls Verdacht auf eine nach dem Tode erfolgte Gifteinfuhr vorliegt, sind linke und rechte Niere in besonderen Gefäßen D 1 und D 2 aufzubewahren. Weiter folgt die Untersuchung der Beckenorgane, wobei der Harn am besten mittelst Katheters in ein besonderes Gefäß (E) entleert wird; in ein ferneres (F) gelangt die Leber mit der Gallenblase. In das Gefäß B kommen später noch Teile des Gehirns.

Bei Vergiftung durch narkotische Substanzen (Morphium, Strychnin, Alkohol, Chloroform u. a.) ist es jedoch geboten, das ganze Gehirn in einem besonderen Gefäß aufzubewahren.

Jedes dieser Gefäße wird verschlossen, versiegelt und inhaltsgemäß bezeichnet.

Ist die Vergiftung durch Einatmung geschehen, so kann die Sektion in der allgemein üblichen Weise vorgenommen werden; auch hier sind jedoch Blut, Harn, Magendarmkanal nebst Inhalt, ansehnliche Teile der übrigen Organe geeignetenfalls auch das ganze Gehirn gesondert in je einem Glasgefäß zurückzustellen.

Die Unterlage, auf welcher die Organe bei Verdacht auf Vergiftung aufgeschnitten werden, muß nach der Durchforschung eines jeden einzelnen sorgfältig gereinigt werden; jedes Organ ist nach seiner Betrachtung sofort in das betreffende Glas zu legen, so daß eine Berührung mit anderen Teilen ausgeschlossen ist. Die Organe dürfen im Waschgefäß nicht abgespült werden; überhaupt ist es für die Zwecke der chemischen Analyse vorteilhaft, die Anwendung von Wasser bei der Sektion möglichst zu beschränken.

Bei Verdacht einer Erkrankung durch Trichinen hat sich die mikroskopische Untersuchung zunächst mit dem Inhalt des Magens und des oberen Dünndarms zu beschäftigen, jedoch ist zugleich ein Teil der Muskulatur (Zwerchfell, Hals- und Brustmuskeln) zur weiteren Prüfung zurückzulegen.

§ 22.

Bei den Leichenöffnungen Neugeborener sind außer den oben angeführten allgemeinen Vorschriften noch folgende besondere Punkte zu beachten:

Es müssen erstens die Zeichen ermittelt werden, aus welchen auf die Reife und die Entwickelungszeit des Kindes geschlossen werden kann.

Dahin gehören: Länge und Gewicht des Kindes, Beschaffenheit der allgemeinen Bedeckungen (Wollhaare, Käseschmiere) und der Nabelschnur, Länge und Beschaffenheit der Kopfhaare, Größe der Fontanellen, Umfang (größter horizontaler), Längs-, Quer- und Schrägdurchmesser des Kopfes, Beschaffenheit der Augen (Pupillarmembran), der Nasen- und Ohrknorpel, Länge und Beschaffenheit der Nägel, Querdurchmesser der Schultern und Hüften, bei Knaben die Beschaffenheit des Hodensackes und die Lage der Hoden, bei Mädchen die Beschaffenheit der äußeren Geschlechtsteile.

Endlich ist noch zu ermitteln, ob und in welcher Ausdehnung in der unteren Epiphyse des Oberschenkels ein Knochenkern vorhanden ist. Zu diesem Behufe wird das Kniegelenk durch einen unterhalb der Kniescheibe verlaufenden Querschnitt geöffnet, die Extremität im Gelenke stark gebeugt und die Kniescheibe durch seitliche Längsschnitte abpräpariert und nach oben hin zurückgeschlagen. Alsdann werden dünne Knorpelschichten von der Gelenkfläche des Oberschenkels aus schaftwärts so lange abgetragen, bis man an den Schaft gelangt; der größte Durchmesser des Knochenkerns wird nach Millimetern gemessen..

Ergibt sich aus der Beschaffenheit der Frucht, daß sie vor Vollendung der dreißigsten Woche geboren ist, so kann von der Leichenöffnung Abstand genommen werden, wenn sie nicht von dem Richter ausdrücklich gefordert wird.

§ 23.

Ist anzunehmen, daß das Kind nach der dreißigsten Woche geboren worden ist, so muß zweitens untersucht werden, ob es in oder nach der Geburt geatmet hat. Es ist deshalb die Atemprobe in nachstehender Reihenfolge anzustellen:

a) Schon nach Öffnung der Bauchhöhle ist der Stand des Zwerchfells zu ermitteln; deshalb ist bei Neugeborenen stets die Bauchhöhle zuerst und für sich, und dann erst die Brust- und Kopfhöhle zu öffnen [1]).

b) Vor Öffnung der Brusthöhle ist die Luftröhre oberhalb des Brustbeins einfach zu unterbinden.

c) Demnächst ist die Brusthöhle zu öffnen und die Ausdehnung und die von derselben abhängige Lage der Lungen (letztere namentlich in Beziehung zum Herzbeutel), sowie die Farbe und Konsistenz der Lungen zu ermitteln.

d) Der Herzbeutel ist zu öffnen und sowohl sein Zustand, als die äußere Beschaffenheit des Herzens festzustellen.

e) Die einzelnen Abschnitte des Herzens sind zu öffnen, ihr Inhalt ist zu bestimmen.

f) Der Kehlkopf und der Teil der Luftröhre oberhalb der Unterbindung ist durch einen Längsschnitt zu öffnen und sein Inhalt, sowie die Beschaffenheit seiner Wandungen festzustellen.

g) Die Luftröhre ist oberhalb der Unterbindung zu durchschneiden und in Verbindung mit den gesamten Brustorganen herauszunehmen.

h) Nachdem die Lungenschlagader und nötigenfalls die große Körperschlagader (von hinten her) aufgeschnitten worden ist, wird die Durchgängigkeit der Botallischen Ganges geprüft, darauf das Herz entfernt und in der üblichen Weise untersucht; es folgt die Entfernung und Untersuchung der Thymusdrüse und nunmehr ist die Lunge in einem geräumigen, mit reinem kalten Wasser gefüllten Gefäß auf ihre Schwimmfähigkeit zu prüfen.

i) Der untere Teil der Luftröhre und ihre Verzweigungen sind zu öffnen und namentlich auf ihren Inhalt zu untersuchen.

k) In beide Lungen sind Einschnitte zu machen, wobei auf knisterndes Geräusch, auf Menge und Beschaffenheit des bei gelindem Druck auf diese Schnittfläche hervorquellenden Blutes, sowie auf die Beschaffenheit des Gewebes, wie bei jeder anderen Leichenöffnung (§ 18) zu achten ist.

l) Die Lungen sind auch unterhalb des Wasserspiegels einzuschneiden, um zu beobachten, ob Luftbläschen aus den Schnittflächen emporsteigen.

m) Beide Lungen sind zunächst in ihre einzelnen Lappen, sodann noch in einzelne Stückchen zu zerschneiden und alle insgesamt auf ihre Schwimmfähigkeit zu prüfen.

n) Die Halsorgane sind in der (§ 19) beschriebenen Weise aus der Leiche zu entfernen und zu untersuchen; besonders ist der Schlund zu öffnen und sein Zustand festzustellen.

o) Ergibt sich der Verdacht, daß die Lunge wegen Anfüllung ihrer Räume mit krankhaften Stoffen (Hepatisation) oder fremden Bestandteilen (Kindsschleim, Kindspech) Luft aufzunehmen nicht

---

[1]) Jedoch soll keineswegs die Sektion der Organe der Bauchhöhle vor der Öffnung und Untersuchung der Brusthöhle veranstaltet werden.

imstande war[1]), so ist eine mikroskopische Untersuchung vorzunehmen.

p) Bei negativem oder zweifelhaftem Resultat der Lungenprobe kann die Magendarmprobe ergänzend herangezogen werden. Zu ihrer Ausführung ist bei der Herausnahme der Halsorgane die Speiseröhre am unteren Ende einfach, vor Herausnahme des Magens der Zwölffingerdarm im oberen Abschnitte doppelt zu unterbinden. Der herausgenommene Magen ist wie die Lungen auf Schwimmfähigkeit zu prüfen und darauf unter Wasser zu eröffnen. Ebenso wird nachher der gesamte Darm, nachdem er oberhalb des Mastdarms nochmals unterbunden und dann in der üblichen Weise herausgenommen worden ist, auf Wasser gelegt und festgestellt, ob und welche Teile schwimmfähig sind.

Bei der Öffnung der Kopfhöhle von Neugeborenen darf die äußere Beinhaut nicht sofort mit den übrigen weichen Bedeckungen abgezogen werden, damit eine etwa vorhandene Kopfblutgeschwulst nicht übersehen wird. Vor der Durchtrennung der Schädelkapsel muß die Verschieblichkeit der Kopfknochen geprüft werden. Die Durchtrennung der Kopfknochen geschieht mittelst einer starken Schere im größten Umfange des Schädels, entweder sofort oder nachdem der Längsblutleiter von außen her eröffnet und durch Durchschneiden der Nähte und Auseinanderbiegen der Knochen ein Einblick in die Schädelhöhle genommen wurde.

§ 24.

Schließlich wird den Gerichtsärzten zur Pflicht gemacht, auch alle in dem Vorhergehenden nicht angeführten Organe wie die großen Gefäße, die Gelenke und Knochen der Glieder, falls an denselben Verletzungen oder sonstige Regelwidrigkeiten erwartet werden können, zu untersuchen, erforderlichenfalls durch Freilegen und Aufsägen der Knochen in verschiedenen Richtungen.

Besonders ist auch, wo es sich um eine unbekannte Leiche handelt, die Beschaffenheit des Skeletts (Länge der Knochen, Naht- und Knorpelverknöcherung) zu berücksichtigen, um so Anhaltspunkte für das Alter und die Größe und damit für die Identität der unbekannten Person zu gewinnen.

Dies gilt auch von zerstückelten Leichen. Im übrigen ist in solchen Fällen die Untersuchung der einzelnen Stücke der Reihe nach und möglichst im Anschluß an die allgemeine Untersuchungsmethode vorzunehmen.

III. Abfassung des Protokolls über die Leichenöffnung und des Gutachtens.

§ 25.

Über alles die Leichenöffnung betreffende wird an Ort und Stelle von dem Richter ein Protokoll aufgenommen.

Der erste Gerichtsarzt hat dafür zu sorgen, daß der technische Befund in allen seinen Teilen, wie er von den Gerichtsärzten festgestellt worden ist, wörtlich in das Protokoll aufgenommen werde.

Der Richter ist zu ersuchen, dies so geschehen zu lassen, daß die Beschreibung und der Befund jedes einzelnen Organs aufgezeichnet ist, bevor zur Untersuchung eines folgenden geschritten wird.

---

[1]) oder befinden sich die Lungen in vorgeschrittener Fäulnis, so daß die Schwimmprobe keine Entscheidung der Atmung zuläßt.

§ 26.

Der den technischen Befund ergebende Teil des Protokolls muß von dem Gerichtsarzt deutlich, bestimmt und auch dem Nichtarzt verständlich angegeben werden. Zu letzterem Zwecke sind namentlich bei der Bezeichnung der einzelnen Befunde fremde Kunstausdrücke, soweit es unbeschadet der Deutlichkeit möglich ist, zu vermeiden.

Die beiden Hauptabteilungen — die äußere und die innere Besichtigung — sind mit großen Buchstaben (A und B), die Abschnitte über die Öffnungen der Höhlen in der Reihenfolge, in welcher dieselben stattgefunden haben, mit römischen Zahlen (I. II.), die der Brust- und Bauchhöhle aber unter einer Nummer zu bezeichnen. In dem Abschnitte, welcher die Brust- und Bauchhöhle umfaßt, sind zunächst die allgemeinen, in dem vorletzten Absatze des § 17 erwähnten Befunde, sodann unter a und b die Befunde an den Organen der Brusthöhle, beziehungsweise an denen der Bauchhöhle darzulegen.

Wird der Wirbelkanal vor oder unmittelbar nach der Schädelhöhle eröffnet, so werden die Befunde in beiden Höhlen unter I a und b eingetragen; findet die Eröffnung der Wirbelhöhle am Schlusse der Sektion statt, so wird der Befund unter III niedergeschrieben.

Das Ergebnis der Untersuchung jedes einzelnen Teiles ist in einem besonderen, mit arabischer Zahl zu bezeichnenden Absatz niederzulegen. Die Zahlen laufen von Anfang bis zum Schluß des Protokolls fort.

Die Befunde müssen überall in genauen Angaben des tatsächlich Beobachteten, nicht in der Form von bloßen Urteilen (z. B. „entzündet", „brandig", „gesund", „normal", „Wunde", „Geschwür" und dergleichen) zu Protokoll gegeben werden. Jedoch steht es den Gerichtsärzten frei, falls es ihnen zur Deutlichkeit notwendig erscheint, der Angabe des tatsächlich Beobachteten derartige Bezeichnungen in Klammern beizufügen.

So notwendig für den Zweck der Leichenöffnung die genaue und bestimmte Wiedergabe der wichtigen Befunde ist, so wenig erforderlich erscheint die umständliche Wiedergabe der Befunde, welche für den Richter ohne Bedeutung sind. Für solche Befunde genügt eine kurze zusammenfassende Bemerkung.

Über die technische Ausführung der Leichenöffnung in ihren einzelnen Teilen sind nur dann Angaben zu machen, wenn und soweit dieselbe aus bestimmten Gründen von der vorgeschriebenen Form abweicht.

In jedem Falle muß eine Angabe über den Blutgehalt jedes einzelnen wichtigen Teiles und zwar auch hier eine kurze Beschreibung und nicht bloß ein Urteil (z. B. „stark", „mäßig", „ziemlich", „sehr gerötet", „blutreich", „blutarm") gegeben werden.

Bei der Beschreibung sind der Reihe nach die Größe, das Gewicht, die Gestalt, die Farbe, ungewöhnlicher Geruch und die Konsistenz der betreffenden Teile anzugeben, bevor dieselben zerschnitten werden. Alle Angaben über Größen- und Gewichtsverhältnisse müssen, wo ihnen größere Wichtigkeit zukommt, in Zahlen nach Grammen und Zentimetern gemacht werden.

§ 27.

Am Schlusse der Leichenöffnung haben die Gerichtsärzte ihr vorläufiges Gutachten über den Fall zusammengefaßt und ohne Angabe der Gründe zu Protokoll zu geben.

Sind ihnen aus den Akten oder sonst besondere, den Fall betreffende Tatsachen bekannt, welche auf das abgegebene Gutachten Einfluß ausüben, so müssen auch diese kurz erwähnt werden.

Legt ihnen der Richter besondere Fragen vor, so ist in dem Protokoll ersichtlich zu machen, daß die Beantwortung auf Befragen des Richters erfolgt.

Auf jeden Fall ist das Gutachten zuerst auf die Todesursache, und zwar nach Maßgabe desjenigen, was sich aus dem objektiven Befunde ergibt, nächstdem aber auf die Frage der verbrecherischen Veranlassung zu richten.

Ist die Todesursache nicht aufgefunden worden, so muß dies ausdrücklich angegeben werden. Niemals genügt es zu sagen, der Tod sei aus innerer Ursache oder aus Krankheit erfolgt, es ist vielmehr die letztere zu benennen.

In Fällen, wo weitere technische Untersuchungen nötig sind oder wo zweifelhafte Verhältnisse vorliegen, ist ein besonderes Gutachten mit Begründung ausdrücklich vorzubehalten.

§ 28.

Zeigen sich an der Leiche Verletzungen, welche mutmaßlich die Ursache des Todes gewesen sind, und ist der Verdacht vorhanden, daß ein vorgefundenes Werkzeug bei Zufügung der Verletzungen benutzt worden ist, so haben die Gerichtsärzte auf Erfordern des Richters beide zu vergleichen und sich darüber zu äußern, ob und welche Verletzungen mit dem Werkzeuge bewirkt werden konnten und ob und welche Schlüsse (aus der Lage und der Beschaffenheit der Verletzung) auf die Art, wie der Täter, und auf die Kraft, mit der er verfahren ist, zu ziehen seien.

Werden bestimmte Werkzeuge nicht vorgelegt, so haben sich die Gerichtsärzte, soweit dies dem Befunde nach möglich ist, über die Art der Entstehung der Verletzungen, und über die Beschaffenheit der dabei in Anwendung gekommenen Werkzeuge zu äußern.

§ 29.

Wird von den Gerichtsärzten ein begründetes Gutachten erfordert, so ist dasselbe in folgender Form zu erstatten:

Es wird, unter Fernhaltung unnützer Formalien, mit einer gedrängten, aber genauen Geschichtserzählung des Falles, wenn und soweit sie auf Grund einer Kenntnisnahme der einzusehenden Verhandlungen möglich ist, unter Angabe der Aktenblätter begonnen. Sodann wird das Protokoll über die Leichenöffnung jedoch nur insoweit, als sein Inhalt für die Beurteilung der Sache wesentlich ist, wörtlich und mit den Nummern des Protokolls aufgenommen; dabei ist auf Abweichungen von demselben ausdrücklich aufmerksam zu machen.

Die Fassung des begründeten Gutachtens muß bündig und deutlich sein und die Begründung desselben so entwickelt werden, daß sie auch für den Nichtarzt verständlich und überzeugend ist. Es haben sich die Gerichtsärzte daher möglichst deutscher Ausdrücke und allgemein faßlicher Wendungen zu bedienen. Besondere Bezeichnungen auf literarische Quellen sind in der Regel zu unterlassen.

Vom Richter zur Begutachtung vorgelegte bestimmte Fragen haben die Gerichtsärzte vollständig und möglichst wörtlich zu beantworten oder die Gründe anzuführen, aus welchen dies nicht möglich gewesen ist.

Das begründete Gutachten muß von beiden Gerichtsärzten unterschrieben und, wenn ein beamteter Arzt die Leichenöffnung mit vorgenommen hat, mit dessen Amtssiegel versehen werden.

Jedes erforderte Gutachten muß von den Gerichtsärzten spätestens innerhalb vier Wochen eingereicht werden.

IV. Verfahren bei der Leichenschau.

§ 30.

Wird ein Gerichtsarzt zu einer Leichenschau zugezogen, so hat er nach Maßgabe des § 12 zu verfahren; die dort vorgesehenen Einschnitte können unterlassen werden.

Auf die Abfassung des Protokolls und des Gutachtens finden die Vorschriften der §§ 26 und 27 Anwendung.

In einfachen Fällen kann, wenn der Richter und Arzt einverstanden sind, von den im § 12 vorgeschriebenen Feststellungen, soweit sie nach Lage der Sache entbehrlich erscheinen, abgesehen werden.

2. Feststellungen bei unbekannten Personen. (§ 12.)

Bei unbekannten Personen ist eine genaue Beschreibung der Kopf- und Barthaare (Dichte, Farbe, Länge), der Augen (Brauen, Regenbogenhaut: Farbe), der Form des Gesichts (Stirn, Nase, Mund, Ohren, Kinn), des Kopfes, der Zähne (Zahl, Stellung, Lücken, Plomben, künstliche), der Form des Halses (lang, schmal, kurz, dick), etwaiger Abnormitäten zu geben; der Nase-, Mund- und Ohröffnungen (Flüssigkeit, Blut usw. auf Farbe, Geruch, Reaktion prüfen). Zu achten ist ferner am Hals auf Erhängungsmarken, Würgespuren, Lage des Kehlkopfes und Zungenbeins, der Schilddrüse; an der Brust bei weiblichen Personen die Beschaffenheit der Milchdrüsen, Brustwarzen (Milch, Kolostrum), der Warzenhöfe (Pigmentierung, Drüsen); am Bauch auf Wölbung, Spannung, Schwangerschaftsnarben, Pigmentierung, Behaarung, Brüche; am After auf Kotbesudelung, Feigwarzen, Blut, Verletzungen, Samen; an den männlichen Geschlechtsteilen auf die Beschaffenheit der Vorhaut, Narben, Samenerguß, der Hoden; an den weiblichen auf die Schamlippen, den Kitzler, das Jungfernhäutchen, Scheidenschleim (mikroskopieren), Geschlechtskrankheiten (s. S. 39), Behaarung; an den Gliedern und am Rumpf auf Verletzungen, Brüche oder Auftreibungen der Knochen, Veränderungen der Gelenke, besonders die Finger und deren Nägel (Schmutz).

3. Feststellungen aus der Leichenstarre. (§ 8.)

Der Stand der Leichenstarre ist schon an der bekleideten Leiche zu erheben, denn die einmal (beim Auskleiden) gelöste Leichenstarre kehrt nicht zurück. Aus dem Stand der Leichenstarre ist annähernd der Zeitpunkt des Todes zu bestimmen. Sie beginnt in der 2.—6. Stunde (bei Kälte, Vergiftungen, z. B. mit Strychnin, Säuren eher) am Kopfe: Nacken, Unterkiefer, geht in etwa 8—20 Stunden auf den Rumpf und die oberen und unteren Gliedmaßen über und löst sich in umgekehrter Reihenfolge in der Regel etwa in 72—84 Stunden p. m. wieder. Nach 3—5 Tagen ist die Lösung vollendet. Bei Föten fehlt sie, bei Kindern und schwächlichen Personen ist sie meist schwach. Totenstarre ist Fermentwirkung (Myosingerinnung) unter dem Einfluß des Zentralnervensystems. Ihre Lösung Enzymwirkung.

Die der Starre vorausgehende Erkaltung der Leiche hängt bezüglich ihrer Schnelligkeit von der Außentemperatur und der Bekleidung, Bedeckung ab. Unter gewöhnlichen Umständen (Tod im Bett) geht die Temperatur der Leiche stündlich um etwa einen Grad C herunter.

4. Feststellungen aus den Totenflecken. (§ 12.)

Die Totenflecke bei Vergiftungen s. S. 61.

Die Totenflecke (äußere: Blutsenkung in den Hautgefäßen, innere: in den Organgefäßen [Darm, Gehirn, Lungen etc.]) können noch innerhalb 2—3 Stunden p. m. ihre Lage ändern, wandern. Etwa nach 10—12 Stunden sind sie fixiert (Imbibition des Blutfarbstoffes in das Unterhautzellgewebe und die Lederhaut), nicht mehr wegdrückbar. Nach 15 Stunden werden sie blasser. Auch die Totenflecke dienen also zur Bestimmung des Zeitpunktes des Todes. Aus den Totenflecken bzw. der Blutsenkung, die dem Gesetz der Schwere folgt, läßt sich ferner die Lage, in welcher die Leiche seit dem Tode gelegen hat, bestimmen. Finden sich auf der Rücken- und auf der Vorderseite der Leiche Totenflecke, so würde das beweisen, daß die Leiche in den ersten Stunden nach dem Tode, solange das Blut noch flüssig war, eine Lageveränderung erfahren hat.

Die Fäulniserscheinungen, die sich meist in den ersten 24—48 Stunden durch die grünblaue Zeichnung der Hautvenen und eine diffuse Grünfärbung am Bauch zuerst bemerkbar machen, können ebenfalls zur Bestimmung der seit dem Tode verflossenen Zeit dienen. Insekteneier findet man im Sommer schon nach wenigen Stunden in den Mund- und Augenwinkeln, den Nasenlöchern, Maden erst nach 48 Stunden, Puppen nach 8 Tagen und die neue Generation Fliegen nach weiteren zwei Wochen. Leere Puppen deuten also auf ein mindestens dreiwöchiges Alter der Leiche hin (Richter). Die völlige Skelettierung einer Kindsleiche kann in 14 Tagen durch Maden unter günstigen Verhältnissen wohl erfolgen; Leichen Erwachsener werden im Freien durch die Tierwelt in 4—6 Wochen vollständig skelettiert.

Bei Wasserleichen findet man sog. Waschhaut an den Fingerspitzen schon nach wenigen Stunden, der ganzen Hand nach etwa 48 Stunden, Ablösung der Oberhaut nach 6—8 Tagen. Die Fettwachsbildung beginnt nach etwa 6—8 Wochen; zur völligen Umwandlung in Fettwachs ist mindestens ½—1 Jahr erforderlich.

5. Die Technik der Leichenöffnung bei Vergiftung. (§ 21.)

Die Leichenöffnung bei Verdacht auf Vergiftung verläuft wie folgt: Bei Vergiftung vom Munde aus beginnt man mit der Brust- und Bauchhöhle, nur bei Vergiftung durch Blausäure und anderen giftige Gase wird der Schädel zuerst geöffnet (wo der Geruch am deutlichsten). Zur Aufbewahrung der Organe müssen mindestens 7—8 Patenteinmachgläser zu 1000 ccm Inhalt bereit stehen (in jeder Apotheke zu erhalten).

Gefäß A für Blut aus Herz und Gefäßen.

Gefäß B für Stücke von Herz, Lunge, Netz, Milz (Gehirn).

Gefäß C für Magen und Speiseröhre, Zwölffingerdarm, Dünndarm mit Inhalt, (C_2) Dickdarm mit Inhalt.

Gefäß D für die Nieren.

Gefäß D_2 für die linke Niere bei Verdacht postmortaler Gifteinfuhr.

Gefäß E für den mit Katheter entleerten Harn.

Gefäß F für Leber und Gallenblase.

Gefäß G für Gehirn bei Vergiftung mit narkotischen Substanzen (Morphium, Strychnin, Alkohol, Chloroform, Benzin u. a.) oder durch giftige Gase. Vom Zusetzen von Konservierungsmitteln ist abzusehen. Die Organe dürfen nicht mit Wasser abgespült werden, auch die Hände und die Instrumente sind trocken zu säubern. Die Besichtigung der Brusthöhle erfolgt in der üblichen Weise, die Speiseröhre ist jedoch vor ihrer Auftrennung oberhalb des Zwerchfells zu unterbinden. Die Halsorgane werden nur von der Wirbelsäule abgelöst und beschrieben, nicht aber völlig abgetrennt und herausgenommen, sondern in der Brusthöhle belassen und erst in Verbindung mit dem Magen herausgenommen, damit der Zusammenhang zwischen Magen und Speiseröhre erhalten bleibt.

Die Besichtigung der Bauchhöhle ist vor allem mit einer genauen Prüfung des Magens zu beginnen. In jedem Falle ist es zweckmäßig, ihn anzuschneiden und zunächst seinen Inhalt zu entleeren und aufzubewahren, dann erst die übliche Reihenfolge der Leichenöffnung einzuhalten. Vor Herausnahme des Magens (einschließlich Halsorgane, s. o.) ist der Zwölffingerdarm oberhalb der Einmündung des Gallengangs doppelt zu unterbinden und zwischen beiden Abbindungen zu durchschneiden. Will man den Gallengang vom Zwölffingerdarm aus aufschneiden (man kann ihn auch von außen aufschneiden), so ist unterhalb der Einmündung des Gallengangs noch eine Abbindung anzulegen und der Inhalt des Zwölffingerdarms aufzufangen und aufzubewahren, ehe der Gallengang eröffnet wird. Im übrigen kann wohl meistens auf die Prüfung der Durchgängigkeit des Gallengangs verzichtet und der Darm am besten uneröffnet herausgenommen und erst auf sauberem Holzteller oder Glasschale oder Waschbecken geöffnet werden. Vorher ist der Mastdarm doppelt zu unterbinden und zu durchtrennen.

Die Entleerung des Harns erfolgt mit dem Katheter. Von den Organen sind genügend große Stücke (⅓—½) aufzubewahren.

Beim Verdacht, daß das Gift erst in den Magen der Leiche eingeführt worden ist (zur Vortäuschung eines Selbstmordes), sind die rechte und linke Niere getrennt aufzuheben, weil die linke in diesem Falle das Gift durch Diffusion vom benachbarten Magendarm her aufgenommen haben kann, während die durch die Leber vor der Diffusion geschützte linke Niere frei vom Gift geblieben ist.

Wird die Gifteinfuhr vom Mastdarm, der Harnblase, den Geschlechtsteilen aus vermutet, so sind natürlich auch diese Organe sorgfältig zu asservieren und der chemischen Untersuchung zugänglich zu machen.

Die Glaskrausen sind mit ihrem Inhalt, dem Datum der Leichenöffnung und dem Aktenzeichen zu bezeichnen.

Beim Verdacht einer Fleischvergiftung ist am besten gleich bei der Leichenöffnung sterile Aussaat (von Blut, Galle, Harn, Darminhalt) zu machen.

Die Versendung der asservierten Gläser soll tunlichst beschleunigt werden, im Sommer ist Eispackung erforderlich; ganz besonders, wenn außer der chemischen noch eine bakteriologische Untersuchung (bei Vergiftung durch verdorbene Nahrungsmittel) erforderlich ist, da vorgeschrittene Fäulnis diese Untersuchung vereiteln kann (Min.-Erl. v. 25. I. 10.), s. Asservierung.

6. Technik der Leichenöffnung bei Fruchtabtreibung s. S. 21, **bei Luftembolie** s. S. 20, **bei Fettembolie** s. S. 53.

7. Technik der Leichenöffnung bei Kindsmord (§ 22) s. S. 23.

8. Es sind stets alle drei Körperhöhlen (§ 26) (Kopf, Brust und Bauch) zu öffnen und zu besichtigen, unter Umständen auch die vierte, der Wirbelkanal. Nur wo ganz besondere Verhältnisse vorliegen, kann von der Eröffnung der einen oder anderen Höhle oder von der inneren Besichtigung Abstand genommen werden. Der Richter entscheidet darüber in letzter Instanz. Die Gründe für dieses Vorgehen sind im Protokoll zu vermerken, z. B. daß dem Richter die Todesursache genügend geklärt erschien. Eine zusammenfassende Beschreibung einer Körperhöhle ist unstatthaft (Min.-Erl. v. 8. 7. 07), stets sind die sämtlichen Organe der Höhle einzeln zu beschreiben; auch bei diesen sind kurze zusammenfassende Beschreibungen nur dann statthaft, wenn der Fall durch das sonstige Ergebnis der Sektion (für den Richter) geklärt ist. Auch diese Abkürzungen sind im Protokoll zu begründen. Im übrigen halte man immer den richterlichen Zweck der Leichenöffnung im Auge. Nur dieser ist maßgebend.

9. Feststellungen am Fundort der Leiche. (§ 10.)

Die Lage der Leiche und ihrer Kleidung, Verletzungen, Unordnung der Kleidung, an den Kleidern oder in den Händen der Leiche haftende Gegenstände (Haare des Gegners?), Spuren von Blut, Samen, Eiter, Gehirnmasse, Speisereste u. a., verdächtige Werkzeuge, Strangulationsmittel oder Gegenstände, welche Kampfspuren aufweisen oder verdächtige Flecke an sich tragen, sind von Wichtigkeit. Asservieren! Die Asservierung hat mit der nötigen Vorsicht zu geschehen, damit die Spuren nicht verwischt werden, Haare nicht verloren gehen, Samenflecke abbröckeln usw. (s. Konservierung).

10. Das vorläufige Gutachten. (§ 27.)

Im vorläufigen Gutachten ist 1. die Todesursache knapp und genau anzugeben, z. B. der X. ist an einer Schußverletzung, an Erhängung, Erwürgung, Erdrosselung, Ertrinkung, an Verlegung der Luftwege durch Fleischstücke (Blut, Mageninhalt), an Zertrümmerung lebenswichtiger Organe (Herz, Gehirn), an Verblutung in die Schädel- (Brust-, Bauch-) Höhle, an Lungen- und Brustfellentzündung oder ähnlichem gestorben.

2. Der Zusammenhang des Todes mit einer strafbaren Handlung festzustellen, z. B. der Schuß ist ein Fernschuß und von fremder Hand beigebracht, die Verletzung ist durch starke stumpfwirkende Gewalt entstanden, ein Sturz aus dem Fenster, Überfahren durch ein Auto ist geeignet, sie zu erzeugen. Oder: die Schuld eines anderen an dem Tode des X. hat sich nicht erweisen lassen. Oder: die Erkrankung erklärt den natürlichen Tod des X.

3. Für den Richter oder etwaige weitere Ermittelungen besonders wichtige Tatsachen festzustellen: Richtung des Schußkanals, Stellung des Täters zum Getöteten; Art des Werkzeugs, welches in Frage kommt: Selbstverständlich muß auch das Ergebnis der übrigen Ermittelungen, soweit es den Obduzenten bekannt gegeben wird, im vorläufigen Gutachten berücksichtigt werden (§ 27).

4. Die etwa noch vom Richter gestellten Fragen zu beantworten. Hier sei man aber vorsichtig und behalte sich lieber, wenn eine Besprechung der Obduzenten, eine sorgfältige Über-

legung des Falles, Einsichtnahme in die Akten, weitere Ermittelungen am Tatort, über den Krankheitsverlauf, chemische, mikroskopische, bakteriologische Untersuchung von Leichenteilen, des Blutes oder ähnliches erforderlich erscheint, ein begründetes Gutachten vor.

11. Schema des Protokolls über die Leichenöffnung.

A. Äußere Besichtigung.
B. Innere Besichtigung.
  I. Kopfhöhle.
  II. Hals-, Brust- und Bauchhöhle.
    a) Brusthöhle und Hals.
    b) Bauchhöhle.
Vorläufiges Gutachten.

Oder wenn der Wirbelkanal eröffnet wird (bei Vergiftung durch Alkaloide, narkotische Substanzen und Einatmung).

A und B wie oben.
  Ia) Kopfhöhle.
  Ib) Rückenmarkshöhle.
  II. Hals, Brust- und Bauchhöhle.
    a) Brusthöhle und Hals.
    b) Bauchhöhle.
Vorläufiges Gutachten.

Oder (bei Vergiftungen vom Munde aus, bei Brust- oder Bauchverletzungen).

A und B wie oben.
  I. Hals, Brust- und Bauchhöhle.
    a) Brusthöhle und Hals.
    b) Bauchhöhle.
  II. Kopfhöhle.
  III. Rückenmarkshöhle.
Vorläufiges Gutachten.

II. Die Leichenschau.

Vorschriften für die Ausführung der ärztlichen Leichenschau zwecks Feuerbestattung

(Ausführungsbestimmungen vom 29. IX. 1911 zum Preußischen Feuerbestattungsgesetz vom 14. IX. 1911.)

I. Allgemeine Bestimmungen.

§ 1.

Die ärztliche Besichtigung (Leichenschau) menschlicher Leichen, welche der Feuerbestattung übergeben werden sollen, ist von dem zuständigen beamteten Arzte vorzunehmen, welcher auch die amtsärztliche Bescheinigung über die Todesursache auszustellen hat.

§ 2.

Als beamteter Arzt im Sinne des Gesetzes, betreffend die Feuerbestattung, vom 14. September 1911 gilt dort, wo ein besonderer Gerichtsarzt angestellt ist, dieser, sonst der als Gerichtsarzt tätige Kreisarzt.

War der zuständige beamtete Arzt zugleich der behandelnde Arzt in der dem Tode unmittelbar voraufgegangenen Krankheit, so ist die Leichenschau von einem anderen beamteten Arzte vorzunehmen.

§ 3.

War der Verstorbene in der dem Tode unmittelbar voraufgegangenen Krankheit ärztlich behandelt worden, so ist der betreffende Arzt zu der Leichenschau zuzuziehen.

§ 4.

Die Leichenschau soll sobald als möglich nach dem Tode vorgenommen werden. Die amtsärztliche Bescheinigung über die Todesursache muß auch genauen Aufschluß darüber geben, in welcher Weise der Tod festgestellt worden ist.

§ 5.

Die Leichenschau hat in einem hinreichend hellen Raume stattzufinden; ihre Vornahme bei künstlichem Licht ist unzulässig.

Für völlige Entkleidung und angemessene Lagerung der Leiche und für Entfernung störender Umgebung muß gesorgt werden.

§ 6.

Bei allen mit der Leiche vorzunehmenden Bewegungen, namentlich bei ihrer Überführung von einer Stelle zur anderen, ist sorgfältig darauf zu achten, daß kein zu starker Druck auf einzelne Teile ausgeübt, und daß die Horizontallage der größeren Höhlen und die durch die Leichenstarre bedingte Stellung der Gliedmaßen nicht erheblich verändert werde.

II. Verfahren bei der Leichenschau.

§ 7.

Bei der Besichtigung der Leiche hat der beamtete Arzt überall den Hauptzweck der Leichenschau — Verhütung der Verschleierung einer strafbaren Handlung, durch die der Tod herbeigeführt worden — im Auge zu behalten und alles, was diesem Zwecke dient, genau und vollständig zu untersuchen.

Durch eingehende Befragung der Angehörigen und des behandelnden Arztes hat er sich ein genaues Bild über den Verlauf der dem Tode unmittelbar voraufgegangenen Krankheit und über die Umstände, unter denen der Tod erfolgt ist, zu verschaffen.

Ist der Tod plötzlich oder nach einer auffallend kurzen Krankheit erfolgt, so hat der beamtete Arzt, soweit tunlich, vor der Leichenschau den Ort, wo die Leiche gefunden wurde bzw. der Tod erfolgte, in Augenschein zu nehmen, die Lage und Stellung, in der sich die Leiche befand, zu ermitteln und die Kleidungsstücke, die der Verstorbene bei seiner Auffindung trug, zu besichtigen.

§ 8.

Zunächst sind etwa vorhandene Besudelungen der Leiche mit Blut, Kot, Eiter, Schmutz und dergleichen, gegebenenfalls nach Entnahme einer Probe behufs Untersuchung mit der Lupe oder dem Mikroskop, abzuwaschen.[1])

§ 9.

Behufs Feststellung

1. der Identität der Leiche sind Alter, Geschlecht, Größe, Körperbau, allgemeiner Ernährungszustand und etwaige besondere Kennzeichen, wie sogenannte Fußgeschwüre, Narben, Mäler, Tätowierungen, Überzahl oder Mangel an Gliedmaßen, anzugeben;
2. des eingetretenen Todes sind die Zeichen desselben und diejenigen der etwa schon eingetretenen Verwesung zu ermitteln und anzugeben. An- oder Abwesenheit der Muskelstarre, allgemeine Hautfarbe der Leiche, Art und Grad etwaiger Färbungen und Verfärbungen einzelner Teile durch die Verwesung sowie Farbe, Art und Ausdehnung der Totenflecke;
3. der Todesursache ist, soweit dies bei der bloßen Besichtigung der Leiche möglich ist, dasjenige Organ zu untersuchen, das nach der Angabe der Angehörigen und des behandelnden Arztes Sitz der tödlichen Krankheit gewesen ist;
4. ob der Tod durch eine strafbare Handlung herbeigeführt worden ist, ist die Leiche auf Zeichen eines gewaltsamen Todes, einer Vergiftung oder des Verhungerns zu untersuchen.

§ 10.

Von gewaltsamen Todesarten kommen hauptsächlich in Betracht:

1. Ersticken durch Einführung fremder Gegenstände in Mund oder Nase;
2. Erhängen (Strangmarben), Erdrosseln (Drosselmarken) oder Erwürgen (Fingereindrücke, Kratzwunden);
3. Einwirkungen stumpfer, scharfer oder spitzer Instrumente oder Gewalten (Quetschungen, Wunden, Blasen u. dgl.) an Kopf, Hals, Brust, Unterleib, äußeren Geschlechtsteilen, Rückenfläche und Gliedern, die daraufhin der Reihe nach sorgfältig zu betrachten sind.

Etwa vorhandene Verletzungen sind nach Gestalt, Lage und Richtung mit Beziehung auf feste Punkte des Körpers sowie nach Länge und Breite in Metermaß anzugeben. Bei Wunden ist ferner die Beschaffenheit ihrer Ränder und deren Umgebung festzustellen. Bei Schußwunden ist besonders auf Pulvereinsprengungen und Versengung von Härchen zu achten. Dies gilt auch in Fällen von Verbrühung oder von Verbrennung durch die Flamme.

§ 11.

Insbesondere ist zu achten auf

1. eine ungewöhnliche Färbung der Haut, namentlich der Totenflecke (hellkirschrot bei Blausäurevergiftung, dunkelkirschrot bei Kohlenoxydvergiftung, gelb bei Phosphorvergiftung, graubraun bei Vergiftung durch chlorsaures Kali oder andere methämoglobinbildende Gifte);

[1]) Verdächtige Flüssigkeiten in Mund, Nase und Ohren sind zu beschreiben und auf ihre Reaktion zu prüfen, bevor sie entnommen werden. Auch die Hände, Nägel sind zu besichtigen (Gegenwehr-Verletzungen, Haare, Blutspuren).

2. Verfärbungen und Ätzungen der Mund- und Lippenschleimhaut sowie der Haut zunächst den Mundwinkeln (Karbolsäure, Kresole, Lysol, Laugen und Säuren);
3. Farbe, Geruch und Reaktion einer etwa aus Mund oder Nase sich ergießenden Flüssigkeit sowie auf einen auffälligen, der Leiche entströmenden Geruch.

III. Abfassung der amtsärztlichen Bescheinigung über die Todesursache.

§ 12.

Das Ergebnis der amtsärztlichen Besichtigung muß von dem beamteten Arzt in der Bescheinigung kurz, deutlich und unter tunlichster Vermeidung fremder Ausdrücke angegeben werden.

Etwaige für die Beurteilung wichtige Angaben von Angehörigen über die dem Tode unmittelbar voraufgegangene Krankheit und das Gutachten des behandelnden Arztes über die Todesursache sind in die Bescheinigung aufzunehmen.

Die Bescheinigung hat in jedem Falle die Identität der Leiche, die Feststellung des Todes, die Todesursache und die Frage der verbrecherischen Veranlassung zu berücksichtigen.

§ 13.

Erscheint es auf Grund der angestellten Ermittelungen und der Leichenschau zweifelsfrei, daß eine natürliche Todesursache vorliegt, so wird diese amtsärztlich bescheinigt unter Hinzufügung der Erklärung, „daß ein Verdacht, der Tod sei durch eine strafbare Handlung herbeigeführt worden, sich nicht ergeben hat“.

§ 14.

Ist die Todesursache nicht aufgefunden worden oder besteht irgend ein Zweifel, ob ein natürlicher Tod vorliegt, besteht namentlich in dieser Hinsicht eine auseinandergehende Meinung zwischen den beiden beteiligten Ärzten, so ist, sofern auf der Feuerbestattung bestanden wird, die polizeiliche Leichenöffnung vorzunehmen, auch wenn die gerichtliche Leichenöffnung nicht für erforderlich erachtet worden ist.

Ist durch die Leichenöffnung der Verdacht, der Tod sei durch eine strafbare Handlung herbeigeführt, hinweggeräumt, so hat der beamtete Arzt die Bescheinigung zu erteilen.

Ermittelung des eingetretenen Todes. (§ 9.)

Der Tod ist festzustellen aus der Erkaltung. Die Körpertemperatur sinkt p. m. etwa um 1° C stündlich, je nach der Umgebung (im Bett, im Freien) langsamer oder schneller. Aus der Vertrocknung der Haut und der sichtbaren Schleimhäute, der Blutsenkung (Totenflecke, s. S. 95), der Leichenstarre (s. S. 94), dem Aufhören des Pulsschlages, der Herztöne, der Atmung, der Unempfindlichkeit der Haut gegen Reize, der Hornhant gegen Berührung, der Lichtstarre der Sehlöcher, den Fäulniserscheinungen.

Zur einwandfreien Feststellung des eingetretenen Todes kann außerdem die Fluoreszinprobe herangezogen werden: Nach Einspritzung einer Fluoreszinlösung (0,01 intravenös oder 0,08 intramuskulär auf 1 kg Körpergewicht) färben sich, solange das Leben noch nicht erloschen ist und der Blutkreislauf noch nicht völlig stillsteht, Haut und Schleimhäute stark grün; bei intravenöser Einspritzung alsbald, bei intramuskulärer nach 20—30 Minuten. Die Einspritzung ist unschädlich.

III. Die Ausgrabung von Leichen. (§ 4.)

Bei Ausgrabungen sind zu entnehmen und zur chemischen bzw. mikroskopischen Untersuchung zu asservieren, nachdem nach Lage der Sache die Besichtigung der Leiche, die Feststellung der Identität, etwaiger Verletzungen u. m., welches der Zweck der Enterdigung war, erfolgt ist: 1. Erdboden (unterhalb und entfernt vom Sarg), in Eimern oder Glas- oder Porzellangefäßen, reichlich. 2. Sargholz (vom Deckel und vom Mittelstück der unteren Seite des Sarges). 3. Sargverzierungen (Beschläge). 4. Kleider, Tücher. 5. Sarginhalt an Kränzen, Blumen, Kruzifixe u. a. m. 6. Von der Leiche: Magen und Darm nebst Inhalt, Leber, Nieren, Harn, Blut und Leichenflüssigkeit, Knochen (Oberschenkel), Zwerchfell, Stücke von den Brust-, Hals-, Augenmuskeln. Scheiden-(After-) Schleim.

Neunter Abschnitt.

Asservierung und Konservierung.

In der Praxis wird man die (mikroskopische) Untersuchung von Leichenteilen, Ausscheidungen, Spuren, gewöhnlich nicht bei der Leichenöffnung, sondern erst zu Hause in Ruhe und mit den erforderlichen Hilfsmitteln vornehmen. Lediglich die Aussaat bei Fleischvergiftung und die Prüfung auf CO-Gehalt des Blutes sollte sofort im Beginn der Sektion vorgenommen werden. Soll CO-Blut trotzdem transportiert werden, so ist das Gefäß bis oben hin zu füllen, damit durch das Schütteln mit Luft sich der CO-Gehalt nicht vermindert.

Kleinere Stücke der Organe werden in Pulvergläsern mit eingeschliffenem Glasstöpsel oder Kork in 4% Formalinlösung [1])

[1]) Das käufliche Formalin oder Formol ist 40%ig.

(Cave Alkohol!) aufbewahrt; auch für Urin, Blut und sonstige Flüssigkeiten eignen sich diese Gläser.

Größere Leichenteile sind mehrfach in reine mit Brunnenwasser befeuchtete Tücher zu schlagen und in glasierten Steingut- oder Emailletöpfen oder -Eimern zu versenden, und zwar durch die Post als Eilgut mit Eilbotenbestellung, im Sommer in Eispackung.

Bei Vergiftungen eignen sich zur Asservierung die Patenteinmachgläser mit Schraubblechdeckel ohne Zusatz eines Konservierungsmittels, oder weite Glaskrausen, die mit angefeuchtetem Pergamentpapier zuzuschnüren sind. Signatur nicht versäumen!

Behufs Identifizierung aufzubewahrende größere Leichenteile sind in mit 10 %igem Formalin getränkte Tücher einzuschlagen und wenn sie dicker sind, mit 10 %iger Formalinlösung zu injizieren, damit sie nicht im Innern faulen.

Geringe Mengen Schleim oder sonstige Abscheidungen (zur Prüfung auf Gonokokken, Spirochäten, Samenfäden) sind in Kapillarröhrchen aufzuziehen, die dann an beiden Enden (ohne das Untersuchungsmaterial zu erhitzen!) zuzuschmelzen sind, oder man streicht das Material gleich auf Deckgläschen dünn aus, läßt es lufttrocken werden, kittet ein zweites Deckglas mittelst Wachs darauf und wickelt die beiden Gläschen fest in Papier ein. Man kann auch den Schleim mittelst eines kleinen Wattebäuschchens entnehmen und dieses mit einer Nadel an den Kork des Fläschchens heften und das Fläschchen darüber stülpen.

Haare, besonders versengte, sind in Glasröhrchen am besten zu transportieren, unversehrte auch in reines weißes Papier zu falten.

Um frische Organteile in natürlichen Farben zu erhalten, geht man folgendermaßen vor: 1. Frisch abgespült kommt das Organ in folgende Lösung: Kal. acet. 85,0 + Kal. nitr. 45,0 + 40 % Formalin 800,0 + Aq. font. 4000,0. In dieser bleibt es bis zur völligen Entfärbung. Je schneller diese eintritt, desto schöner und natürlicher wird später die Farbe. Durch Einschnitte kann die Entfärbung beschleunigt werden. 2. Aus der ersten Lösung kommt das gut abgelaufene Präparat in 85 %igen Alkohol. In einigen Stunden treten dann die natürlichen Farben wieder hervor. Durch Reinigen, Bürsten, Schaben der Schnittfläche kann der Färbung nachgeholfen werden. 3. Wenn die natürlichen Farben leuchtend wiedergekehrt sind, diesen Zeitpunkt abzupassen, lehrt nur die Erfahrung, kommt das Präparat in die dritte Lösung: Kal. acet. 200,0 + Glyzerin 300,0 + Aq. dest. 900,0 und wird in dieser endgültig aufbewahrt. (Die natürliche Farbe ist alkalisches Hämatin; durch die Einwirkung des Formalins auf das Blut bildet sich saures Hämatin, durch die von Alkohol + Kal. acet. wieder alkalisches Hämatin.)

Zehnter Abschnitt.

Bestimmung der Identität.

I. Bestimmung von Leichen und Leichenteilen.

1. Allgemeine Feststellungen.

Kleidung, Gegenstände (asservieren), Geschlecht, Alter, Größe, Ernährungszustand, Knochenbau, Muskulatur, Fettpolster, Hautfarbe (Pigmentierungen), Behaarung, Mäler, Warzen, Narben, Tätowierungen, Geschwüre, Verletzungen, berufliche Merkmale.

2. Besondere Feststellungen.

a) Am Kopf.

Form, Umfang, Asymmetrien des Schädels, des Gesichtes, Gesichtsausdruck [1]), der Stirn (Breite, Höhe, Form, Falten), die Behaarung (Farbe, Frisur, Glatze) des Kopfes, der Brauen, Wimpern, Barthaare (Dichte, Länge, Farbe, Form), die Hornhäute (Narben, Greisenbogen), die Regenbogenhaut (Farbe, Flecken), Pupillenweite, Linsentrübungen, Form des Mundes (Hasenscharte), der Lippen, der Nase, der Ohren (Ohrläppchen, Ohrlöcher und Ohrmuschel), die Zähne (Zahl, Stellung, Verletzungen, Erosionen, Treppenform, Hutchinson sche Form), Säume (Blei, Silber, Kupfer), Gebißabdruck nehmen! Zahnstein, Karies, Lücken, Plomben, künstliche Zähne. Vgl. auch Dentition (S. 109); Zunge (Narben), Gaumen (Narben, Defekte), Kinn, Hals (Länge, Breite, Kropf, Mäler, Marken, Verletzungen.) [2])

b) An der Brust.

Bau, Brüste, Warzenhöfe (Milch, Kolostrum), Behaarung.

c) Am Bauch.

Behaarung, Narben, Pigmentierung.

---

[1]) Durch ein besonderes Verfahren (Einspritzungen von Paraffin) lassen sich verfallene Züge wieder beleben und durch Einschnitte, Auswässern und Durchströmung mit Sublimatlösung die durch Fäulnis gedunsenen unkenntlichen Züge wieder kenntlich machen.

[2]) Vergl. Groß, Arch. f Krim. 46. Bd. 1912. S. 179.

d) An den Geschlechtsteilen.

Behaarung, Form, Narben, Ausfluß, Geschlechtskrankheiten, Abweichungen, Brüche. Verhalten des Jungfernhäutchens.

e) An den Gliedern.

Form, Varizen, Verkrümmungen, X- oder O-Beine, Knie (Schwielen); Füße (Verkrüppelungen, Platt-, Hohl-, Klumpfuß, Nägel, Hühneraugen); Hände (grob, rauh, schwielig oder fein, zart, gut gepflegt.

Berufliche Schwielen bei Kellnern, Musikern, Photographen, Handschuhmachern, Steinschneidern, Schuhmachern, Schlossern, Schmieden); Fingernägel (Form, Länge, Schnitt, abgeschliffen, abgestoßen, abgebissen, zart, gepflegt, glatt, gerieft, Verletzungen (durch Biß), Blutungen unter den Nägeln halten sich lange und wachsen dem Ende zu; der Fingernagel wächst etwa 1 mm in der Woche (der Zehennagel viermal weniger schnell), etwa in sechs Monaten erneuert er sich.

Berufliche Färbung der Nägel: Arg. nitr. — mahagoniebraun bis schwarz. Salpetersäure — braun. Indigo (Blauholz) — blau. Schwefelblei — schwarz. Färbermoos — violett. Ameisensäure — rußig, braunschwarz. Ebenholzarbeiter — schwarz. Nußbaumarbeiter — braunschwarz. Tabakarbeiter, Zigarettenraucher — gelbbraun. Lohgerber — dunkelrot. Pikrinsäure — gelb.

Charakteristische Substanzen unter dem Nagel: Schwefel und Kohle: Pulverarbeiter. Blut, Pulverschmauch: Mörder, Wilddiebe. Eisenfeile: Schlosser. Fetteilchen: Fleischer, Köche, Friseure. Kohlestaub: Kohlenträger. Teigreste, Mehlstaub: Müller, Bäcker. Feinglänzender, bunter Staub: Blumenarbeiter. Pech: Schuhmacher. Kupferstaub: Gießer, Schmiede, Graveure, Kupferstecher, Klempner. Animalische Teilchen: Abortfeger. Schlamm, Erde, Lehm: Kanalarbeiter, Erdarbeiter, Ertrunkene. Farbstoffe: Maler, Anstreicher.

Charakteristische Abnutzung der Nägel: Daumen und Zeigefinger der linken Hand: Wäscherinnen. Linker Daumen (Ale): Schuhmacher. Rechter Daumen: Graveure, Juweliere. Rechter Zeigefinger: Spitzenmacher. Die innere Mitte der drei letzten Fingernägel: Falzer. Spröde, rissige, höckerige Nägel: Färber, Photographen, Chemiker, Drogisten, Pharmazeuten. Über die Identifizierung durch die Venennetze der Hand, die Papillar- und Handlinien vergleiche die einschlägige Literatur.

Bei Narben ist festzustellen: Sitz nach bekannten Punkten und Linien des Körpers, Form, Ausdehnung (genau messen), Glanz, Dicke, Tiefe, Farbe, Alter. Nur Verletzungen der Lederhaut geben bleibende Narben, solche der Oberhaut (Kratzer) verschwinden nach einigen Wochen. Auf welches Instrument deutet die Narbe, auf welche Entstehungsursache (Waffe, Geschoß, Verbrennung, Ätzung, Geschwür)?

Die bei der Leiche gefundenen Gegenstände und Kleidungsstücke sind zu besichtigen und zu asservieren. Sie können wichtige Anhaltspunkte für Todesart, Todesursache, Stand, Gewerbe, Beruf sowie den Zeitpunkt des Todes geben.

3. Wie lange hat die Leiche als solche gelegen (Zeitpunkt des Todes)?

Ist zu bestimmen:

a) Aus den Leichenerscheinungen (Erkalten, Leichenflecke, Totenstarre, Trübung der Hornhäute, Leichentierwelt): Ist die Leiche noch warm, ohne Totenflecke und Totenstarre = 1 Stunde etwa; sind die Totenflecke gering und noch wegdrückbar; beginnt die Starre an Nacken und Kiefer = etwa 2—3 Stunden; sind reichlich Totenflecke, Starre in allen Gelenken vorhanden = etwa 7—8 Stunden; sind die Totenflecke nicht mehr wegdrückbar, die Hornhäute neblig trüb = etwa 10—12 Stunden; ist Grünfärbung der Bauchhaut, der Haut über den Hautvenen vorhanden = etwa 24 Stunden; sind Maden an Mund, Nase, Augen etc., die Hornhäute undurchsichtig = etwa 48 Stunden; sind Fäulnisblasen vorhanden etwa 2—3 Tage (je nach Temperatur, Feuchtigkeit, Todesart); sind Puppen vorhanden = etwa 8 Tage; sind leere Puppen vorhanden = etwa 3 Wochen; ist die Leiche durch die Leichentierwelt völlig skelettiert = etwa 3—6 Wochen[1]).

b) Aus dem Verdauungszustande des Mageninhalts. Nur mit Wahrscheinlichkeit, da auch nach dem Tode der Magen noch verdaut (noch etwa 24 Stunden lang). Erfolgt der Tod unmittelbar nach der Mahlzeit, so ist die postmortale Verdauung weniger stark; je geringer der Mageninhalt, desto stärker ist sie. — Der lebende Magen entleert die eingenommene Mahlzeit in 2—6 Stunden, Diese Zeit ist also sicher nach der letzten Mahlzeit verflossen, wenn der Magen der Leiche leer gefunden wird.

c) Aus dem Grade der Fettsäurebildung (Bürger): Durch mehrstündiges Einlegen der Leichenteile in gesättigte Kupfer-Azetatlösung mit geringem Formalinzusatz und nachherigem Auswässern erhält man eine mit dem Alter der Leiche an Stärke des Farbentons zunehmende Grünfärbung (hell bis tiefdunkel) der gebildeten Fettsäuren. Fett und Gewebe bleiben farblos.

---

[1]) Vergl. Ztschr. f. Med. Beamte Nr. 6. 1911. S. 209.

d) Aus dem Grade der Fettwachsbildung: Sie beginnt nach etwa 6—8 Wochen und erreicht ihren Höhepunkt nach etwa ½—1 Jahr und mehr.

f) Aus dem Verwesen der Kleidung: Baumwollgewebe zerfällt in 4—5 Jahren, Wollgewebe in 8—10 Jahren, Seide, Leder in 20 und mehr Jahren.

e) Aus dem Verwesen der Röhrenknochen: Sind diese porös, leicht und fettfrei = 20—30 Jahre.

II. Bestimmung von Skeletten und Knochen.

1. Menschen- oder Tierknochen?

Bei unversehrten Knochen aus Form und Größe, bei Stücken aus dem Bau (makro- und mikroskopisch an Schliffen), den Unterschieden der Struktur, der Haversschen Kanäle. Tierknochen sind schwerer, kompakter, haben dickere Rindensubstanz, dickere Lamellen in der Marksubstanz. Kleine Tierknochen unterscheiden sich von Kinderknochen durch die knorpelig verwachsenen Epiphysen der letzteren. — Biochemischer Nachweis mittelst der Präzipitinreaktion aus dem Extrakt von Mark, Weichteilen und Knochen, s. S. 143.

2. Von einem oder mehreren Personen?

Zusammenstellen und mit einem Skelett vergleichen (s. Zahl der Skelettknochen S. 115).

3. Welches Geschlecht?

Aus der Skelettlänge, aus den grazilen weiblichen Knochen, den kräftigeren männlichen mit ihren starken Höckern und Muskelleisten, der Größe des Schädels, der Länge der Glieder, der Form des Beckens (weit, niedrig, ovaler Eingang, breites Kreuzbein, bogenförmiger Schambeinbogen = weiblich; eng, kartenherzförmiger Eingang, schmales Kreuzbein, winkliger Schambeinbogen = männlich (s. Beckenmaße S. 114).

4. Welches Alter hatte die Person?

a) Aus der Länge des ganzen Skelettes und der einzelnen Knochen (s. Maße). Skelettlänge + 3—5 cm = Körperlänge, Oberarmknochen × 5 und Oberschenkelknochen × 3,7 = Skelettlänge.

b) Aus dem Knochenmark: Bis zum 40. Jahre rot, später rosa, im hohen Alter gelb.

c) Aus dem Bau der Knochen: Bis zum 40. Jahr überwiegen die Grundlamellen, vom 60. Jahr ab erweitern sich die Haversschen Kanäle durch Resorption, senile Atrophie.

d) Aus dem Gebiß: Erste Zahnung vom 7. bis 30. Monat: 8 Schneide-, 4 Eck-, 4 kleine Mahl-, 4 große Mahlzähne = 20 Milchzähne.

Schneidezähne:		Mahlzähne:		Eckzähne:
2 mittl. untere	7. Mon.	2 kleine untere	24. Mon.	18.—33. Mon.
2 „ obere	10. „	2 „ obere	26. „	
2 seitl. untere	16. „	2 große untere	28. „	
2 „ obere	20. „	2 „ obere	30. „	

Zweite Zahnung vom 5. bis 25. Jahr: 8 Schneide-, 4 Eck-, 8 kleine Mahl-, 12 große Mahlzähne = 32 bleibende Zähne.

Die 4 ersten großen Mahlzähne (5.—7. Jahr), die 4 mittleren Schneidezähne (8. Jahr), die 4 seitlichen Schneidezähne (9. Jahr), die 4 ersten kleinen Mahlzähne (10. Jahr), die 4 zweiten kleinen Mahlzähne (11. Jahr), die 4 Eckzähne (12. Jahr), die 4 zweiten großen Mahlzähne (13. Jahr), die 4 dritten großen Mahlzähne (Weisheitszähne) (18.—25. Jahr).

In höherem Alter aus Abnutzung der Kauflächen, Karies und Zahnausfall.

5. Gehören die Knochen einer bestimmten Person an?

Ist zu bestimmen aus besonderen Merkmalen, Knochenverletzungen, -narben, -auftreibungen, -verkrümmungen, rachitischen Veränderungen, Mißbildungen, Form der knöchernen Nase, Form des Schädels: dolichozephal = lang, brachyzephal = kurz, mesozephal = mittlere Länge, Turmschädel = hohe Stirn, kleines Gesicht, mikrozephal = kleiner Umfang, hydrozephal = großer Umfang (62 cm und mehr), Aztekenkopf = zurückweichende Stirn und Nase, Vogelkopf = zurückweichendes Kinn, andere Formen = rund, breit, viereckig, oval, schief, schräg, keilförmig, sattelförmig, symmetrisch, asymmetrisch. Aus dem Gebiß (Stellung, Zahnlücken, künstliche Zähne, Plomben). Aus den Kleidungsstücken.

6. Läßt sich die Todesursache bestimmen?

Fast nie aus den Knochen allein, eher ist sie aus den Kleidungsstücken, falls diese wohlerhalten sind, zu vermuten (Schuß-, Stich-, Schnittverletzungen). Große Vorsicht im Urteil!

Elfter Abschnitt.

Maße und Gewichte.

Skelettlänge.

Kinder:

Im 1.— 5. Monat	unter 60 cm	(50—60 cm)
6.—12. „	über 60 „	(60—70 „)
2. Jahr	70 „	
3. „	80 „	
4. „	85 „	
5. „	95 „	
6. „	105 „	
7. „	110 „	
8. „	115 „	
9. „	120 „	
10. „	125 „	
11. „	130 „	
12. „	135 „	
13. „	140 „	
14. „	145 „	
15. „	150 „	
16. „	160 „	
17. „	165 „	
18.—21. „	165 „	

Erwachsene:

Männer	Frauen
157—180 (im Mittel 166) cm	153—166 (im Mittel 155) cm

Skelettlänge + 3—5 cm = Körperlänge.

Länge der Gliedmaßen (im Mittel):

	männlich	weiblich
Oberarmknochen . . .	32,5 cm	30,0 cm
Elle	26,5 „	23,5 „
Speiche	24,5 „	22,0 „
Hand.	20,0 „	17,5 „
Oberschenkelknochen.	47,0 „	43,5 „
Schienbein	38,0 „	34,0 „
Wadenbein	37,0 „	32,0 „
Fuß	25,0 „	22,0 „

Länge der Gliedmaßen im Verhältnis zur Körpergröße.

Männer:

Größe	Oberschenkel	Schienbein	Wadenbein	Oberarm	Elle	Speiche
1,52	41,5	33,4	32,9	29,8	23,3	22,3
1,54	42,1	33,8	33,3	30,2	23,7	22,6
1,56	42,6	34,3	33,8	30,7	24,0	22,8
1,58	43,1	34,8	34,3	31,1	24,4	23,1
1,60	43,7	35,2	34,8	31,5	24,8	23,4
1,62	44,2	35,7	35,2	31,9	25,2	23,6
1,64	44,8	36,1	35,7	32,4	25,5	23,9
1,66	45,3	36,6	36,2	22,8	25,9	24,2
1,68	45,8	36,9	36,6	33,1	26,1	24,4
1,70	46,2	37,3	36,9	33,5	26,4	24,6
1,72	46,7	37,6	37,3	33,8	26,6	24,9
1,74	47,2	38,0	37,7	34,2	26,9	25,1
1,76	47,7	38,3	38,0	34,5	27,1	25,3
1,78	48,1	38,6	38,4	34,8	27,3	25,5
1,80	48,6	39,0	38,8	35,2	27,6	25,8

Frauen:

Größe	Oberschenkel	Schienbein	Wadenbein	Oberarm	Elle	Speiche
1,40	37,3	29,9	29,4	27,1	21,4	20,0
1,42	37,9	30,4	29,9	27,5	21,7	20,2
1,44	38,5	30,9	30,5	27,8	21,9	20,4
1,46	39,1	31,4	31,0	28,1	22,1	20,6
1,48	39,7	31,9	31,5	28,5	22,4	20,8
1,50	40,3	32,4	32,0	28,8	22,6	21,1
1,52	40,9	32,9	32,5	29,2	22,9	21,3
1,54	41,5	33,4	33,0	29,5	23,1	21,5
1,56	42,0	33,8	33,4	29,9	23,4	21,7
1,58	42,4	34,3	33,9	30,3	23,6	21,9
1,60	42,9	34,7	34,3	30,7	23,9	22,2
1,62	43,4	35,2	34,8	31,1	24,2	22,4
1,64	43,9	35,6	35,2	31,5	24,4	22,6
1,66	44,4	36,0	35,7	31,9	24,7	22,8
1,68	44,8	36,5	36,1	32,3	25,0	23,0
1,70	45,3	36,9	36,5	32,7	25,3	23,2
1,72	45,8	37,4	37,0	33,1	25,6	23,5

Gewicht und Größe in den verschiedenen Lebensaltern.

Alter	15 – 24	25 – 29	30 – 34	35 – 39	40 – 44	45 – 49	50 – 54	55 – 59	60 – 64	65 – 69
Größe	Gewicht									
1,52	54,4	56,7	58,0	59,4	60,3	60,7	60,7	60,7	59,4	—
1,55	55,3	57,4	58,5	59,4	60,7	61,6	61,6	61,6	60,7	—
1,57	56,2	58,0	59,4	60,3	61,6	62,6	62,6	62,6	62,1	—
1,60	57,6	59,4	60,7	61,6	63,0	63,9	63,9	63,9	63,5	63,5
1,63	59,4	61,2	62,6	63,5	64,9	65,3	65,7	65,7	65,3	64,8
1,65	60,7	62,6	63,9	64,4	66,2	66,6	67,5	67,5	67,1	66,6
1,68	62,6	64,4	65,7	66,6	68,0	68,4	69,4	69,4	69,4	68,4
1,70	64,4	66,6	67,9	68,9	70,3	70,7	71,6	71,6	71,6	70,7
1,73	66,2	68,4	69,8	71,2	72,5	72,9	73,9	73,9	73,9	73,4
1,75	68,0	70,3	72,1	73,4	74,8	75,2	75,7	76,2	76,2	76,2
1,78	69,8	72,1	74,3	75,7	77,1	77,5	77,9	78,4	78,9	78,9
1,80	72,1	74,3	76,6	78,4	79,3	80,2	80,2	80,7	81,0	81,6
1,83	74,8	77,1	79,3	81,1	81,6	82,9	82,5	82,9	83,9	83,9
1,45	77,1	80,2	82,1	83,9	84,3	85,7	85,2	85,7	85,7	85,7
1,88	78,8	83,4	85,2	87,0	87,9	88,8	87,9	87,9	87,0	87,0
1,91	82,0	86,1	88,4	90,7	92,0	92,5	91,1	89,8	—	—

Körpergröße und Gewicht im Verhältnis zum Alter.

Alter	Männer		Frauen	
	Größe m	Gewicht kg	Größe m	Gewicht kg
Neugeborene	0,50	3,20	0,49	2,91
mit 1 Jahr	0,71	9,45	0,69	8,79
„ 2 Jahren	0,79	11,34	0,78	10,67
„ 5 „	0,99	15,77	0,97	14,36
„ 7 „	1,10	19,10	1,09	17,54
„ 10 „	1,27	24,52	1,25	23,52
„ 11 „	1,33	27,10	1,30	25,65
„ 12 „	1,38	29,82	1,35	29,82
„ 13 „	1,44	34,38	1,40	32,94
„ 14 „	1,49	38,76	1,45	36,70
„ 15 „	1,53	43,62	1,50	40,37
„ 16 „	1,55	49,67	1,53	43,57
„ 17 „	1,59	52,85	1,55	48,31
„ 18 „	1,66	57,85	1,58	51,03
„ 20 „	1,67	60,06	1,58	52,28
„ 25 „	1,68	62,93	1,58	53,28
„ 30 „	1,68	63,65	1,58	54,33
„ 40 „	1,68	63,67	1,58	55,23
„ 50 „	1,67	63,46	1,54	56,16
„ 60 „	1,64	61,94	1,52	54,30
„ 70 „	1,62	59,52	1,52	51,51
„ 80 „	1,61	57,83	1,51	49,37
„ 90 „	1,61	57,83	1,51	49,34

Um die Körpergröße zu erhalten, ist die Länge folgender Knochen zu multiplizieren mit folgenden Zahlen:

	männlich	weiblich
Oberschenkel . .	mit 3,66	mit 3,71
Schienbein . . .	„ 4,53	„ 4,61
Wadenbein . . .	„ 4,58	„ 4,66
Oberarm	„ 5,06	„ 5,22
Elle	„ 6,41	„ 6,66
Speiche	„ 6,86	„ 7,16

Die Körpergröße wächst bis zum 23, Jahre, vermindert sich zwischen dem 40. und 60. Jahre um 2—3 cm.

Die Spannweite ist 4—5 cm größer als die Körpergröße, ihr Maximum im 22.—44. Jahr = ca. 1,679 m.

Wenn die ganze Höhe des Körpers = 1, so beträgt die Entfernung:

Vom Scheitel bis zum Kinn	0,133
„ Kinn bis zum Brustbein . . .	0,039
„ Brustbein bis zum Schambein .	0,320
„ Schambein bis zur Erde . . .	0,508
	1,000
„ Schambein bis zur Kniemitte .	0,225
„ Kniemitte bis zum Knöchel . .	0,232
„ Knöchel bis zur Erde	0,051
	0,508
Von Schulterhöhe zu Schulterhöhe .	0,232
„ Hüfte zu Hüfte	0,139
„ Schulterhöhe zu Ellenbogen . .	0,196
„ Ellenbogen zu Handgelenk . .	0,145
Die Länge der Hand	0,113

Gewicht einzelner Körperteile zum ganzen Körpergewicht.

Kopf	$^1/_{11}$—$^1/_{17}$.
Stamm	$^1/_3$
Schultern + Arme .	$^1/_6$
Hüften + Beine . .	$^3/_7$.

Verhältnis der Länge einzelner Knochen zur Körpergröße.

	beim Erwachsenen	beim Neugeb.
Wirbelsäule . . .	1 : 2,82	1 : 2,60
Schädel	1 : 7,90	1 : 4,89

Oberschenkel . .	1 : 3,84	1 : 5,19
Schienbein . . .	1 : 4,65	1 : 6,20
Oberarm	1 : 5,00	1 : 6,12
Speiche	1 : 7,06	1 : 8,34
Hand.	1 : 9,03	1 : 7,95
Fuß	1 : 9,72	1 : 8,62

Kopfumfang bis zum 14. Lebensjahr.

Neugeborene	34,5 cm
Mit ½ Jahr	40,0 ,,
,, 1 ,, ...	43,5 ,,
,, 2 Jahren	46,0 ,,
,, 3 ,, ...	46,5 ,,
,, 5 ,, ...	47,0 ,,
,, 7 ,, ...	47,6 ,,
,, 9 ,, ...	48,0 ,,
,, 11 ,, ...	48,5 ,,
,, 14 ,, ...	49,0 ,,

Schädelmaße (Erwachsene):

Dicke: Am Hinterhaupt 1—1,5 cm, an der Schläfe 0,1—0,2 cm, am Scheitelbein 0,5 cm, durchschnittlich 0,6 cm.

	männlich	weiblich
Längendurchmesser .	17,0—18,00 cm	15,8 cm
Querdurchmesser .	13,5—15,50 ,,	13,3 ,,
Höhendurchmesser .	13,46 ,,	12,5 ,,
Umfang	49,0—65,00 ,,	53—58 ,,
Gewicht	650 g	599 g
Kapazität	1560 ccm	1375 ccm

Becken (weibl. Erwachsene):

a) Maße am Skelett.

Beckeneingang (Promontorium — Lineae terminales — Schambeinkämme — Schoßfuge):

Grader Durchmesser	. . . .	11,0 cm
Schräger ,,	(beide je)	12,0—12,5 ,,
Querer ,,	männl. 12,8 cm, weibl.	13,5 ,,

Beckenausgang (Steißbeinspitze — Sitzbeinhöcker — Schoßfuge):

Grader Durchmesser	. . . .	9,5 cm
Schräger ,,	(beide je)	11,0 ,,
Querer ,,	männl. 8,1 cm, weibl. . .	11,0 ,,

Beckenweite (2.—3. Kreuzbeinwirbel — Pfannenmitte — Schoßfuge):

Querer Durchmesser		12,75 cm
Schräger „	(beide je)	13,50 „
Querer „		12,50 „

Beckenenge (Kreuzbeinspitze — Sitzbeinstachel — Schoßfuge):

Querer Durchmesser		11,5 cm
Schräger „	(beide je)	11,0 „
Querer „		10,5 „

b) Maße an der Lebenden in Klammer.

Entfernung der vorderen oberen Dorne der Darmbeine 23 (26) cm.

Entfernung der Darmbeinkämme 25 (29) cm,
„ „ Rollhügel 26 (31½) cm.

Conjugata externa (letzter Lendenwirbel — Schoßfuge) (20 cm).

Conjugata diagonalis (Promontorium — Schoßfuge) (12,5 bis 13 cm).

Conjugata vera (Promontorium — oberer Rand der Schoßfuge) (11 cm).

Zahl der Knochen des menschlichen Skeletts.

Schädel	7
Gehörorgan	6
Gesicht	15
Wirbelsäule	26
Brustkorb	25
Schultergürtel	4
Oberarme	2
Vorderarme	4
Handwurzeln	16
Mittelhände	10
Finger (mit zehn Sesambeinen)	38
Hüften	2
Oberschenkel	2
Unterschenkel	6
Fußwurzeln (mit zwei Sesambeinen)	16
Mittelfüße	10
Zehen (mit sechs Sesambeinen)	34
	223

Gehirn (einschließlich Kleinhirn):

Länge, männlich 15—17 cm, weiblich 15—16 cm,
Breite 13—14 cm,

Höhe 11—12,5 cm,
Gewicht, männlich 1250—1550 (1400), weiblich 1050—1550 (1275),
Volumen 1045 ccm.

Kleinhirn.

Länge 9 cm,
Gewicht 140 g,
Volumen 135 ccm.

Rückenmark.

Länge		41,3—44,8 cm
Querdurchmesser d.	Halsanschwellung	1,3— 1,4 „
„ „	Brustteiles	1,0 „
„ „	Lendenanschwellung	1,2 „

Gewicht 37 g (im Verhältnis zum Gehirngewicht 1 : 38).

Liquor cerebrospinalis.

Gewicht 135 g.

Brustkorb (Erwachsene).

Größter querer Durchmesser,	männl.	16 cm,	weibl.	14,0 cm
„ gerader „	„	10,9 „		13,7 „

Umfang, männlich 89 (82) cm.

Innere Brustdrüse.

Länge im 9. Monat 5,9 cm, im 2. Jahr 6,9 cm; Breite — die Hälfte der Länge.

Gewicht beim reifen Neugeborenen	8—22 g
„ im 9. Monat	20—30 „
„ „ 2. Jahre	23—36 „
„ „ 15. „	6—14 „

Vergrößerung bis zum 3. Jahre, konstant bis zum 14. Jahre, dann Rückbildung durch Fettdurchwachsung.

Zwerchfellstand in der Brustwarzenlinie.

Rechts 4. Rippe bis 4. Zwischenrippenraum, links 5. Rippe.

Bei Neugeborenen: der fötalen Lunge rechts 4. Rippe, links 5. Rippe bis 4. Zwischenrippenraum; nach Atmung rechts 5.—6. Rippe, links 6. Rippe.

Herz.

Länge 8,0—10,0 cm.
Breite 8,5—10,5 cm.
Dicke 3,0— 5,0 cm.

Wanddicke der rechten Kammer 0,3—0,6 cm,
„ „ linken „ 0,7—1,7 „

Gewicht 250—300 g, männlich 300 g, weiblich 250 g (ohne Blutinhalt).

Umfang der Dreizipfelklappe	11,0 cm	am Klappenring
„ „ Zweizipfelklappe	10,0 „	
„ „ Lungenschlagader . . .	9,0 „	
„ „ groß. Körperschlagader .	8,0 „	

Durchmesser der Lungenschlagader . . . . . 2,6 cm
„ „ großen Körperschlagader . . 3,0 „

Schilddrüse.

Höhe 5,0—7,0 cm,
Breite 3,0—4,0 „
Dicke 1,5—2,5 „
Gewicht 30—60 g.

Lungen.

Länge 27 cm,
Breite der rechten 10 cm, der linken 8 cm,
Dicke 17 cm.
Gewicht der rechten 360—570 g,
„ „ linken 325—480 „
Größe der Lungenbläschen 0,25—0,30 mm.

Milz.

Länge 12,0—15,0 cm,
Breite 7,5— 9,0 „
Dicke 3,0— 5,0 „
Gewicht 140—180 g,
Volumen 220 ccm.

Nieren.

Länge 10—12 cm,
Breite 5— 7 „
Dicke 3— 4 „
Gewicht 120—200 g,
Volumen 135 ccm,
Breite der Rinde 0,5—1,0 cm,

Nebennieren.

Länge 3,5 cm,
Breite 3,0 „
Dicke 0,5 „
Gewicht 6,8—9,3 g.

Harnleiter.

Länge 28 cm,
Dicke 0,3—0,4 cm.

Harnblase.

Inhalt der männlichen 550 g, der weiblichen 580 g.

Vorsteherdrüse.

Länge	2,7 cm,
Breite	4,5 „
Dicke	2,0 „
Gewicht	20,0 g.

Samenbläschen.

Länge	4,3 cm,
Breite	1,7 „
Dicke	0,9 „
Inhalt	2,0—3 ccm.

Hoden.

Bei Erwachsenen:

Länge	4,0— 4,5 cm, vor der Reife und im Greisenalter	3,0 cm
Breite	2,5— 3,5 „ „ „ „ „ „ „	2,0 „
Dicke	2,0— 2,7 „ „ „ „ „ „ „	1,6 „
Gewicht	20—27 g.	

Gebärmutter.

	vor Geburten:		nach
Länge	5,3—7,0 cm,	—	8,7— 9,5 cm,
Breite	3,7—4,0 „	—	5,5— 6,0 „
Dicke	2,0—2,5 „	—	3,0— 3,6 „
Wanddicke des Körpers	1,0— 1,5 cm,	—	1,0— 2,0 „
Länge des Halses . .	2,9— 3,4 „	—	
Breite „ „ . .	2,0 „	—	
Dicke „ „ . .	1,6— 2,0 „	—	
Wanddicke des Halses	0,7— 0,8 „	—	0,8— 0,9 „
Gewicht	33—41 g	—	102,0—117,0 g

Eierstöcke.

	vor Geburten:		nach
Länge	3,5—5,2 cm	—	2,7—4,1 cm
Breite	1,6—2,7 „	—	1,4—1,6 „
Dicke	1,0—1,3 „	—	0,7—0,9 „
Gewicht			5,0—10,9 g

Größe eines reifen Follikels . . .	0,1—0,2 cm
„ „ Corpus luteum . . .	1,0—2,0 „

Die Einzeldrüsen

des Dünndarm 1—2 mm,
des Dickdarms 1—3 „

Leber.

Höhe des recht. Lappens 18—22 cm, des link. 10—14 cm
Breite „ „ „ 25—31 „
Dicke „ „ „ 8—10 „
Gewicht 1250—1980 (1600) g,
Volumen 1575 ccm,
Länge eines Läppchens 1—2 mm,
Breite „ „ bis 1 mm.

Gallenblase.

Länge 8—14 cm,
Breite 3 „
Wanddicke 1—2 mm.

Bauchspeicheldrüse.

Länge 23,0 cm,
Breite 4,5 „
Dicke 3,8 „
Gewicht 90—120 g.

Menge des Blutes (beim Erwachsenen) 4,5—5 kg = $^1/_{13}$ des Körpergewichts.

Menge des Kotes (Erwachsene in 24 Stunden) etwa 170 g, bei vegetarischer Kost 400—500 g.

Säuglinge: 80 g oder 3 g auf 1 kg Körpergewicht.

Menge des Harns (Erwachsene in 24 Stunden) 1500 bis 1700 ccm.

Menge des ejakulierten Samens (im Mittel) 3,373 ccm mit etwa 226 Millionen Samenfäden.

Menge der Monatsblutung 100—200 g.

Maße und Gewichte Neugeborener.

Des reifen Neugeborenen.

Länge 50 cm (48—54),
Gewicht 3000 g (2000—5000),
Kopfumfang 34,5 cm,
Große Fontanelle 2—2,5 cm: 3—4 cm,

Schläfenbeindurchmesser (vorderer, querer) 8,0 cm,
Scheitelbeindurchmesser (hinterer, querer) 10 cm,
Stirnhinterkopfdurchmesser (grader) 12 cm.
Nacken — gr. Fontanelledurchmesser (kleiner schräger) 9,5 cm,
Kinnhinterkopfdurchmesser (großer, schräger) 14 cm,
Schulterbreite 12 cm,
Brustumfang 30 cm,
Hüftenbreite 10 cm,
Knochenkern des unteren Oberschenkelendes 2—9 mm,
(in der 36. Woche 0,1 mm; in der 38. Woche 0,5—1 mm),
Knochenkern des Fersenbeins 0,7—1,2 mm,
(in der 28. Woche 0,3; 32. Woche 0,5; 36. Woche 0,6 mm),
Knochenkern des Sprungbeins 0,7—0,9 mm,
,, ,, oberen Schienbeinendes: ein Punkt,
,, ,, ,, Oberarmendes: fehlt.

Gewicht der rechten Lunge	26,0— 33,0	g
,, ,, linken ,, ...	21,0— 28,5	,,
,, des Herzens (blutleer) . . .	15,0— 20,0	,,
,, der inneren Brustdrüse . . .	8,5	,,
,, ,, Schilddrüse	3,0— 8,5	,,
,, ,, Leber	81,5—123,5	,,
,, ,, Milz	8,5	,,
,, jeder Niere	11,0— 11,5	,,
,, des Gehirns	338,5—352,0	,,
Länge des Oberarmknochens	8,0— 8,12	cm
,, der Elle	7,47	,,
,, ,, Speiche	7,22	,,
,, des Oberschenkelknochens . .	9,0— 9,48	,,
,, ,, Schienbeins	8,57	,,
,, ,, Wadenbeins	8,35	,,

Länge des Oberarmknochens

im 6.	Schwangerschaftsmonat	3,5 cm,
,, 7.	,,	4,5 ,,
,, 8.	,,	5,0 ,,
,, 10.	,,	8,0—8,12 cm.

Länge des Oberschenkelknochens

im 6.	Schwangerschaftsmonat	4,0 cm,
,, 7.	,,	4,5 ,,
,, 8.	,,	5,0 ,,
,, 10.	,,	9,0—9,48 cm.

Länge der Nabelschnur 50—60 (32—194!) cm,
Gewicht der Nachgeburt 500—600 g,
bei Erstgebärenden 530 g,
bei Mehrgebärenden 550 ,,

Durchmesser der Nachgeburt 15,5—18,5 cm,
Menge des Fruchtwassers . . . . 1300 g
„ „ Blutverlustes der Gebärenden . . . 300 „
„ „ Blutes reifer Früchte . . . . . 150—300 „

Durch den Abfall der Nabelschnur und Verdunstung von der feuchten Haut aus verliert das Neugeborene in den ersten Lebenstagen etwa 300 g.

Der Magen des Neugeborenen faßt 35— 40 ccm,
am 15. Tag etwa 150—160 „
im 2. Jahre etwa 750 „

Die Milch bleibt etwa $1\frac{1}{2}$—2 Stunden im Magen des Neugeborenen.

Verhältnis einzelner Knochen zur Körpergröße des Neugeborenen.

Wirbelsäule	1 : 2,60
Oberschenkel	1 : 5,19
Schienbein	1 : 6,20
Oberarm	1 : 6,12
Speiche	1 : 8,34
Hand	1 : 9,05
Fuß	1 : 8,62

Um die Größe des Neugeborenen zu bestimmen, ist die Länge folgender Knochen mit folgenden Zahlen zu multiplizieren:

Oberschenkel	mit 5,18
Schienbein	„ 6,21
Wadenbein	„ 6,62
Oberarm	„ 6,13
Elle	„ 7,09
Speiche	„ 8,20

Gewicht, Größe und Brustumfang der Kinder in den ersten 30 Monaten.

Knaben:

	Gewicht	Größe	Brustumfang
Anfangsgewicht	3 500 g	50,0 cm	30,0 cm
Ende des 1. Monats	3 451 „	50,6 „	31,8 „
2. „	4 108 „	54,1 „	35,0 „
3. „	4 840 „	55,6 „	36,6 „
4. „	5 670 „	59,9 „	39,0 „
5. „	5 868 „	60,5 „	37,7 „
6. „	6 802 „	63,0 „	40,3 „
7. „	7 017 „	64,4 „	40,2 „

Ende des 8. Monats	7 152 g	66,1 cm	42,3 cm
9. ,,	7 579 ,,	67,4 ,,	41,5 ,,
10. ,,	8 312 ,,	65,9 ,,	42,2 ,,
11. ,,	8 412 ,,	69,6 ,,	42,6 ,,
12. ,,	8 588 ,,	71,0 ,,	43,2 ,,
13. ,,	8 479 ,,	70,7 ,,	43,0 ,,
14. ,,	8 897 ,,	72,2 ,,	43,7 ,,
15. ,,	8 825 ,,	73,0 ,,	43,7 ,,
16. ,,	9 414 ,,	74,1 ,,	44,0 ,,
17. ,,	9 810 ,,	76,0 ,,	45,0 ,,
18. ,,	9 650 ,,	74,6 ,,	45,0 ,,
19. ,,	9 818 ,,	76,1 ,,	45,2 ,,
20. ,,	9 973 ,,	77,5 ,,	46,1 ,,
21. ,,	9 911 ,,	75,7 ,,	44,9 ,,
22. ,,	10 344 ,,	78,2 ,,	45,4 ,,
23. ,,	10 299 ,,	78,1 ,,	45,0 ,,
24. ,,	10 547 ,,	78,8 ,,	45,5 ,,
25. ,,	10 542 ,,	80,0 ,,	46,9 ,,
26. ,,	10 133 ,,	81,6 ,,	47,1 ,,
27. ,,	11 100 ,,	80,0 ,,	47,2 ,,
28. ,,	11 000 ,,	82,0 ,,	46,0 ,,
29. ,,	11 150 ,,	82,5 ,,	46,3 ,,
30. ,,	11 407 ,,	83,7 ,,	47,1 ,,

Mädchen:

	Gewicht	Größe	Brustumfang
Anfangsgewicht	3 000 g	50,0 cm	30,0 cm
Ende des 1. Monats	3 219 ,,	50,1 ,,	31,4 ,,
2. ,,	4 002 ,,	53,8 ,,	34,5 ,,
3. ,,	4 792 ,,	57,5 ,,	36,2 ,,
4. ,,	5 409 ,,	59,3 ,,	37,5 ,,
5. ,,	5 866 ,,	61,0 ,,	38,8 ,,
6. ,,	6 426 ,,	62,2 ,,	38,9 ,,
7. ,,	6 855 ,,	64,0 ,,	39,8 ,,
8. ,,	6 936 ,,	64,9 ,,	39,8 ,,
9. ,,	7 396 ,,	66,9 ,,	40,4 ,,
10. ,,	7 527 ,,	67,0 ,,	41,0 ,,
11. ,,	7 588 ,,	67,0 ,,	41,0 ,,
12. ,,	7 756 ,,	68,1 ,,	41,1 ,,
13. ,,	8 277 ,,	71,8 ,,	42,3 ,,
14. ,,	8 350 ,,	70,9 ,,	42,3 ,,
15. ,,	8 200 ,,	70,5 ,,	43,3 ,,
16. ,,	8 807 ,,	72,5 ,,	43,3 ,,
17. ,,	9 164 ,,	73,8 ,,	43,6 ,,

Ende des 18. Monats	9 219 g	74,1 cm	44,2 cm
19. ,,	9 247 ,,	73,8 ,,	44,1 ,,
20. ,,	9 087 ,,	74,6 ,,	43,5 ,,
21. ,,	9 261 ,,	75,2 ,,	43,3 ,,
22. ,,	9 887 ,,	77,7 ,,	45,2 ,,
23. ,,	9 700 ,,	77,0 ,,	45,1 ,,
24. ,,	10 106 ,,	79,5 ,,	45,5 ,,
25. ,,	10 058 ,,	79,2 ,,	45,0 ,,
26. ,,	10 336 ,,	80,4 ,,	45,9 ,,
27. ,,	10 508 ,,	80,0 ,,	45,7 ,,
28. ,,	10 150 ,,	80,0 ,,	44,8 ,,
29. ,,	11 100 ,,	83,5 ,,	46,1 ,,
30. ,,	10 829 ,,	83,4 ,,	47,1 ,,

Zwölfter Abschnitt.

I. Untersuchung von Haaren.

1. Die Untersuchung von Haaren

kommt in Frage bei Ermittelungen betreffend Entbindung, Wochenbett, Fehlgeburt, Abtreibung, Kindsmord (s. d.), Verbrechen gegen die Sittlichkeit: Notzucht, Unzucht mit Tieren. Totschlag, Mord, Körperverletzungen, gewaltsamen Tod, Diebstahl, Jagdvergehen, boshafte Tierbeschädigungen.

Identitätsbestimmungen von Lebenden und Leichen.

2. Asservierung, Versendung von Haaren.

Sollen Haare aufbewahrt oder versandt werden, so geschieht dies am besten in reinem weißen Aktenpapier eingefaltet oder in verkorkten Glasröhrchen.

Gegenstände, an welchen Haare mit Blut, Samen angetrocknet sind, sind besonders sorgfältig in weißes Papier einzuschlagen derart, daß die betreffende Stelle flach zwischen Pappdeckeln liegt und nicht knittert, damit die Haare, die spröde geworden oder angetrocknet sind, nicht bersten oder abspringen. Derartige Verletzungen am Haar könnten leicht gewaltsame, forensische vortäuschen und zu Fehlschlüssen führen.

3. Bau des Haares.

Wollhaar, Dauerhaar (Mensch). Flaumhaar, Grannen-, Stichel-, Spürhaar (Tier). Balg (Wurzelscheide, Papille). Wurzel (Zwiebel). Schaft: Oberhäutchen, Rinde, Mark.

Das Oberhäutchen (Kutikula) besteht aus dachziegelartig sich deckenden Epithelschuppen, deren Spitzen etwas vom Schaft abstehen und nach der Spitze des Haares zu gerichtet sind.

Die Rinde besteht aus einem System dicht aneinander liegender, der Haarachse parallel laufender Hornzellen, deren Konturen die Längsstreifung der Rinde verursachen. Nach Auflösung der Bindesubstanz mittelst konz. Schwefelsäure erhält man die langgestreckten spindelförmigen Zellen mit dem stäbchenförmigen Kern isoliert. Die Zellen enthalten das teils gelöste, teils körnige Pigment in Häufchen und Streifen; ältere und trockene Haare enthalten mit Luft gefüllte Hohlräume: Lücken entstanden durch Eintrocknung der Bindesubstanz.

Das Mark ist ein scharf konturierter Achsenstrang (meist zentral, selten exzentrisch), von rundlichen bis vieleckigen Zellen mit feinkörnigem Plasma, der ebenfalls mit Luft gefüllte Hohlräume und Keratohyalintröpfchen enthält.

4. Gang der Haaruntersuchung.

Man mache sich folgende Reihenfolge zur Regel:

Makroskopische Prüfung auf Kräuselung oder Schlichtheit, Messen der Länge, Bestimmen der Farbe, des Glanzes (am besten an ganzen Bündeln) auf weißer Unterlage.

Mikroskopische Prüfung mit schwacher, dann starker 300-facher Vergrößerung auf Luftblasen im Mark; sodann der Anhänge trocken ohne Zusatz und nach Zusatz von Glyzerin oder physiologischer Kochsalzlösung. Die Entfernung der Anhänge, die forensisch sehr wertvoll sein können, durch Waschen des Haares in Alkohol oder Äther ist nur dann angebracht, wenn sie die weitere Untersuchung des Haares stören würden. — Messen der Breite des in Glyzerin eingebetteten Haares mit dem Okularmikrometer. Mikroskopische Prüfung der Wurzel, des Schaftes (Oberhäutchen, Rinde, Mark), des Endes oder, bei Haarabschnitten, beider Enden, der Pigmentanordnung, Bestimmung der Haarart, der Identität, etwaiger Verletzungen.

Zur Identitätsbestimmung kann auch das Polarisationsvermögen des Haares herangezogen werden. Prüfung mit dem Hartnackschen Mikropolarimeter. Das Haar ist doppeltbrechend. Bei gekreuzten Nikols erscheint der bei weitem größere Teil des Haares leuchtend hell oder farbig (hellgelb bis dunkelviolett), ein kleinerer Teil bleibt dunkel und wird erst bei paralleler Stellung der Nikols hell (gelbbraun).

Schließlich, wenn erforderlich, Prüfung der Festigkeit, der Dehnbarkeit, des Querschnittes. Das menschliche Haar ist durchschnittlich um ein Drittel seiner Länge dehnbar.

Das Haar nicht mit Pinzette fassen!

Der zellige Bau und das Oberhäutchen treten besonders deutlich in verdünnten Säuren (1%igem Salzsäure-Alkohol) und 5%iger Ammoniaklösung hervor.

Sehr stark pigmentierte undurchsichtige Haare können mit Wasserstoffsuperoxyd, verdünnten Säuren aufgehellt werden, sie müssen aber bald wieder abgewaschen werden, weil die Säure das Haar zerstören würde.

Zum Ausziehen der sog. Verwesungsfarbe, die Leichenhaare annehmen und welche die natürliche Färbung verdeckt, dienen ebenfalls verdünnte Säuren (Salzsäure, Schwefel-, Salpetersäure), ferner Ammoniaklösung, Chloroform.

Zu Dauereinbettungen eignet sich Kanadabalsam.

Zu Querschnittsprüfungen Einbettung in Paraffin oder Zelloidin, Schneiden, Aufkleben etc.

An einem Haarabschnitt erkennt man die Richtung des nach der Wurzel oder der Spitze hin gelegenen Endes leicht im Mikroskop. Die Zacken des Oberhäutchens sind immer nach der Spitze gerichtet. Die Prüfung mittels Durchziehen durch die Finger empfiehlt sich nicht, weil dadurch etwaige Anhänge abgestreift werden.

5. Die natürliche Haarfarbe

wird durch diffuses (gelöstes) oder körniges Pigment der Rindenzellen und den Luftgehalt des Markes und der Rinde bedingt. Das Pigment fehlt im weißen Haar. Je mehr und dichter das Pigment vorhanden ist, desto dunkler ist das Haar gefärbt. Die Pigmentierung wechselt in demselben Haar und in verschiedenen Haaren desselben Standortes und derselben Person.

Es lassen sich folgende Hauptfarben mit ihren Unterstufen abgrenzen:

Blond:	Braun:	Rot:
weißblond (Albino)	hellbraun	hellrot
sehr hellblond	mittelbraun	rotblond
hellblond	dunkelbraun	mahagonirot
schmutzig hellblond	(Kastanien)	mittelrot
flachsblond	schwarzbraun	dunkelrot
mittelblond	rein schwarz	kastanienbraunrot
dunkelblond		

Bleiche und rötliche Farbe der Scham- und Achselhaare ist die Folge der Einwirkung von Schweiß, Harn, Scheidenschleim.

Fuchsige Rötung nehmen die Leichenhaare an infolge Einwirkung der Huminsäure bei Luftzutritt. Im Innern des Zopfes findet man noch die natürliche Haarfarbe.

Ergrauen ist die Folge von Pigmentschwund des nachwachsenden Haarschaftes oder, nach Ausfall des Haares, des neuwachsenden Haares und Ersatz des Pigmentes durch Luftblasen. Solche Haare sind im reflektierten Licht silberglänzend.

6. Künstliche Haarfärbungen

können zustande kommen

a) durch den Beruf (Staub, Ruß, Kohle, Kupfer bei Kupferschmieden, Rotgießern, Grünspanfabrikarbeitern [grünlich], Färbern),

b) durch Pudern,

c) durch mechanisches Färben.

In allen diesen Fällen finden sich dem Haar anhängende Farbstoff- oder Fetteilchen, die sich durch Alkohol oder Äther entfernen lassen, worauf das Haar in seiner natürlichen Farbe erscheint.

d) Durch chemisches Färben.

Auch hier sind vielfach noch Farbstoffteilchen zu finden. Im allgemeinen aber ist die chemische Färbung schwerer zu erkennen und zu entfernen. Sie fehlt aber dem nachwachsenden Haar! und ist ungleichmäßiger über das ganze Haar verteilt als die natürliche Farbe.

Schwarzfärbung: Durch Schwefelalkali und Wismutnitrat, Bleibasen, Gallussäure und Pyrogallussäure, Kohle.

Blond- bis Kastanienbraunfärbung: Durch Kaliumbichromat, Silbernitrat, übermangansaures Kali, Nußextrakt.

Durch Äther-, Benzinbehandlung läßt sich das Fett der Pomaden ausziehen, sodann der Farbstoff durch heiße Salpetersäure, heiße Salzsäure entfernen.

e) Am schwierigsten ist Entfärben, Bleichen der Naturfarbe (mit Wasserstoffsuperoxyd oder Chlorwasser) zu erweisen. Geruch nach Chlor?

Daß Gifte zu Lebzeiten in die Haare übergehen, z. B. Arsen, ist bisher nicht bewiesen; meist handelt es sich um arsenhaltige Färbemittel oder postmortale mechanische Beimengung (von künstlichen Kranzblumen).

7. Prüfung der Anhänge.

Als Anhänge kommen in Betracht und haben zum Teil großen forensischen Wert, zum Teil weisen sie auf die Körpergegend hin: Blutkörperchen, Blutkrüstchen (Menstruation, Entbindung, Notzucht), Samenfäden (Notzucht), Federn (Sodomie), Haare von Tieren (Somodie),

Schweißsalze
Mikrokokken
Talg
Epidermisschuppen } (Achsel- und Schamhaare),

Läuse, Nissen (Kopf- und Schamhaare), Blatteile, Erde, Insektenteile, Farbstoffe (Beruf oder Färbemittel), Pulverreste (s. Schußverletzungen), Staub (Damentrost!), Metallstaub (Kupferstaub bei Formstechern, Gelb-, Glockengießern, Graveuren, Klempnern, Kupferschmieden, Lithographen, Uhrmachern), Mehlstaub, Ziegelstaub.

8. Messen der Haarbreite.

Mikroskopisch mit dem Okularmikrometer.

Wollhaar	0,0008—0,0016	mm
w. Armhaar	0,0150	,,
m. ,,	0,0300—0,0400	,,
m. Wimperhaar	0,0400—0,0760	,,
Ohrhaar	0,0450	,,
w. Kopfhaar	0,0600—0,0800	,,
m. Handhaar	0,0700	,,
Achselhaar	0,0790—0,1500	,,
m. Kopfhaar	0,0800	,,
w. Brauenhaar	0,0800	,,
Nasenhaar	0,0800—0,1300	,,
Hodensackhaar	0,0820	,,
m. Schamhaar	0,0990—0,1200	,,
m. Brauenhaar	0,1200	,,
Kinnbarthaar	0,1250	,,
Schnurrbarthaar	0,1230	,,
w. Schamhaar	0,1050—0,1500	,,
Backenbarthaar	0,1250—0,1500	,,

Verhältnis der Markbreite zur Schaftbreite:

m. Scheitelhaar		0,010	zu	0,053
m. Achselhaar		0,008	,,	0,079
m. Schamhaar		0,015	,,	0,099
Schnurrbarthaar		0,032	,,	0,123
w. Scheitelhaar		0,012	,,	0,081
w. Schamhaar		0,012	,,	0,105
Rückenhaar	(Hund)	0,048	,,	0,069
,,	(Kuh)	0,026	,,	0,038
,,	(Kåtze)	0,057	,,	0,075
,,	(Ziege)	0,045	,,	0,065

Haupthaar ist also selten, Barthaar, Schamhaar, Achselhaar meist breiter als 0,08 mm. Ein Haar, welches sich nur ganz allmählich verjüngt, ist ein Haupthaar. Ein sich auf kurzer Strecke schon verjüngendes Haar ein Zilien-, Scham- oder Schenkelhaar.

Die Breite der einzelnen Haare einer Person wechselt an demselben Standort ebensosehr wie die Breite der einzelnen Abschnitte desselben Haares. Gegen Wurzel und Spitze hin finden sich Verschmälerungen. Also Vorsicht bei Haarstümpfen. Stets zahlreiche Haare messen [1]), und an verschiedenen Stellen messen.

Das Tier- (Grannen-) haar ist durchschnittlich beträchtlich breiter als ein Menschenhaar, zeigt aber noch größere Breitenunterschiede am einzelnen Haar wie dieses.

9. Formen der Wurzel.

Glatt, atrophisch, vielfach kolbig angeschwollen, spitz zulaufend = ausgefallenes Haar.

Anhängende Wurzelscheide = ausgerissenes Haar (in einem Büschel ausgerissener Haare finden sich stets auch solche mit mehr oder weniger atrophischer Wurzel).

Schlank, spindelförmig = Wollhaar, Wimper-, After-, Hodensackhaar.

Knollenförmig = Schulter-, Brust-, Brauen-, Scham-, Gliederhaar.

Keulenförmig = Haupthaar.

Zwiebelförmig = Nasenhaar.

Möhrenförmig = Wimperhaar.

Dick, fleischig = Ohrhaar.

Kurz gedrungen, lanugoartig = die weibl. Rumpfhaare.

10. Formen des Schaftes.

Kurz, glatt, gleichmäßig breit = Männerhaar.

Lang, glatt, auf langer Strecke gleichmäßig breit, am Ende aufgefasert = Frauenhaar.

Kurz gebogen = Wimperhaar.

Gekräuselt, gequollen, gelockert, längsgerissen, längsgespalten (Schweißwirkung!) = Scham-, After-, Achselhaar.

Spiralig gedreht, gesplissen, am Ende aufgefasert (vom Zwirbeln) = Schnurrbarthaar.

Bandförmige Auftreibungen, spindelförmige Auftreibungen, Knikkungen, angelhakige Krümmungen, Absprengung von Rindenlamellen, Quer- und Längsrisse deuten auf Verletzungen hin (s. d.), Vorsicht im Urteil.

---

[1]) Da Tierhaare zuweilen marklos und menschenähnlich sind (Hunde!).

11. Formen des Haarendes.

Zarte, feine Spitze = Wollhaar, Pubertätshaar (Altersdiagnose!)

Feine, lang aufgefaserte Spitze = Frauenhaar.

Kurz geschnitten mit scharfer querer (rechtwinkeliger oder schräger) Trennungsfläche = frisch geschnittenes Männerhaar, mit mehr rundlicher Trennungsfläche und kurz aufgefasertem Ende, wenn der Schnitt älter ist. Erst nach 3 Monaten wieder Spitze. (Diagnose des letzten Schnittes.)

Rund, konisch abgeschliffen = Rumpf- und Gliederhaar.

Zackig ausgefasert, längsgespalten, mit unregelmäßig schräger, terrassen-, treppenförmiger Trennungsfläche = durchgerissenes Haar (s. Verletzungen).

12. Prüfung der Haarart.

Das **Menschendauerhaar** ist durchschnittlich schmäler als 0,15 mm im Durchmesser (s. Haarbreite); das Oberhäutchen (Kutikula) zeigt feine Zähnelung; die Rinde nimmt den größten Teil des Querschnittes ein; die Rinde enthält mehr oder weniger viel feinkörniges Pigment. Spitze und Schaft oberhalb der Wurzel sind meist pigmentfrei; das Mark ist körnig, schmal, höchstens eine oder zwei sich verzweigende Zellagen nebeneinander, vielfach unterbrochen oder fehlt ganz, seine Zellstruktur ist undeutlich und ohne Hilfsmittel (Aufhellung mit verdünnten Säuren oder Ammoniak) nicht zu erkennen.

Die bleibenden Körperhaare, die zunächst marklos sind, brechen im 5.—6. Schwangerschaftsmonat durch, wachsen im Fötalleben langsam, erst nach der Geburt schneller; sind in der Jugend weicher, heller, seidenartiger.

Im Alter wird die Pigmentierung stärker, läßt im Senim wieder nach, an der Wurzel beginnend. Schwarze Haare ergrauen eher als blonde; lockige später. Reihenfolge des Ergrauens: Schläfe-, Kinn-, Wangen-, Lippen-, Achsel-, Nasen-, Scham-, Wimper- und Brauenhaare. Auch die Stärke geht im Alter zurück.

Das **menschliche Wollhaar** (Lanugo) ist schmal (bis 0,0016 mm), mit fein ausgezogener Spitze, marklos, (fast) pigmentlos, also weiß, weich, seidenglänzend, mit zarter Zwiebelwurzel. Es beginnt im 3. Schwangerschaftsmonat zu keimen, im 5. Schwangerschaftsmonat ist der ganze Körper des Fötus mit Wollhaar bedeckt; in den letzten 3 Schwangerschaftsmonaten fällt es wieder aus und findet sich dann im Fruchtwasser, im Kindspech, in der käsigen Schmiere, während Kopfhaare, Brauen und Wimpern stärker wachsen.

Beim reifen Fötus finden sich nur an Rücken, Schultern, Hals, Brust noch Wollhaare.

Auch die weiblichen Rumpfhaare sind lanugoartig.

Das **Tierhaar** (Grannen- oder Stichelhaar, Spürhaar) ist durchschnittlich breiter als 0,15 mm im Durchmesser. Das Oberhäutchen ist schärfer gezähnt, grob sägeförmig bis gefiedert (bei der Fledermaus), weil die Randzellen größer sind und ihre Zähne weiter abstehen. Die Rinde ist schmal, oft nur ein ganz schmaler Saum. Ihr Pigment ist grobkörnig. Das Mark breit, breiter als die halbe Schaftbreite; nach der Spitze zu verjüngt es sich und verschwindet schließlich. Die Spitze ist also marklos. Das Mark hat deutliche Zellstruktur, weist mehrere Zellreihen nebeneinander in für die einzelnen Tierarten charakteristischer Form und Lagerung: rundliche Zellen (Hase, Kaninchen), ovale (Ziege), vier-, fünfeckige (Dachs), sechseckige (Ratte), vieleckige (Hirsch, Reh), langgestreckt (Rind), längs- oder quergestellt, mosaikartig (Hirsch, Reh), netzartig (Marder), in parallelen Reihen (Hase, Kaninchen). Zuweilen enthält das Mark eine zentrale luftgefüllte Höhlung (silberglänzend im reflektierten Licht).

Hundehaare sind oft menschenhaarähnlich (mit schmalem, zum Teil fehlendem Mark von undeutlicher Zellstruktur. Affenhaar hat Tierhaartypus.

Die verwandten Arten (Hirsch — Reh, Hase — Kaninchen) sind oft schwer zu unterscheiden. Stets Haare der vermutlichen Tierart zum Vergleich prüfen.

Das **Tierwollhaar** (Flaum) ist markhaltig.

13. Verletzungen des Haares durch scharf- oder stumpfwirkende Gewalt.

Die Widerstandsfähigkeit gegen äußere Einflüsse erhält dem Haar noch lange Zeit die ihm zugefügten Verletzungen: Einrisse, Quer- und Längsrisse, Ausfaserung, Absprengung des Oberhäutchens oder von Rindenlamellen, Einsprengung von Pulver- und Bleiteilchen. Bandförmige, lang- oder kurzspindelige Verbreiterungen des Schaftes, Knickungen, spiralige Drehungen, Biegungen, angelhakige Krümmungen des Haarrandes.

Auch die Form der gesetzten Zusammenhangstrennung bleibt bestehen und läßt Rückschlüsse auf die Art des Werkzeugs und der Gewalteinwirkung, der Stellung des Täters und des Opfers zu.

Beim ersten Schlag auf den Kopf mit grobkantigem Werkzeug (Axt, Beil, Hackmesser), finden sich selten am Haar Schaftveränderungen in der Längsrichtung, höchstens brechen die Haare oberhalb der Wurzel ab. Bei mehrfachen Schlägen in dieselbe

Kopfwunde dagegen, wenn die Haare zwischen Werkzeug und freiliegendem Schädelknochen gequetscht werden, entstehen Schaftsplitterungen. Sie deuten also auf wiederholten Schlag hin.

In Schädelsprünge eingeklemmte Haare sind stets mit großer Gewalt (nicht durch Fall) in den Spalt geschlagen worden: Durch Schuß oder heftigen Schlag, auch durch nur einmaligen, ist schon Einklemmung möglich.

Absplitterungen von Rindenlamellen sind nicht immer auf Verletzungen zu beziehen, können vielmehr auch von Schweißmazerationen herrühren. Also Vorsicht bei der Beurteilung solcher Veränderungen, besonders wenn nur kurze Haarabschnitte der Untersuchung zur Verfügung stehen.

Haare, die mit Blut angetrocknet sind, splittern bei der Entnahme leicht, also erst erweichen mit Glyzerin oder physiologischer Kochsalzlösung.

a) Schnittverletzungen.

Glatte, quere (rechtwinkelige oder schräge) Trennungsfläche ohne Splitterung = scharfes, schneidendes Werkzeug (scharfes Messer, Schere).

Ungleichmäßige terrassenförmige, treppige Trennungsfläche mit Splitterung des Schaftendes, Zerfaserung des Endes, plattgedrücktem Ende, Freilegung des Markstranges = unscharfes, schneidendes Werkzeug (gewöhnliches Taschenmesser, Beil, Hacke).

b) Flächenhafte Verletzungen.

Bandförmige Verbreiterung des Schaftes = Quetschung zwischen zwei ebenen Flächen.

Lang-spindelförmige Verbreiterung = Quetschung zwischen ebener und gewölbter Fläche.

Kurz-spindelförmige Verbreiterung = Quetschung zwischen zwei gewölbten Flächen.

Knickung des Schaftes oder angelhakige Krümmung des Endes = Quetschung zwischen ebener (gewölbter) Fläche und Kante.

Lang ausgezogene Verbreiterung des Trennungsendes = von stumpfem ebenem Werkzeug durchgeschlagen.

Kurz umschriebene spindelförmige Verbreiterung des Endes = von stumpfem rundem Werkzeug durchgeschlagen.

Die Spindeln sind um so kürzer, je gewölbter die Fläche des Werkzeugs war.

c) Schußverletzungen.

Einsprengung von Pulver und Bleiteilchen, von unverbrannten scharfkantigen Blättchen, Absprengung von Lamellen, Splisse, scharfe Schrammen, unregelmäßige zackige Durchtrennung des Schaftes beim Schuß mit rauchschwachem Nitropulver.

Verbrennungserscheinungen, Schwärzung, Kräuselung, Kohlung, Berußung durch Pulverschmauch, Einsprengung von Kohleteilchen beim Schwarzpulverschuß.

d) Verbrennung.

Durch Flamme, Blitz, elektrischen Strom, heiße Luft, Kräuseleisen.

1. Sengung erzeugt: Kräuselung, geringe Aufquellung, Grau- bis Graurotfärbung.

2. Verbrennung bis Verkohlung: Horngeruch, kolbenartige Auftreibung, Grau-, Braun-, Rot-, Schwarzfärbung, Brüchigkeit, Undurchsichtigkeit, perlschnurartig angeordnete Luftbläschen von verschiedener Größe von der Grenze der Verkohlung aus nach beiden Seiten in der Mitte des Haarschaftes (die durch die Hitze erweiterten lufthaltigen intrazellulären Spalträume des Schaftes). Die schwarzen (verkohlten) Abschnitte im reflektierten Licht silberweiß.

Auch bei der Behandlung mit dem Kräuseleisen entstehen die runden bis ovalen Vakuolen im Schaft, ferner Abhebung des Oberhäutchens von der Rinde, Spaltungen des Haares.

e) Verbrühung

durch heißes Wasser, heißen Dampf bis 180°: Rötung und Längsstreifung infolge Schrumpfung der Rindenzellen.

Bis 250°: Kräuselung, Rötung bis Rotschwärzung, leichte Brüchigkeit und Zerfall, geringe Durchsichtigkeit, große, perlschnurartig angeordnete Luftbläschen, keine Kohlung!

14. Prüfung des Haarquerschnittes.

Der Querschnitt menschlicher Haare ist verschieden

a) je nach dem Standort:

Kopfhaar — zylindrisch, krauses mehr platt und oval.
Barthaar — dreieckig mit nach einwärts konvexen Seiten.
Schamhaar — oval, nierenförmig.
Achselhaar, Schamhaar — ausgebauscht, aufgequollen.
Im übrigen — platt oder kantig.

b) je nach der Rasse:

Zylindrisch: Chinesen, Japaner, Polynesier.
Abgeplattet: Neger, Hottentotten, Papuas.
Oval: Arier.

Zu Querschnittsprüfungen Einbetten in Zelloidin, Schneiden (Mikrotom), Aufkleben, Färben mit Hämatoxylin-Eosin.

15. Haarähnliche Fasern.

Wolle: Grobe Zähnelung des Oberhäutchens.
Baumwolle: Bandförmig, flach, gewunden, konturiert.
Seide: Drehrund, lichtbrechend, glänzend.
Hanf: Internodien mit Faserbüscheln.
Leinen: Internodien.
Strohhalme: Längsstreifung, spröde.
Fleischfasern: Querstreifung.
Insektenbeine!

16. Gutachten bei Haaruntersuchungen.

a) Welche Haarart?

Die Frage, ob Menschen- oder Tierhaar, ist gewöhnlich aus der Stärke, der Zähnelung des Oberhäutchens, der Breite von Rinde und Mark, der Struktur des Markes unschwer zu entscheiden.

b) Von welcher Körpergegend?

Aus Anhängen, Breite, Länge, Kräuselung, Form der Wurzel, des Schaftes, der Spitze, dem Querschnitt zu entscheiden.

c) Welchen Alters?

Aus Wurzel, Mark, Spitze, Pigment (Farbe), Luftgehalt, Breite, Länge zu entscheiden.

d) Welchen Geschlechts?

Aus Länge, Breite, Spitze, Dehnbarkeit, Elastizität, Anhängen.

e) Ausgefallen oder ausgerissen?

Aus der Wurzel, etwaigen Verletzungen.

f) Sind Verletzungen vorhanden und welcher Art?

Aus der Form von Auftreibungen, aus der Trennungsfläche, Splissen, Absprengungen von Lamellen; Anhängen (Blut!).

g) Auf welches Werkzeug deuten die Verletzungen des Haares hin?

S. Verletzungen S. 130.

h) Wem gehören die Haare an (dem Opfer, dem Beschuldigten, einem Dritten)?

Nicht versäumen, Vergleichshaare des Opfers vor Beginn der Leichenöffnung zu entnehmen (Kopfhaare, Barthaare, Schamhaare, Wimpern, Brauen)! Auch beim Opfer an Kleidern, Händen gefundene, am Werkzeug klebende, am Beschuldigten haftende Haare, Tierhaare, Federn (Sodomie!) können zur Entdeckung bzw. Entlarvung führen, den Beruf, Verkehr (mit Pferden, Hunden u. a. Tieren), die getragene Kleidung (Pelz), die Art des Verbrechens (Unzucht) verraten.

Die Berechnung des Todestages aus der Länge des seit der letzten Rasur des Bartes gewachsenen Haares (das Haar soll täglich etwa 0,2—0,5 mm wachsen) ist unsicher, da das Haar wahrscheinlich auch eine Zeitlang nach dem Tode noch wächst bzw. sich infolge der Leichenstarre, der Vertrocknung und Schrumpfung der Oberhaut p. m. verlängert.

i) Der Beweis der Identität zweier (Menschen-) Haarproben bietet oft erhebliche Schwierigkeiten, zumal wenn nur wenige Haare oder gar Haarabschnitte zur Verfügung stehen. Man wird sich vielfach mit dem Urteil einer gewissen Wahrscheinlichkeit begnügen müssen. Zu berücksichtigen sind Übereinstimmung bzw. Ähnlichkeiten in der Farbe, in der Anordnung des Pigments der Rinde, im Verhalten des Markes, des Oberhäutchens, der Wurzel und Spitze, in der Länge, der Schaftbreite, die aber auch bei derselben Person und demselben Haar um 50% wechseln kann, im Querschnitt, in der äußeren Form (schlicht, gekräuselt), in den Anhängen. Stets zahlreiche Haare vergleichen!

II. Untersuchung von Federn.

(Nach Kockel, Viertelj. f. gerichtl. Med. XXXVII. Bd. 1909 II. Suppl.)

Bau der Federn.

Konturfedern, Halbdunen, Dunen, Fadenfedern.

1. Die Kontur- (Deck-, Schwung-) federn geben dem Vogel die charakteristische Gestalt und Farbe. Ihr Schaft (Kiel) hat sekundäre Seitenkiele (Äste), diese wieder tertiäre Kiele (Fasern, Strahlen). Die tertiären Fasern sind immer nach der Federspitze hin gerichtet, und Haken- oder Bogenfasern, die eine Seite der Seitenkiele hat nur Hakenfasern, die andere nur Bogenfasern, die Haken und Bogen zwei benachbarter Seitenkiele greifen ineinander, sind fest verhakt.

Die Zahl und Form dieser Haken ist bei den einzelnen Vogelarten verschieden:

Die Hühnerarten haben kurze, gedrungene, sich rasch verjüngende Hakenfasern, meist 4—6.

Die der Taubenarten sind diesen ähnlich.

Die Schwimmvögel haben lange, dünne, fein auslaufende, fast bis zur Spitze bewimperte Hakenfasern.

Die der Watvögel sind diesen ähnlich.

Die Sperlingsarten und Singvögel haben schlanke, in feine gegabelte Spitzen auslaufende, zum Teil bewimperte Hakenfasern.

2. Die Dunen sind an der Basis bandförmig, nach der Spitze zu fadenartig, im Querschnitt rund. Ihre Tertiärfasern bestehen aus einzelnen Gliedern (Zellen, Segmenten), die Grenze dieser Segmente bildet das Knötchen (Ausladung).

Form und Anordnung dieser Knötchen sind bei den verschiedenen Vogelarten charakteristisch, so daß sie zur Artbestimmung geeignet sind. Die Knötchen sind bald enger, bald weiter voneinander entfernt, bald konisch, quirlartig, pyramidenförmig, oder vorspringend, scheibenförmig, bald mehr oder weniger pigmentiert.

Die Hühnerarten haben konische, in Zacken auslaufende Knötchen, meist 4—6, die Tertiärfasern sind derb, nach der Spitze zu bewimpert.

Die Taubenarten haben längere, quirlartige Anschwellungen, aus mehreren (4) weit vorspringenden Zacken zusammengesetzt. Die Tertiärfasern sind fein.

Die Schwimmvögel haben starke quirlartige Knoten mit nasenartigen Zacken. Die der Watvögel sind denen der Hühner ähnlich.

Die Klettervögel haben stark vorspringende, vierzackige, quirlförmige Knoten bis zur Spitze der Tertiärfaser, nicht so breit entwickelt wie bei den Tauben.

Die Sperlingsvögel haben konisch geformte Knoten bis zur Spitze der Tertiärfaser, die mit feinsten Wimperhaaren besetzt ist. Die Knoten sind dunkel pigmentiert. Die Segmente sind kurz.

Die Knoten der Tag- und Nachtraubvögel bieten nichts Charakteristisches.

Im übrigen vergleiche die Abbildungen in der Abhandlung Kockels. Federn der vermuteten Vogelart sind ebenfalls stets zum Vergleiche heranzuziehen.

Die Untersuchung von Federn kommt in Betracht bei Jagdvergehen, Sittlichkeitsverbrechen, Diebstählen u. a.

Dreizehnter Abschnitt.

Untersuchung von Blut und Blutspuren.

1. Asservierung und Konservierung von Blut und Blutspuren.

Die Blutspuren am Tatort, am Fundort der Leiche, an der Leiche selbst sind zu beschreiben, oder besser durch Zeichnung oder photographische Aufnahme festzuhalten: Menge, Zahl Ausbreitung, Lage, Gruppierung, Form. Sie sind durch Überdecken mit Kisten, Töpfen, auf Steine gelegte Bretter vor Verwischung, Zerstörung zu schützen.

Kleinere blutbefleckte Gegenstände sind in Schachteln oder Glasgefäßen, in Holzwolle verpackt, zu versenden. An größeren ist die trockene Blutspur durch Bedecken mit weißem Aktenpapier zu schützen (mit Heftzwecken oder Bindfaden) und der Gegenstand in Packpapier fest zu verschnüren. Kleidungsstücke können fest gerollt werden, auf die Blutspur kommt eine Lage Watte oder Seidenpapier. Blutbefleckte Klingen sind auf Brettchen von entsprechender Größe aufzubinden, die Blutspur frei nach oben und durch Aktenpapier (mit Heftzwecken oder Bindfaden befestigt) geschützt. Blutgetränkte Erde ist in irdenen Töpfen oder emaillierten Eimern zu versenden. Blutspuren an festen Gegenständen sind mit physiologischer Kochsalzlösung abzuweichen.

2. Gang der Blutuntersuchung.

Die Gegenstände sind sorgfältig mit der Lupe abzusuchen und die gefundenen Blutflecken anzuzeichnen.

Frische Blutflecke sind rosarot mit grünlichem Schimmer; ältere: braunrot bis schwarzbraun, dem Rost täuschend ähnlich. Zum ersten Absuchen von Messerklingen benutze ich am liebsten das Mikroskop bei auffallendem Licht. Man erkennt dann auch gleichzeitig wichtige Beimengungen: Haare, Federn, Strohfasern, Fleischfasern, Gehirnmasse u. dgl. mehr, die sorgfältig zu entnehmen und zu beschreiben sind.

3. Vorproben.

a) Die beste ist die Vorprobe mit Benzidin:

Mit vierfach gefaltetem wasserfeuchtem Fließpapier wird die blutverdächtige Stelle vorsichtig abgetupft (einmal genügt!) und auf die Tupfstelle des Papiers frisch bereitete filtrierte gesättigte Lösung von Benzidin (Merck oder Kahlbaum) in Eisessig und 1—2 Tropfen Natriumperboratlösung getropft. Von den am

Papier anhaftenden Blutteilchen geht eine starke Bläuung aus. Tabletten von 0,1 Benzidin und 0,1 Natriumperborat sind im Handel. Schärfe der Probe: 1:500000.

Milch, frische Früchte geben ähnliche Färbung.

b) Die v. Deensche Guajakterpentinölprobe:

Auf die Tupfstelle des Filtrierpapiers (wie oben) wird die frisch bereitete filtrierte lichtbraune Lösung von Guajakharz in absolutem Alkohol oder in Pyridin und 1—2 Tropfen altes ozonreiches Terpentinöl getropft. Es muß sofort eine tiefe Bläuung auftreten. Schärfe der Probe 1:50—100000.

Rost und andere Eisenverbindungen, Milch, Käse, Kleber, Kartoffelbrei, Speichel, Schweiß, Eiter und andere organische Substanzen geben ähnliche Färbung.

Die noch vielfach gebräuchliche Vorprobe mit Wasserstoffsuperoxyd ist nicht zu empfehlen. Sie hat noch mehr Fehlerquellen wie die vorgenannten Proben und zerstört den Blutfarbstoff, bildet weißes Hämol, so daß der Blutfleck für die weitere Untersuchung untauglich wird.

Alle Vorproben deuten nur mit einer gewissen Wahrscheinlichkeit auf die An- oder Abwesenheit von Blutfarbstoff hin, beweisend für Blut ist weder ihr positiver noch ihr negativer Ausfall.

Bei geringem Blutmaterial empfiehlt es sich, von Vorproben ganz abzusehen und gleich die sicheren Blutproben: die Kristalldarstellung und die Spektroskopie heranzuziehen.

4. Kristallproben.

a) Reduzierte Teichmannsche Häminkristalle.

Das trockene Blutmaterial wird auf dem Objektträger fein zerteilt (flüssiges am besten sanft angetrocknet), wenig Kochsalz und 2—3 Tropfen Eisessig (wasserfrei!) zugefügt und die nach einer Weile entstehende braune Lösung über der Bunsenflamme bis zum Blasenwerfen erhitzt (langes Sieden vermeiden!). Beim Erkalten schießen hellbraune rhombische Kristalle von salzsaurem Hämatin auf.

Ohne ihre Form zu ändern, lassen sich die Kristalle reduzieren und geben dann Hämochromogenspektrum: Man hebt nach dem völligen Eintrocknen des Eisessigs das Deckgläschen ab und benetzt die Kristalle mit einem Tropfen Hydrazinhydrat (50%ige Lösung). Sie werden dann leuchtend rubinrot: Hämochromogen.[1])

[1]) Vergl.: Reduzierte Haeminkrystalle. Ärztl. Sachverst.-Ztg. 1. 1911.

An Stelle des Chlornatriums kann auch Bromnatrium und Jodnatrium benutzt werden, während Fluornatrium keine typischen Teichmannschen Kristalle gibt.

Bei älterem, eingetrocknetem und bei faulem Blut fügt man dem Eisessig Alkohol (96%) āā zu.

Der positive Ausfall der Probe ist beweisend für Blut, der negative beweist nichts. Die Kristallbildung kann behindert werden durch chemische, den Blutfarbstoff verändernde Einflüsse (Seifen, Eisenrost u. a.).[1])

b) Hämochromogenkristalle.

Man verreibt das trockene Blutmaterial auf dem Objektträger kurz mit Pyridin, bedeckt mit Deckglas und erwärmt gelinde und kurze Zeit (nicht bis zum Blasenwerfen), fügt unter das Deckglas einen Tropfen Hydrazinhydrat. Schnell sprießen dann orangegelbe bis rubinrote Sterne bis Garben oder auch einzelne Rhomben und Nadeln auf, die Hämochromogenspektrum zeigen. Die Kristalle sind vergänglich. Der Beweiswert der Probe ist gleich dem der Teichmannschen Kristalle; sie ist noch schärfer als diese.

5. Die Spektralproben.

Taschenspektralapparate liefern u. a. die Firmen C. Zeiß-Jena, M. Leitz-Wetzlar, Schmidt & Haensch-Berlin; Mikrospektroskope, eine Vereinigung von Spektralapparat und Mikroskop: Zeiß, Leitz; ein Universalspektroskop, welches auch die Ultraspektroskopie gestattet: E. Albrecht-Tübungen.

a) Frische Blutspuren,

in destilliertem Wasser gelöst und filtriert, zeigen das Spektrum des Oxyhämoglobin: 2 Absorptionsstreifen zwischen den Fraunhoferschen Linien D und E, im Gelbgrün. Oder auch das Spektrum des Methämoglobin: außer den obigen Streifen ein schmales Band im Orange. Beide Spektren verwandeln sich nach Zusatz von wenigen Tropfen (50%) Hydrazinhydratlösung in das Spektrum des reduzierten Hämoglobin: ein breiter Streifen zwischen D und E, im Gelbgrün. Die Reduktion ist stets auszuführen.

b) Ältere Blutspuren

löst man im Reagenzglas mit entsprechender Menge 10%iger Kalilauge oder mit Pyridin, unter Umständen unter Erwärmen und fügt zu der braunen filtrierten Lösung wenige Tropfen Hydrazinhydrat hinzu. Man erhält nach Farbenumschlag der Blutlösung in Frischrot das Spektrum des Hämochromogen: einen

---

[1]) Vergl.: Arch. internat. de Méd. lég. 1910. Bd. I. Heft 4. S. 240.

starken schmalen Streifen zwischen D und E im Gelb, und bei genügender Stärke der Blutlösung rechts daneben noch einen zweiten schwachen breiteren Streifen bei E im Grün.

c) Ganz altes, eingetrocknetes, erhitztes oder verkohltes Blut

löst sich nur mehr in konzentrierten Säuren (Eisessig, Salzsäure, Schwefelsäure). Die weinrote-violette, durch Glaswolle filtrierte Blutlösung zeigt das Spektrum des sauren Hämatoporhpyrin: 2 scharfe starke Bande vor D im Orange, welches nach Zusatz von Pyridin in das vierstreifige Spektrum des alkalischen Hämatoporphyrin in der nunmehr schön roten Blutlösung übergeht.

d) Ist die Blutspur sehr gering,

so werden die genannten Spektren mit einem Blutschüppchen auf dem Objektträger dargestellt und das Spektrum mit dem Mikrospektroskop geprüft.

e) Nachweis von Blut an farbigen Stoffen.

Man laugt 1 qcm des Stoffes mit 2 ccm konz. Kalilauge-Alkohol āā aus und fügt 3—5 Tropfen Pyridin hinzu. Nach Schütteln enthält die oben stehende Pyridinschicht den Blutfarbstoff und zeigt nach Zusatz 1 Tropfens Hydrazinhydrat Hämochromogenspektrum.[1])

f) Nachweis von Blut in schmutzigem Waschwasser oder anderen trüben Flüssigkeiten.

3 ccm der Flüssigkeit werden wie oben mit Kalilauge-Alkohol versetzt, nach Pyridinzusatz geschüttelt, nach Hydrazinhydratzusatz die obenstehende Pyridinschicht spektroskopiert. Sie zeigt Hämochromogenspektrum.

g) Das Ultraspektroskop

macht die im violetten Teil des Spektrums liegenden Absorptionsstreifen des Blutes sichtbar, die erst in so hohen Blutverdünnungen erscheinen, daß die oben genannten Spektren nicht mehr zu erkennen sind. Es eignet sich also für Fälle, in denen die Blutspur so klein ist, daß ihre Lösung mit dem gewöhnlichen Spektralapparat bzw. dem Mikrospektroskop keine deutlich sichtbaren Spektren mehr gibt. Diese Fälle sind allerdings recht selten. Charakteristische Absorptionsstreifen im Ultraviolett haben das

[1]) Vergl.: Deutsche Mediz. Wochenschr. 5. 1909. — Viertelj. f. ger. Med. XXXVII. 1909. 2. Suppl. — Arch. di Farmacol. speriment. VII. 1908.

Hämochromogen, das Zyanhämochromogen und das Kohlenoxydhämochromogen. Das zweiteilige Universalspektroskop von Bürker (bei E. Albrecht-Tübingen) gestattet es, ein Kontrollspektrum aus Blut zu bereiten und dieses mit der forensischen Lösung, die beide wie oben bereitet werden, zu vergleichen.

6. Nachweis der roten Blutkörperchen.

Derselbe ist sehr beschränkt. Wohlerhaltene, gut differenzierte, als solche erkennbare rote Blutkörperchen wird man nur selten in forensischen Fällen finden. Handelt es sich um relativ frische Blutspuren, so kann man immerhin versuchen, von der Spur etwas auf dem Objektträger in physiologischer Kochsalzlösung zu erweichen und zu mikroskopieren. Man wird gut tun, eine Kristall- oder spektroskopische Probe noch anzuschließen.

Die von Florence angegebene Mikroskopie der Blutkörperchen im reflektierten Licht (an undurchsichtigen, das Licht reflektierenden Objekten, Messerklingen u. a.) ist für den Praktiker zu zeitraubend, schwierig und durch die Apparatur kostspielig. Sie ist auch entbehrlich in der Praxis; ich kann sie daher hier übergehen. Wer sich dafür interessiert, findet sie ausführlich beschrieben in meiner „Forensischen Blutuntersuchung“ 1910 bei J. Springer, Berlin.

Vor einer Artdiagnose auf Grund der Mikroskopie der roten Blutkörperchen ist dringend zu warnen; sie ermöglicht lediglich die grobe Unterscheidung zwischen Säugetier- und Vogelblut: Zusatz von 2%iger Essigsäure hebt den Kern der Vogelblutkörperchen hervor; 5%ige Essigsäure löst das Säugetierblutkörperchen auf, vom Vogelblutkörperchen bleibt der Kern zurück.

Wichtiger als die Mikroskopie der Blutspur selbst ist die der Beimengungen, die mit der Blutspur angetrocknet sind und wichtige Fingerzeige für die weiteren Ermittelungen geben können: Menschen- oder Tierhaare, Vogelfedern, Samenfäden, Fleischfasern, Gehirnmasse, Flimmer-, Zylinder-, Pflasterepithel der Schleimhäute, Fettgewebe, Bestandteile der Gebärmutterschleimhaut (bei Menstrualblut), Chorionzotten und Deziduazellen (bei Abortblut), Deziduafetzen mit Schleim, Eiterzellen, Fetttröpfchen, Cholestearinkristallen (bei Wochenfluß). Ferner Stroh-, Holz-, Gräserteilchen, Kleiderstoffetzen usw.

7. Nachweis der Blutart.

Für die Praxis eignet sich am meisten die Präzipitinreaktion.

a) Die Serumpräzipitinreaktion (Uhlenhuth, Wassermann-Schütze).

Die Blutspur wird mit entsprechender Menge physiologischer Kochsalzlösung (0,85%, aus chemisch reinem Kochsalz bereitet), nicht in destilliertem Wasser gelöst, bis eine schwach gelbliche, auf Schütteln schäumende Lösung entsteht, die eine der bekannten chemischen Eiweißproben gibt. Die Lösung wird durch ein mit physiologischer Kochsalzlösung befeuchtetes Papierfilter klar filtriert. Zu 1 ccm der Lösung wird in einem engen Reagenzröhrchen 0,1 ccm Antiserum der vermuteten Blutart gesetzt und zwar durch vorsichtiges Unterschichten mittelst Pipette an der Wand des Röhrchens entlang. Ist die forensische Blutlösung dem auf die vermutete Blutart eingestellten Antiserum gleichartig, so entsteht an der Berührungsstelle beider Schichten ein weißlicher Niederschlag, der sich in 5′ verdichtet, verbreitert und nach etwa 10′ zu Boden sinkt. In 20′ muß die Reaktion beendet sein.

Ist die forensische Blutlösung ungleichartig, so bleibt sie nach dem Zusatz des Antiserums klar.

Die Differenzierung verwandter Blutarten (Mensch-Affe, Hase-Kaninchen, Pferd-Esel, Hund-Fuchs, Huhn-Taube, Ziege-Schaf-Rind) ist nicht immer mit Bestimmtheit möglich.

Als Kontrollen sind unerläßlich folgende Reaktionen: Je 0,1 ccm Antiserum 1. zu 1 ccm Blutlösung derjenigen Blutart, die in der forensischen Spur vermutet wird. 2. Zu 1 ccm Normalserum (Verdünnung 1: 1000) derjenigen Tierart, die das Antiserum geliefert hat. 3. Zu 1 ccm physiologischer Kochsalzlösung. In der ersten Probe muß ein Niederschlag auftreten, die beiden letzten müssen klar bleiben. Unter Umständen sind auch noch heterologe Blutarten zur Kontrolle heranzuziehen.

Geringe Blutmengen können in sog. Hauserschen Kapillaren geprüft werden. Man saugt zunächst von der Blutlösung, dann von dem Antiserum in die enge Kapillare an und schließt die Flüssigkeiten unten mit Plastilin ab. An der Berührungszone der beiden Schichten hebt sich gegen schwarzen Hintergrund deutlich die ringförmige Trübung ab, wenn Blutlösung und Antiserum gleichartig sind. Die Kontrollen sind in derselben Weise anzuschließen.

Diese biochemische Reaktion kann durch Fäulnis, Erhitzung, chemische Einwirkungen (Seife, Wasserstoffsuperoxyd!), welche das Bluteiweiß verändern oder zerstören, beeinträchtigt werden.

Das Antiserum wird durch 2—3 intravenöse oder intraperitoneale Einspritzungen mit Normalblutserum der in der Blutspur vermuteten Art in 8—14tägigen Zwischenräumen vom Kaninchen gewonnen. Acht bis zehn Tage nach der letzten Einspritzung wird das Tier entblutet, das Serum durch Absitzenlassen oder Zentrifugieren abgeschieden. Dieses Antiserum ist vor dem Gebrauch sorgfältig auf seinen Titer (es muß in einer Blutlösung von 1 : 20 000 noch einen Niederschlag geben) und seine Artspezifität (an heterologen Blutarten) zu prüfen. Dann wird es durch Berkefeldfilter klar filtriert und in Glasröhrchen gefüllt, in denen es zum Versand kommt.

Es wird von der bakteriologischen Abteilung des Kaiserlichen Gesundheitsamtes, sowie von den gerichtsärztlichen Universitätsinstituten zu einem bestimmten Preise zugleich mit dem zur Kontrolle dienenden Normalkaninchenserum abgegeben. Zu einer vollständigen Blutuntersuchung sind 1—2 ccm Antiserum erforderlich.

b) Die Erythropräzipitinreaktion (A. Klein, Leers).[1])

Die Blutspur wird in destilliertem Wasser gelöst, um die Blutkörperchen zu sprengen und den Blutfarbstoff vollständig auszulaugen. Die erhaltene Hämoglobinlösung wird durch Zusatz von 1,7%iger Kochsalzlösung āā auf physiologischen Kochsalzgehalt gebracht und mit dieser Flüssigkeit die Präzipitinreaktion, wie oben beschrieben, angestellt.

Das erforderliche Antiserum erhält man vom Kaninchen. Das Tier erhält mehrere Einspritzungen intraperitoneal in 8—14tägigen Zwischenräumen von 10—20 ccm einer Hämoglobinkochsalzlösung, die wie folgt bereitet wird: Das frische Blut wird mit der 10fachen Menge 0,85%iger Kochsalzlösung mehrmals in der Zentrifuge serumfrei gewaschen, bis die Waschflüssigkeit eiweißfrei ist, die sedimentierten Blutkörperchen in der 4fachen Menge destillierten Wassers gelöst, die Lösung im Verhältnis 9: 1 mit physiologischer Kochsalzlösung versetzt und zentrifugiert, bis sie klar ist und die Stromata sedimentiert sind. Diese Flüssigkeit dient zur Einspritzung.

Die Erythropräzipitinreaktion vereinigt Art- und Organspezifität; sie grenzt nicht nur heterologe Blutarten, sondern auch heterologes Eiweiß desselben Körpers ab, ist also noch schärfer und spezifischer als die Serumreaktion.

---

[1]) Vergl.: Zentralbl. f. Bact. I. Abt. Orig. 54. Bd. 1910. S. 462.

8. Die biologische Untersuchung von Fleischarten, Knochen, Nahrungsmitteln

erfolgt nach den Regeln der oben beschriebenen Serumpräzipitinreaktion. Auch die Bereitung des erforderlichen Antiserums ist dieselbe. Nur die Bereitung des eiweißhaltigen Extraktes bedarf dem Objekt entsprechend einer besonderen Darstellung.

Fleisch ist auf einer mit Aktenpapier bedeckten Unterlage durch Schaben mit ausgekochtem Messer zu zerkleinern und in sterilem Erlenmeyerschen Kölbchen mit steriler 0,85%iger Kochsalzlösung auszulaugen. Das Gemisch soll nicht geschüttelt werden. Es wird nach einigen Stunden durch Berkefeldfilter filtriert und sein Eiweißgehalt chemisch geprüft. Derselbe soll mindestens 1:300 betragen. Die Reaktion soll neutral oder schwach sauer oder schwach alkalisch sein. Dann folgt die biologische Prüfung mit dem Antiserum und die Kontrollreaktionen.

Knochen sind in Stücke zu zersägen, diese bei 37° im Brutschrank zu trocknen, in einem sterilen Mullbeutel eingewickelt mit einem Hammer oder im Mörser bis zu einem Pulver von Sandkorngröße zu zerstoßen. Das Knochenpulver wird mit Benzin mehrmals ausgelaugt, um das Fett zu entfernen, so lange, bis das Benzin klar bleibt, dann wieder getrocknet und in physiologischer Kochsalzlösung ausgelaugt. Der Auszug muß mindestens 1:300 Eiweißgehalt haben. Das Antiserum muß hochwertig (mindestens 1:20 000 wert) sein.

Das meiste Eiweiß ist natürlich im Mark, in der Knochenhaut und anhängenden Weichteilen enthalten, die also mit zu verarbeiten sind. Je älter die Knochen sind, desto schwerer wird die Artbestimmung, in verkohlten oder verbrannten, erhitzten, gekochten Knochen gelingt sie nicht.

Von Nahrungsmitteln ist in der gleichen Weise ein Auszug des Eiweißes mittelst physiologischer Kochsalzlösung herzustellen und das Fett mit Benzin zu entfernen.

9. Bestimmung der Blutmenge.

Hierzu eignet sich am besten das Sahlische Hämometer.[1]) Die Testlösung des Apparates ist eine salzsaure Hämatinverbindung, deren Farbenton einer 100fachen Blutverdünnung entspricht, von der 0,02 ccm mit der 10fachen Menge einer $^1/_{10}$%igen Normal-Salzsäure versetzt ist.

Von der zu prüfenden Blutmenge werden in derselben Weise 0,02 ccm = 20 cmm in dem graduierten Röhrchen mit der 10fachen

[1]) Vergl.: Viertelj. f. ger. Mediz. XXXVII. 1909. 2. Suppl.

Menge der Salzsäure gemischt. Es entsteht eine braune Hämatinlösung, die mit gewöhnlichem Wasser verdünnt wird, bis sie denselben Farbenton hat wie die Testlösung. Das graduierte Röhrchen zeigt dann den Hämoglobingehalt des Blutes in Prozenten der Norm an (Normalblut zu 100% angenommen).

Das bluthaltige Objekt wird mit einer entsprechenden, abgemessenen (nicht zu großen) Menge destillierten Wassers 24 Stunden ausgelaugt, 20 cmm der Auslaugeflüssigkeit werden wie oben bis zur Farbengleichheit mit der Testlösung verdünnt. Die Gleichung $\frac{1}{y} = \frac{a}{x}$ (wo y = die Verdünnungszahl, a = die Menge der Auslaugeflüssigkeit) berechnet dann x = die ccm, auf welche die ganze Auslaugeflüssigkeit bis zur Farbengleichheit zu verdünnen wäre. Diese Verdünnungszahl entspricht dem Hämoglobingehalt der gesamten Auslaugeflüssigkeit. Und die Gleichung $\frac{2}{0{,}02} = \frac{x}{y}$, in welcher für x die oben gefundene Zahl einzusetzen ist, berechnet y = die gesuchte Blutmenge. (Näheres s. in meiner „Forensischen Blutuntersuchung“.)

10. Die Serodiagnose der Syphilis.

Die Wassermannsche Luesreaktion (W. R.) beruht auf der Tatsache, daß Extrakt aus fötalen Lueslebern, mit luetischem Serum (Blutserum oder Liquor cerebrospinalis) zusammengebracht, Komplement zu binden vermag. Die erfolgte Komplementbindung gibt sich dadurch kund, daß zugesetzte Hammelblutkörperchen ungelöst bleiben (Hemmung der Hämolyse). Bleibt die Bindung aus, so werden die Hammelblutkörperchen aufgelöst (Hämolyse): das Serum ist nicht luetisch.

Zur Ausführung der W. R. sind erforderlich:

1. Luesleberextrakt, ein alkoholischer Extrakt von bekanntem Titer aus der Leber eines hereditär luetischen Kindes.

2. Das zu untersuchende Serum. Blutserum wird durch Abstehen von etwa 1 ccm Blut gewonnen, welches aus der Fingerbeere oder dem Ohrläppchen steril entnommen ist. Die Lumbalflüssigkeit wird durch Quinckesche Punktion gewonnen und 30 Minuten zentrifugiert. Beide Seren müssen durch halbstündiges Erwärmen auf 56° im Wasserbad inaktiviert werden.

3. Das Komplement: Frisches Meerschweinchen-Normalserum in der Verdünnung 1:10 physiol. Kochsalzlösung.

4. Der hämolytische Ambozeptor: Das Hammelblutkörperchen lösende Antiserum von bekanntem Titer.

5. Die Hammelblutkörperchen, frisch in 5%iger Aufschwemmung.

4 und 5 bilden das hämolytische System.

Titrierter Leberextrakt und titrierter hämolytischer Ambozeptor ist käuflich zu haben (Verein. Fabr. f. Labor.-Bedarf, Berlin).

Versuchsanordnung: In einem sauberen Reagenzröhrchen werden

1. 0,1 ccm verdünnter Leberextrakt (1:5)
2. 0,1 ccm verdünntes Untersuchungsserum (1:5)
3. 0,1 ccm verdünntes Komplement (1:10)

gemischt und ½ Stunde bei 37° im Brutschrank gehalten. Dann werden zugesetzt

4. 0,1 ccm hämolytischer Ambozeptor der doppelt lösenden Dosis und
5. 0,1 ccm der 5%igen Hammelblutkörperchenaufschwemmung. Die ganze Mischung kommt noch einmal 1—2 Stunden in den Brutschrank. Sind nach dieser Zeit die Blutkörperchen gelöst, so is, Lues nicht erwiesen, sind sie ungelöst, die Mischung trübe, so spricht dies für Lues.

Neben diesem Hauptversuch sind folgende Kontrollen anzustellen:

1. Die Antigenkontrolle: Der Hauptversuch mit der doppelten Menge Leberextrakt und statt des Untersuchungsserums 0,1 Kochsalzlösung. (Hämolyse!)
2. Die Untersuchungsserumkontrolle: Der Hauptversuch mit 0,1 ccm Kochsalzlösung an Stelle des Leberextraktes. (Hämolyse.)
3. Die Kontrolle mit sicher syphilitischem Serum an Stelle des Untersuchungsserums. (Hemmung!)
4. Die Kontrolle mit sicher nicht syphilitischem Serum an Stelle des Untersuchungsserums. (Hämolyse!)
5. Die Ambozeptorkontrolle: 0,1 ccm Komplement (1:10) mit 0,1 ccm der 5%igen Hammelblutaufschwemmung und 0,1 ccm der einfach lösenden Ambozeptordosis und 0,2 ccm Kochsalzlösung. (Hämolyse!)

11. Die gerichtsärztliche Beurteilung des Ausfalls der W. R.

Der positive Ausfall einer nach Wassermanns Vorschriften angestellten Luesreaktion kann, wenn sie vollständige Hemmung der Hämolyse ergibt, als ein sicheres Zeichen dafür angesehen werden, daß die betreffende Person einmal in ihrem Leben syphilitisch infiziert worden ist.

Bei Gesunden, die niemals eine syphilitische Infektion nachweislich erlitten haben, erhält man mit verschwindenden Ausnahmen stets einen negativen Ausfall der Reaktion. Wo keine klinischen Anzeichen von Lues sich finden, die Anamnese nichts davon meldet und trotzdem die Reaktion positiv ausfällt, kann man mit Ausnahme der gleich zu besprechenden Krankheiten in 80—90% der Fälle latente Lues der sekundären oder tertiären Periode annehmen oder aber Krankheiten, bei denen nach unseren heutigen Erfahrungen die Syphilis ursächlich eine so große Rolle spielt, daß wir sie unbedenklich als Nachkrankheiten der Lues bezeichnen können: Gehirnerweichung, Rückenmarksschwindsucht, Herzklappenfehler, Gefäßveränderungen, parenchymatöse Hornhautentzündung u. a. m.

Nur ein kleiner Rest von positiven Ausfällen bleibt einer Anzahl von Erkrankungen vorbehalten, die nichts mit Syphilis zu tun haben, nämlich Tropenkrankheiten, wie die Framboesie, Beriberi, Filariasis. Für die tropische Framboesie ist es übrigens noch zweifelhaft, ob sie nicht doch eine durch Rasseneigentümlichkeit modifizierte Form der syphilitischen Hautleiden ist. Ferner Trypanosomenkrankheiten, Rekurrenz, Malaria in frischen Fällen, Lepra, Lyssa, Scharlach im Beginn der Erkrankung, Typhus, Tuberkulose und Lupus erythematodes discoides, Pneumonie, Sepsis, Diabetes, Epilepsie, multiple Sklerose, Tumorenkachexie.

Aber diese Reihe nichtsyphilitischer Krankheiten, die gelegentlich positiven Ausfall geben, läßt sich fast immer klinisch abgrenzen. Höchstens die Tumoren und der Diabetes machen der Differentialdiagnose zuweilen Schwierigkeiten.

Eine positive Reaktion ist nicht vor der 6. Woche nach der Infektion, also vor völliger Durchseuchung des Körpers zu erwarten. Bis zur 6. Woche reagiert nur ein Teil (etwa 30%) der Fälle positiv. Früher zu untersuchen, ist also zwecklos. Nach der 6. Woche steigt die positive Kurve schnell an auf 90—95% und erreicht ihren Gipfel im manifesten Sekundärstadium mit 95 bis 99% positiven Reaktionen. Das tertiäre Stadium zeigt einen Abfall auf 70—80% der Fälle, das quartäre (Paralyse, Tabes) hat noch 70—75% positive Ausfälle.

Bei der Paralyse finden sich im Blute und im Liquor cerebrospinalis Hemmungskörper, bei der Tabes im Blute, während sie im Liquor fehlen können, beim nichtsyphilitischen Hirntumor gibt Blutserum und Liquor eine negative Reaktion. Die W. R. ist also geeignet, abzugrenzen, und zwar ist die Liquor-Reaktion in differentialdiagnostischer Hinsicht wertvoller. Ihr positiver

Ausfall ist ziemlich beweisend für, ihr negativer spricht sehr gegen Paralyse. Andererseits ist bei raumbeengenden Prozessen in der Schädelhöhle, die den Verdacht auf Lues oder Metalues aufsteigen lassen, eine positive Blutreaktion eine starke Stütze dieses Ver dachts, auch wenn der Liquor negativ reagiert.

Bei Lues cerebrospinalis findet sich auffallend selten eine positive Liquorreaktion, selten auch bei den chronisch verlaufenden syphilitischen Nerven- und Gehirnkrankheiten. Wahrscheinlich verschwinden bei dem chronischen Verlauf des Leidens die spezifisch bindenden Körper zeitweise oder dauernd aus der Spinalflüssigkeit oder nehmen so sehr an Konzentration ab, daß sie sich dem Nachweis mit der W. R. in der ursprünglichen Anordnung entziehen. Hauptmann und Zeißl haben daher eine „höhere Auswertung des Antikörpers" im Blutserum oder Liquor in derselben Weise bei der W. R. vorgeschlagen, wie ich sie bereits früher bei der biologischen Blutdifferenzierung mittelst der Präzipitinreaktion (vermehrten Antiserumzusatz bei Blutartgemischen)[1]) erprobt und angeregt habe. Mit höheren Mengen Liquor oder Blutserum erhielten sie noch eine positive W. R. bei Syphilitischen und Metasyphilitischen, deren Liquor und Blut nach der Originalmethode W. keinen positiven Ausfall mehr gegeben hatte.

Das Latenzstadium hat noch 50—60% positive Fälle.

Von Interesse ist ferner, daß auch die Milch luetischer Frauen kurz vor und dauernd nach der Entbindung schon mit ganz geringen Antigenmengen positiv reagieren kann und daß die Reaktion im Gegensatz zu der Blutreaktion durch Quecksilberbehandlung fast nicht beeinflußt wird.

12. Die W. R. findet gerichtsärztliche Anwendung[2]):

1. Bei strafrechtlichen Entscheidungen über Körperverletzungen. Fahrlässige oder wissentliche Übertragung der Syphilis (durch Beischlaf, Küssen oder auf andere Weise) ist nach § 230 bzw. 223, 223a Str.G.B. strafbar. Unter Umständen kann dadurch Siechtum, Lähmung oder Verfall in Geistesstörung im Sinne des § 224 Str.G.B. verursacht sein. Wenn die angesteckte Person die Ansteckung nicht rechtzeitig bemerkt und hat behandeln lassen, wenn sie schwere Erscheinungen der Lues bietet, muß der § 224 nach einem Urteil des Oberlandesgerichts Dresden schon bejaht werden, da die Aussicht auf Heilung dann auch bei ärztlicher Hilfe durchaus frag-

[1]) Bakt. Zentralbl. 54. Bd. 1910. S. 477 und Forens. Blutuntersuchung. 1910. Springer, Berlin S. 153.

[2]) Vergl.: Groß. Arch. f. Krim. 47. Bd. 1912. S. 324.

lich ist. Sicher muß er bejaht werden, wenn schwere Zerstörung wichtiger Organe, Verlust des Seh- oder Hörvermögens, erhebliche Entstellungen, schwere Lähmungen und geistige Störungen bei Tabes oder Paralyse u. a. als Folge der Ansteckung sich eingestellt haben.

2. Bei strafrechtlichen Entscheidungen über Sittlichkeitsverbrechen und Fruchtabtreibung. Bei geschlechtlichen Angriffen auf weibliche Personen unter 16 Jahren (§ 176, 177, 182 Str.G.B.) ist der Nachweis der frischen geschlechtlichen Ansteckung des Opfers bei gleichzeitigem Bestehen einer Geschlechtskrankheit des Täters ein überaus wichtiger und beweisender Befund. Neben der Untersuchung auf Verletzungen, auf Samenfäden, Gonokokken, Spirochäten in frischen Fällen, kann, in älteren, die serologische Untersuchung ein wichtiges Glied in der Kette der Beweise sein, die den Täter überführen. (Angeborene Lues natürlich ausschließen!)

In Fällen fraglich gesetzwidriger Fehlgeburt kann andererseits die positiv ausfallende W. R. entlasten, indem sie die luetische Ursache beweist.

3. Bei falscher Anschuldigung und Erpressungsversuchen, wenn z. B. anderweitig syphilitisch angesteckte Personen sich an einen wohlhabenden Beischläfer halten wollen. Hier wird die negativ ausfallende W. R. genügen, den Verdacht zu entkräften.

4. Zivilrechtlich kommt die W. R. in Anwendung bei Entscheidungen über Fragen des Ehe- und Familienrechts: bei Klagen auf Schadenersatz, Eheanfechtung, Ehescheidung, Unterhaltspflicht, Aufhebung des Verlöbnisses, bei fraglicher Vaterschaft (§§ 1333, 1334, 1568, 844, 1578, 1298, 1299 B.G.B.).

Eine verheimlichte oder geleugnete syphilitische Erkrankung zur Zeit der Eheschließung gehört nach einer Entscheidung des Reichsgerichts zu den Irrtümern, welche die Einwilligung des anderen Teiles zur Ehe aufheben.

5. In der sozialen und versicherungsrechtlichen Medizin, bei der Untersuchung der Prostituierten, der Ammenauswahl, bei Entscheidungen über Rentenansprüche aus Unfällen, bei der Alters- und Invalidenversicherung, der Lebensversicherung.

Vierzehnter Abschnitt.

Untersuchung von Samen und Samenflecken.

1. Die Untersuchung auf Samen

bzw. auf die charakteristischen und forensisch allein beweisenden Samenfäden kommt in Frage: bei Ermittelung der Zeugungsfähigkeit, des Geschlechts, bei Verbrechen: Notzucht, Lustmord, unzüchtigen Handlungen mit Kindern, Unzucht mit Tieren, bei Päderastie.

2. Asservierung, Konservierung von Samen bzw. Samenspuren.

Sollen Gegenstände mit auf Samen verdächtigen Spuren aufbewahrt oder versandt werden, so sind die betreffenden Stellen zwischen zwei Brettchen oder Pappdeckel, kleinere zwischen zwei Objektträgern festzulegen oder zu verschnüren, derart, daß jede Knitterung oder Schürfung vermieden wird, damit nicht durch die Erschütterung beim Versand Schüppchen abspringen und verloren gehen. Kleinere Gegenstände, z. B. Haare, lassen sich auch in Glasröhrchen mit Kork asservieren.

Die Beschlagnahme aller etwa bei dem Sittlichkeitsverbrechen getragenen Kleidungsstücke muß sobald als möglich erfolgen. Wiederholt hatte diese wichtigste Untersuchung derselben nicht mehr Erfolg, da sie bereits in der Wäsche gewesen waren.

Zur Konservierung flüssigen Samens gegen Fäulnis dient am besten Überschichten mit Toluol, oder Zusatz weniger Tropfen 10%iger Formalinlösung.

3. Gang der Untersuchung auf Samenspuren.

Die Gegenstände, Kleidungsstücke sind genau (mit der Lupe) zu besichtigen und mit dem Finger nach rauhen Stellen abzutasten.

Samenflecke auf Kleidungsstücken (Wäsche) haben landkartenähnliche Umrisse, und sind, wenn trocken, geruchlos, frisch oder nach Befeuchtung oder Reiben mit dem Finger von charakteristischem Geruch (Birnenblüte, Kastanienblüte). Sie fühlen sich rauh, wie gestärkt an. Sitz, Größe, Begrenzung, Farbe der Flecke, Grad der Versteifung des Gewebes ist festzulegen.

Zur weiteren Untersuchung entnimmt man aus der Mitte des Fleckes und zwar möglichst von einer Stelle, die rauh ist und jene weißglänzenden feinen Schüppchen zeigt, welche die Samenfäden meist in Masse enthalten, ein solches Schüppchen. Oder man schneidet einige Fäden des gestärkten Gewebes heraus (mit Vorsicht, da die Schwänze leicht abbrechen) und untersucht diese.

4. Vorproben.

a) Die Vorprobe mit Jod-Jodkalilösung nach Florence (Jodi puri 2,54 + Kal. jod. 1,65 + Aq. dest. 30,0).

Auf dem Objektträger bringt man in einen Tropfen der Lösung ein Schüppchen oder einen Faden des verdächtigen Fleckes und bedeckt mit Deckglas. Im Mikroskop sieht man an dem Faden etc. alsbald braune Kügelchen und feine Nadeln aufschießen, die schnell zu den charakteristischen braunen rhombischen Kristallen auswachsen. Neben der Grundform, dem Rhombus, erscheinen auch Lanzettformen, Doppelrhomben (sog. Schwalbenschwänze). Die Florenceschen Spermakristalle sind etwa dreimal so groß als die Teichmannschen Häminkristalle, 5—6 mal so lang als breit, dichroitisch, d. h. in der Längsrichtung im polarisierten Licht dunkel (Absorption des Lichtes), in der Querrichtung hell. Sie sind hellkaffeebraun, wasserlöslich (infolgedessen behindert eine Überschuß an Wasser enthaltende Spermalösung die Reaktion!) und unbeständig, sie zerfließen in 1—2 Stunden, lassen sich jedoch durch erneuten Zusatz der Florencelösung wieder erzeugen (Jodüberschuß ist der Reaktion günstig!). Neben den braunen Florence-Kristallen entstehen zuweilen auch schwarze Jodkristalle mit Dornen und Zacken. Samenfäden sieht man häufig neben den Kristallen.

Die chemische Natur der aktiven Substanz ist noch unbekannt. Die Florencesche Reaktion ist nicht spezifisch für Sperma, auch pflanzliche Stoffe und andere menschliche Ausscheidungen geben sie, z. B. Nasenschleim, Speichel; sie entsteht überall da, wo (lezithinhaltige) Eiweißstoffe faulen und das Zerfallsprodukt Cholin bzw. Neurin geben. Sie ist auch nicht an die Anwesenheit von Samenfäden gebunden, ist also auch bei Azoospermie zu erwarten. Ihr positiver Ausfall gestattet also nur den Wahrscheinlichkeitsschluß, daß Samen vorliegt, ihr negativer Ausfall beweist nichts. Beimengung von Kot, Eiter, Blut, Urin, Speichel in größerer Menge beeinträchtigen die Reaktion, auch Chemikalien (Formalin!). Ihr praktischer forensischer Wert ist trotzdem groß; auch alter, stark getrockneter, gefaulter, durch hohe oder niedrige Temperatur beeinflußter Samen gibt sie. Die kleinste Menge genügt.

Gewisse Formunterschiede zwischen menschlichen und tierischen Florence-Kristallen sind zwar vorhanden (tierische sind länger und schmaler), aber nicht charakteristisch genug.

b) Die Vorprobe mit Pikrinsäure (Barberio).

Eine Öse Samenflüssigkeit und eine Öse warm gesättigter Lösung Pikrinsäure in Glyzerinalkohol werden nebeneinander auf den Objektträger gebracht und durch Bedecken mit Deckglas zum Zusammenfließen gebracht. An der Berührungszone beider Tropfen entsteht ein weißlicher Niederschlag aus zahlreichen kleinen (5—20 μ langen) gelben Kristallen von Spermin-Pikrophosphat, die stark doppeltbrechend sind, vielfach in der Mitte einen hellen Kern haben und einzeln oder in Kreuz- und Sternform liegen. Neben der ovalen Grundform auch Rhomben, Nadeln, Hanfsamen und Übergangsformen. Daneben häufig Pikrinsäurenadeln. Auch Esbach-Reagens gibt die Reaktion.

c) Vorprobe mit Tribromgold (De Dominicis).

Eine Öse Samen und eine Öse gesättigte wässerige Lösung von Tribromgold (Merck) werden auf dem Objektträger gemischt. Deckglas. Durch die Flamme ziehen, bis eben Blasen erscheinen. Schnell erkalten lassen. Es entstehen granatrote bis gelbrote Kristalle (20—50 μ lang) in Kreuz- oder Quadratform, in Zwillingen oder Büscheln mit dunklem Kern in der Mitte oder einzeln als Spindeln oder Nadeln liegend. Sie sind doppeltbrechend und nicht vergänglich.

Auch diese beiden Reaktionen lassen nur einen Wahrscheinlichkeitsschluß zu.

5. Bau der Samenfäden.

Der Kopf (Kern) ist 3—5 μ lang, 2—3 μ breit, 1—2 μ dick, von oben gesehen oval, scheibenförmig, von der Seite birnförmig. Im polarisierten Licht doppeltbrechend. Im vorderen Teil des Köpfchens bemerkt man (bei 600facher Vergrößerung) eine helle Vakuole.

Das Verbindungsstück mit dem Plasmamantel (Halskrause) ist 6 μ lang, pfriemenförmig, zylindrisch.

Der Schwanz (Geißel) ist 40—60 μ lang und läuft in eine feine Spitze aus, die von einem auf 10 μ Länge freiliegenden Achsenfaden gebildet wird.

6. Die Unterscheidung von menschlichen und tierischen Samenfäden

bietet große Schwierigkeiten. Der Größe des Tieres entspricht nicht die Größe seiner Samenfäden. Einzelne Insekten haben größere, der Walfisch bedeutend kleinere als der Mensch. Die der gewöhnlichen Haustiere sind allerdings meist größer als menschliche und ihr Köpfchen von mehr elliptischer, walzenförmiger Gestalt.

7. Prüfung von Samen und Samenflecken.

Nur der Nachweis ganzer wohlerhaltener Samenfäden mit Kopf, Mittelstück und Schwanz ist forensisch für Samen beweisend. Unter Umständen ist auch der Nachweis des Lebens, der selbständigen Bewegung des Samenfadens zu führen (s. Zeugungsfähigkeit). Die Art der Beibringung ist in diesem Falle dem zu Untersuchenden anheimzugeben.

a) Zur Untersuchung flüssigen Samens,

der möglichst frisch entleert sein muß, mischt man eine Öse desselben mit einem Tropfen physiologischer Kochsalzlösung auf dem Objektträger (300fache Vergrößerung). Störende morphologische Gebilde lassen sich durch Zusatz 5%iger Essigsäure oder 5%iger Ammoniaklösung aufhellen. Die Köpfchen der widerstandsfähigen Samenfäden treten dann stärker hervor.

Von dem Inhalt der Scheide (Notzucht) oder des Afters (Päderastie) entnimmt man ebenso eine Öse und mischt sie mit physiologischer Kochsalzlösung.

b) Zur Untersuchung relativ noch frischer Samenflecke

genügt es, aus der Mitte des Fleckes und zwar einer rauhen Stelle einen Faden vorsichtig herauszuschneiden oder ein glänzendes Schüppchen des am Leib, an den Schamhaaren oder Gegenständen angetrockneten Samens zu entnehmen, auf dem Objektträger in einem Tropfen physiologischer Kochsalzlösung zu erweichen und bei 300facher Vergrößerung zu mikroskopieren. Auf forensisch wichtige Beimengungen achten: Blut-, Eiterkörperchen, Kot- und Harnbestandteile, Epithelien, Bakterien, Haare, Federn.

Erweichung harttrockener Schüppchen in destilliertem Wasser empfiehlt sich nicht, da die stürmische Aufquellung die Köpfe und Schwänze leicht absprengt. Jedes Quetschen, Zerzupfen des Präparates ist aus demselben Grunde zu vermeiden.

Das Tuscheverfahren.

Ausgezeichnete Bilder gibt, was noch wenig bekannt ist, die Untersuchung mittelst der von Burri für Bakterien, besonders die Spirochaeta pallida angegebenen indischen Tusche (bei Grübler, Leipzig): Man mischt eine Öse Tusche mit einer Öse Spermaschleim auf dem Objektträger vorsichtig durch, streicht die Mischung dünn aus, läßt lufttrocknen, deckt mit Kanadabalsam Deckglas auf und mikroskopiert. Die Samenfäden und anderen körperlichen Gebilde erscheinen hellglänzend in dem braunen Gesichtsfeld, in welchem die Tuschekörnchen das durchfallende Licht absorbieren. Zur photographischen Aufnahme sehr geeignet.

Man kann auch Färbungen des zunächst auf dem Objektträger angetrockneten Samenschleims damit verbinden (mit Eosin oder Gentiana), überzieht das Präparat nach dem völligen Trocknen einmal schnell mit einem breit ausgestrichenen Tropfen Tusche, läßt trocknen, Kanadabalsam, Deckglas. Die Samenfäden schön rotglänzend bzw. violettglänzend.

c) Ältere Samenflecken

bedürfen längerer Zeit zur Aufweichung. Man kann ein kleines Stückchen Gewebe zwischen zwei mit Äther gereinigten Objektträgern mit einigen Tropfen physiologischer Kochsalzlösung und einem Tropfen Formalin bis zu 24 Stunden erweichen lassen, nach dieser Zeit das Gewebe mit einem Glasstab vorsichtig ausdrücken, von dem erhaltenen Schleim auf einen anderen Objektträger übertragen und mikroskopieren.

Auch hier zur Aufhellung wieder 5%ige Ammoniaklösung oder Essigsäure.

Oder man erweicht im Glasröhrchen das Gewebe mit physiologischer Kochsalzlösung, drückt es nach einiger Zeit aus und läßt abstehen oder zentrifugiert den erhaltenen Schleim; im Bodensatz finden sich die Samenfäden.

Auf Holz (Diele) angetrocknete alte Samenflecke betupft und erweicht man mit physiologischer Kochsalzlösung und entnimmt von dem Schleim.

d) Sehr verdünnte (ausgewaschene) Samenflecke

kann man anreichern, indem man von dem Auszug des Fleckes Tropfen auf Tropfen auf den Objektträger setzt und jeden Tropfen antrocknen läßt. So erhält man sowohl zu den Vorproben wie auch für die mikroskopische Untersuchung eine konzentriertere Schicht, die mehr Samenbestandteile bzw. Sämenfäden zu enthalten verspricht.

Sind alle diese Bemühungen, Samenfäden aufzufinden, vergeblich, so kann man das befleckte Gewebe mittelst konz. Schwefelsäure zerstören (auf 2 qcm Gewebe 4 ccm Schwefelsäure + 1 ccm Wasser). Nach der Zerstörung steigen auf Zusatz von Wasser (15 ccm) und Abkühlen des Probierröhrchens unter dem Wasserstrahl die Samenfäden an die Oberfläche, wo man sie abschöpft und mikroskopiert. Färbung wie unten.

8. Färbungen der Samenfäden.

sind bei frischen Flecken unnötig, bei älteren erleichtern sie zuweilen etwas das Auffinden der Samenfäden unter den Gewebsgebilden und Beimengungen.

Jeder kernfärbende Farbstoff (Methylenblau, Hämatoxylin oder auch Lugollösung) hebt die Köpfchen hervor. Man läßt den Tropfen Farbstofflösung unter das Deckglas zu dem feuchten Präparat zufließen oder färbt den ganzen abzentrifugierten Bodensatz oder endlich den herausgeschnittenen trockenen Gewebsfaden, den man nachträglich in destilliertem Wasser mit Nadeln vorsichtig zerteilt.

Färbung von Kopf und Schwanz erreicht man mit Gentianaviolett (leicht erwärmen, 1%ige wässerige Lösung, tiefdunkelblau), oder Eosin (0,01 + Ammoniaklösung 6,0, erwärmen, hellrot) oder Erythrosin (0,5 + Ammoniaklösung 100,0, hellrot). Besonders die letztere ist vielseitig anerkannt und kann auch an ganzen Gewebsstücken vorgenommen werden: einige Sekunden in die Farblösung tauchen, dann auf dem Objektträger in destilliertem Wasser mit Nadeln vorsichtig zerteilen und mikroskopieren. Man suche zunächst mit schwacher Linse eine rötliche Stelle im Gesichtsfeld auf, in dieser mit starker Linse nach Samenfäden. Köpfe und Schwänze lebhaft rot, Zeugfasern, Eiterzellen, Epithelzellen und andere Gebilde schwach rosa oder nicht gefärbt.

Der Ammoniakzusatz zum Farbstoff hellt auf, verhindert die Färbung des Gewebes und erleichtert die Zerteilung, aber er erschwert etwas die deutliche Erkennung der Gebilde und vernichtet auf die Dauer die Färbung, so daß die Präparate nicht haltbar und demonstrabel sind.

Zur Färbung von Kopf und Schwanz in verschiedenen Farben eignen sich Pyronin-Methylgrün (Methylgrün 0,15 + Pyronin 0,5 + 96%iger Alkohol 5,0 + Glyzerin 20,0 + 20%iges Karbolwasser ad 100,0 filtra!), die genannte Erythrosinfärbung mit Methylenblau-Nachfärbung (0,05 : 100,0 Aq. dest.) und eine Lösung von 1%igem saurem Fuchsin + 1%igem Methylenblau in 1%igem Salzsäure-Wasser im Verhältnis 1 Teil Farblösung : 40 Teilen Salzsäure-Wasser: Färben 1 Minute, Auswaschen in Salzsäure-Wasser, Entwässern in absolutem Alkohol, lufttrocknen, Xylol, Balsam. (Köpfe rot-rubinrot, Schwänze blau-tiefblau, Gewebe fast farblos).

9. Der biologische Nachweis

von Samen ist praktisch noch nicht verwertbar.

Fünfzehnter Abschnitt.

I. Untersuchung von Scheidenschleimflecken.

(Bei Sittlichkeitsverbrechen, Unterscheidung zwischen Monatsblutung und anderen Blutungen, beim Kindsmord.) Am Körper oder an Wäschestücken. Der Nachweis hohen Glykogengehaltes der mikroskopisch gefundenen Pflasterepithelien spricht für Scheidenepithel. Das Epithel der Harnröhre, der Oberhaut, des Nasenschleims ist glykogenfrei; das der Mundhöhle und Speiseröhre jedoch auch glykogenhaltig. — Nachweis mittelst Lugolscher Lösung (Jodglyzerin) s. S. 157.

II. Untersuchung von Milch- nnd Colostrumflecken s. S. 14.

III. Untersuchung von Kot und Kotflecken.

Infolge der Sitte der Verbrecher, ihren Kot zurückzulassen, um der Entdeckung zu entgehen, kann eine mikroskopische Untersuchung des Kotes von Nutzen sein; wiederholt haben charakteristische Bestandteile im Kot (Fruchtschalen z. B.) auf die Spur des Verbrechers geführt.

Der Kot enthält Nahrungsreste: quergestreifte Muskelfasern, mehr oder weniger angedaut, Stärke- und Kleberzellen, Bindegewebsbündel, elastische Fasern, Hüllen von Getreidearten, von Obstarten, vielfach mit feinen Härchen besetzt, Pflanzenzellen einzeln (spiralige Tracheen) und in Verbänden, Steinzellen von Früchten, Schalen, Schuppen, Gräten, Knorpel, Knochen; Pflasterepithelien vom Mastdarm, Fettsäurenadeln und Seifenschollen, gelbe Kalksalze, Tripelphosphat in Sargdeckeln, Leuzinkugeln, Tyrosinnadeln, phosphorsaurer Kalk in Drusen, Hefezellen, Bakterien, Schleim, Eier und Glieder von Schmarotzern (Askaris, Oxyuris, Trichozephalus, Anchylostomum, Botriozephalus, Taenien).

Man breitet die Kotmasse auf einer Glasschale aus und zerteilt sie unter Zusatz von Kochsalzlösung mit einem Holzstück, fischt gröbere, charakteristische Bestandteile heraus und untersucht sie mikroskopisch. Stückchen von Kartoffeln, Rüben, Möhren, Karotten, Salatblättern, Hülsenfrüchte und ihre Schalen, Beerenobst und dessen Kerne lassen sich vielfach schon mit bloßem Auge erkennen.

Kotflecke sind gelb-braun, oft krustig. Erweichen in physiologischer Kochsalzlösung und den Auszug mikroskopieren.

Kotflecke von Brustkindern sind gelbgrünlich und enthalten weiße Klümpchen von unverdautem Käse der Milch, sowie — mikroskopisch — granulierte Milchkügelchen und feine Fettsäurenadeln, in den ersten Tagen nach der Geburt auch noch Bestandteile des Kindspechs (s. d.).

IV. Untersuchung von angetrockneter Gehirnmasse

(an Klingen etc.). Vgl. auch Blutnachweis S. 140.

Vorsichtiges Abweichen mittelst physiologischer Kochsalzlösung. Meistens genügt es, ein wenig Substanz auf dem Objektträger mit dem aufgelegten Deckglas breitzudrücken, um mikroskopisch den feinfaserigen Bau der Glia und die sie durchziehenden feinen Kapillaren, sowie Myelintropfen und unter. Umständen Ganglienzellen festzustellen.

Andernfalls Fixation 24 Stunden in Sublimatlösung, Auswaschen einige Minuten in destilliertem Wasser, Verbringung in Jodwasser 10 Stunden, in Jodalkohol 24 Stunden, in 80%igen Alkohol einige Stunden, sodann Nißl-Färbung 20 Minuten in gesättigter wässeriger Thioninlösung, Entfärben in 10%igem Anilinöl-Alkohol, absoluten Alkohol, Xylol, Balsam.

V. Untersuchung von Flecken von Fruchtwasser s. S. 12, von Wochenfluß S. 15, von käsiger Schmiere S. 28, von Kindspech S. 29, von Monatsblut S. 15.

Sechzehnter Abschnitt.

Kurze technische Anleitung für die mikroskopische Untersuchung frischer Präparate.

Frische Präparate in Leitungswasser oder in physiologischer Kochsalzlösung, nicht in destilliertem Wasser mikroskopieren.

Zur Fixierung dient 4—10%ige Formollösung (das käufliche Formol ist 40%ig). Nach wenigen Stunden lassen sich schon Doppelmesserschnitte von dem Gewebswürfel anfertigen. Die Schnitte sind in gewöhnlichem Wasser vor der Untersuchung gut auszuwaschen.

Zur Aufhellung frischer Präparate dient Zusatz von Glyzerin, Kali aceticum (50%ig), Essigsäure (2—5%ig), die Essigsäure läßt die Zellkonturen und den Kern deutlicher werden, dadurch, daß sie das Zwischengewebe aufhellt, sie löst auch die körnigen (Eiweiß-) Trübungen der trüben Schwellung.

Kalilauge (1—2%ig) löst ebenfalls Eiweiß und Plasma, macht das Gewebe aufquellen und durchsichtig, läßt aber Fette unverändert und dient daher als Zusatz bei fettiger Entartung. Alkohol löst die Fetttröpfchen, 1%ige Osmiumsäure färbt sie schwarz.

Salzsäure (5—10%ig) löst kohlensauren Kalk unter Gasblasenentwickelung (CO_2) auf, phosphorsauren Kalk ohne Gasentwickelung. Kalkeinlagerungen (Kalkinfarkte der Nieren, verkalkte Ganglienzellen, Trichinenkapseln usw.) erscheinen im durchfallenden Licht dunkel, im auffallenden Licht weißglänzend.

Schwache wässerige Jodlösung (eine weingelbe Lugolverdünnung) differenziert die Kerne und die Umrisse der Gewebe.

Lugollösung (Jodi puri 1, Jodkali 2, Aqua 100) dient zum Nachweis der amyloiden Entartung. Man bringt den Gewebsschnitt in dreifach verdünnte (kognakbraune) Lugollösung und wäscht in angesäuertem Leitungswasser aus: Amyloid dunkelbraunrot (mahagoni), das übrige Gewebe hellgelb. Läßt man zu dem Präparat einen Tropfen konz. Schwefelsäure unter das Deckglas fließen, so färben sich die jodbraunen amyloiden Teile violett.

Dieselbe Lugolverdünnung in Glyzerin oder Gummi färbt Glykogen weinrot.

Methylviolettlösung (1%ig) färbt Amyloid in 3—5 Minuten rosa bis purpurrot, das übrige Gewebe blau. Auswaschen in 1%igem Salzsäure-Wasser. Untersuchen in Glyzerin.

Eine 2%ige wässerige Ferrocyankalilösung (2 ccm) mit Zusatz von einem Tropfen Salzsäure färbt eisenhaltiges körniges Blutpigment (Hämosiderin, in Erweichungsherden, pachymeningitischen Membranen, Stauungslungen usw.) blau. Die rhombischen Hämatoidinkristalle bleiben ungefärbt, rot, ungefärbt auch das eisenfreie gelbbraune Pigment der senilen oder kachektischen Atrophie (Hämofuszin).

Kalilauge und nachheriger Zusatz von Salpetersäure, die etwas Untersalpetersäure enthält, färbt ikterisches Pigment (Bilirubin) in farbigen Ringen, von innen nach außen: grün, blau, violett, rot (Gallenfarbstoffreaktion).

Alkoholische Lösung (Sudan III) oder Scharlachrot färbt Fettröpfchen (bei Fettembolie) rot.

Sachregister.

Taschenbuch der speziellen bakterio-serologischen Diagnostik. Von Dr. **Georg Kühnemann**, Oberstabsarzt a. D., prakt. Arzt in Berlin-Zehlendorf. 1912. In Leinwand gebunden Preis M. 2.80.

Technik der mikroskopischen Untersuchung des Nervensystems. Von Dr. **W. Spielmeyer**, Privatdozent und Assistent an der psychiatrischen und Nervenklinik in Freiburg i. Br. 1911. In Leinwand gebunden Preis M. 4.40.

Mikroskopie und Chemie am Krankenbett. Für Studierende und Ärzte bearbeitet von Professor Dr. **Hermann Lenhartz**, Direktor des Eppendorfer Krankenhauses in Hamburg. Sechste, wesentlich umgearbeitete Auflage. Mit 92 Textfiguren, 4 Tafeln in Farbendruck und dem Bilde des Verfassers. 1910. In Leinwand gebunden Preis M. 9.—.

Das Mikroskop und seine Anwendung. Handbuch der praktischen Mikroskopie und Anleitung zu mikroskopischen Untersuchungen. Von Dr. **Hermann Hager**. Nach dem Tode des Verfassers vollständig umgearbeitet und in Gemeinschaft mit hervorragenden Fachgelehrten neu herausgegeben von Professor Dr. **Carl Mez**, Königsberg. Elfte, umgearbeitete Auflage. Mit 471 in den Text gedruckten Figuren. 1912. In Leinwand gebunden Preis M. 10.—.

Die Psychologie des Verbrechens. Eine Kritik. Von Dr. med. et phil. **Max Kauffmann**, Privatdozent an der Universität Halle a. S. Mit zahlreichen Porträts 1912. Preis M. 10.—; in Leinwand gebunden M. 11.—.

Abhandlungen aus dem Gesamtgebiete der Kriminalpsychologie. (Heidelberger Abhandlungen.) Herausgegeben von Geh. Hofrat Prof Dr. **K. von Lilienthal**, Prof. Dr. **F. Nissl**, Prof. Dr. **S. Schott**, Prof. Dr. **K. Wilmanns**.

Heft 1: Die Ursachen der jugendlichen Verwahrlosung und Kriminalität. Studien zur Frage: Milieu oder Anlage. Von Dr. **Hans W. Gruhle**, Heidelberg. Mit 23 Textfiguren und 1 farbigen Tafel. 1912. Preis M. 18.—; in Leinwand gebunden M. 20.—.

Heft 2: Lebensschicksale geisteskranker Strafgefangener. Katamnestische Untersuchungen nach den Berichten L. Kirns über ehemalige Insassen der Zentralstrafanstalt Freiburg i. B. (1879—1886). Von **August Homburger**, Heidelberg. Mit 6 Figuren im Text und 12 farbigen Tafeln. 1912. Preis M. 14.—; in Leinwand gebunden M. 16.—.

Über nervöse Entartung. Von Professor Dr. med. **Oswald Bumke**, I. Assistent an der psychiatrischen u. Nervenklinik der Universität in Freiburg i. B. („Monographien aus dem Gesamtgebiete der Neurologie und Psychiatrie". Herausgegeben von **A. Alzheimer**-Breslau und **M. Lewandowsky**-Berlin. Heft 1). 1912. Preis M. 5.60.

Das Jugendgericht in Frankfurt a. M. Bearbeitet von **Karl Allmenroeder**, Amtsgerichtsrat, Jugendrichter, Frankfurt a. M.; Dr. **Ludwig Becker**, Staatsanwalt beim Jugendgericht, Frankfurt a. M.; Dr. **Wilhelm Polligkeit**, Direktor der Zentrale für private Fürsorge, Frankfurt a. M.: Professor Dr. **Heinrich Vogt**, Nervenarzt in Wiesbaden, früher Frankfurt a. M. Herausgegeben von Professor Dr. **Berthold Freudenthal**, Frankfurt a. M. 1912. Preis M. 6.—; in Leinwand gebunden M. 6.80.